U0043022

章太炎

我所知道的祖父

章念馳

祖父晚年像，劉半農攝。（家藏）

祖父章太炎中年時影。（家藏）

章太炎（前排右二）與留日學生合影。

祖父與孫中山合影。前排左起：孫中山、章太炎、胡漢民。
後排右起：朱執信、古應芬、汪精衛。

1917年祖父訪問南洋群島，手執羽扇，中立者為祖父。（家藏）

母親彭雪亞攝於1948年。（家藏）

祖母手執祖父繡了「漢」字的和服。（家藏）

1935年父親與母親結婚後拍攝的闔家歡。前排右一為祖父章太炎，右二係鄰居小孩，右三為祖母湯國梨。後排右一為三姑媽章㠭，右二為父親章導，右三為母親彭雪亞，右四為叔父章奇。（家藏）

母親與我們兄弟姊妹四人（老大章念祖、老二章念輝、老三章念馳、老四章念靖）。（家藏）

與父親（章導）及弟弟（章念翔）合影，攝於蘇州住宅花園內，面前是祖母栽培的荷花。（家藏）

2015年我攜妻（周錫瑛，左二）、女兒（章明徠，左三）、女婿（周國榮，左四）、外孫（周睿章，前一）參觀餘杭倉前章太炎故居。

太炎先生石刻像，由張善子、張大千兄弟繪。太炎先生石刻像，由李根源立，今存於章氏蘇州寓所衣冠墓前。

在上海東方綠洲祖父紀念像前，與外孫周睿章合影。

祖父最擅長的小篆手跡，篆書〈兩都江堰市賦〉。

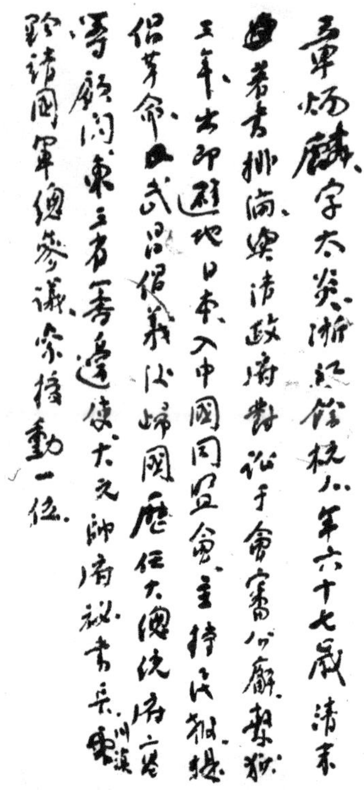

祖父親撰自傳手稿。（家藏）

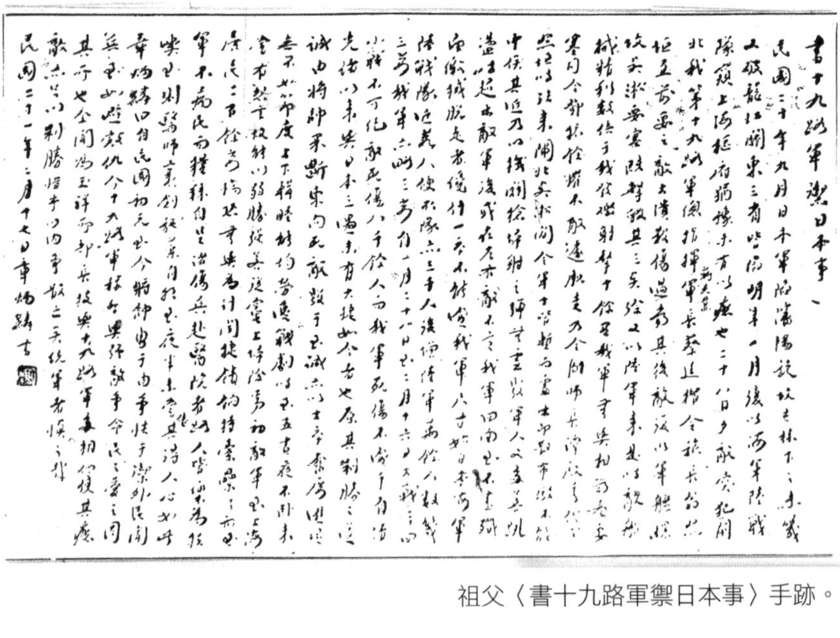

祖父〈書十九路軍禦日本事〉手跡。

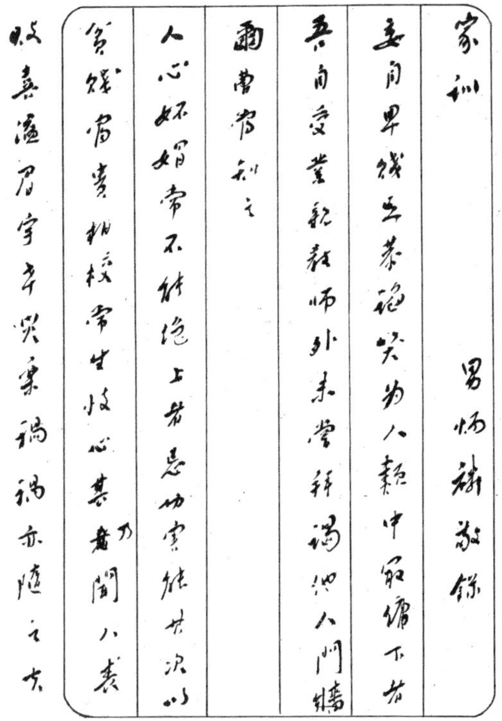

祖父〈家訓〉手跡。(家藏)

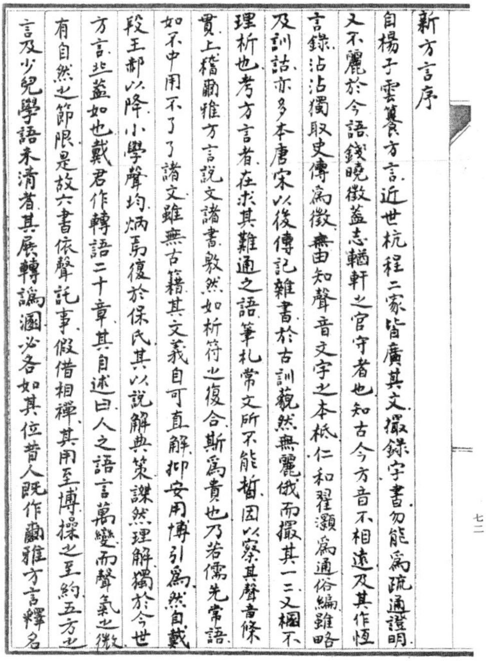

祖父學術著作手跡。(家藏)

有一度紀念辛亥革命還是將「孫中山、黃興、章太炎」作為三位代表人物共同紀念的。

紀念章太炎誕辰145周年暨《章太炎全集》第一輯發行會在餘杭舉行。

目次

自序 …… 13
我的祖父 …… 19
第一部分　學問家的章太炎　21
一、醫學與章太炎　21
二、小學與章太炎　29
三、經學與章太炎　35
四、佛學與章太炎　42
五、哲學、文學、史學與書法　51
第二部分　革命家的章太炎　64
一、從戊戌變法到辛亥革命　65
二、民國初建到護法運動　78
三、從五四運動到北伐戰爭　91
四、抗日戰爭到太炎去世　101
我的祖母 …… 115

我的父親……155
我的母親……161
章氏家族譜系……171
章太炎遺囑……179
章太炎營葬始末……195
章太炎和張大壯……211
章太炎紀念館、故居及全集……221
章太炎與孫中山……235
章太炎與魯迅（上）……263
章太炎與魯迅（下）……313

自序——〈老已至矣〉與《我所知道的祖父章太炎》

一、

電話鈴聲逐漸冷清了，夜間驚夢的電話聲幾乎不再響起，電話變得寧靜了；信箱消瘦了許多，塞滿報刊信件的信箱不再撐得滿滿，不用再為信箱的太小而煩心；通訊本上的姓名正一個個被塗去，永遠再也不用與他們聯繫，他們已經逝去；茂密的頭髮變得稀疏了，白髮開始爬滿了兩鬢……，這一切都在提醒你，你已經老了。

老對人來說，是一個陌生而可畏的名字，它對人來說既是第一次也是最後一次。我不知道我什麼時候已經變老，跟以往一樣我還在閱讀、思考、寫作、開會、奔跑……，幾乎沒有覺得我已經七十好幾，也許是電話、信箱、通訊錄、白髮都在告訴我「老已至矣」。

老是一個不容迴避的問題，只是你有沒有做好老的安排，準備怎麼去面對不斷地蒼老。人應該繳出三張考卷，我已繳出青少年時代和中壯年時代——這兩張考卷，如今要我繳出第三張答卷——怎麼老去，給人生畫上一個最圓滿的句號！

對於老去，人們是多麼不願提起，無論老師與家長都很少願提起這個話題，它是這麼神秘與揪心。而梁武帝早就說過：「先民誰不死，知命復何憂！」這是我們必須直面的問題，是我們必須接受的一段生命。少時讀海涅詩歌集，海涅最恨蒼老，因為老人最愛嚕囌。所以我也像他一樣，力戒嚕囌，希望不老，但依然沒法改變一天天的變老。

雖然人人都不願意老，但有人說「老有老的驕傲」，讀了讓人神情氣爽，讓人多了一份淡定與逍遙。老了可以脫下面罩，卸下沉重的外套，沒有了學歷的壓力、謀生的辛勞、功名的枷鎖，可以去享受每天都是節日、假日、雙休日的味道，老了更有人生的智慧、內涵和情調，像夏日的晚霞，重新點燃整個世界和人生，擁有更加燦爛的味道！

老是我們必須接受的一段時光，俗言「春播冬藏」，這是一個收穫的季節，是回顧和欣賞過去歲月的美好時光，它不應該與疾病、孤獨與死亡畫上等號，它更不應與消極與無所作為畫上等號，它應該是另外一段燃燒的生命，只要永遠心存高遠，人老心不能老，關鍵是你能不能老有所為，依然有著追求、有著激情、有著情愛、有著夢幻，這樣才能老有所樂，讓生命大放異光。

因此我們要學會精緻地生活，優雅地生活，從容地生活，讓自己有尊嚴的老去。屆時，穿好你的衣裳，梳好你的髮辮，揮揮手與生命道別，與親人們相約在天堂！我們暫短的人生，好比一條條奔騰的河，如今將匯入大江大海，歸入天地，而我們的精神將與山河同在！

二、

年初，我讀了〈老有老的驕傲〉，有感地寫了〈老已至矣〉一文，是的，我已七十四歲了，我第一次嚴肅地想到了老，想到了死——人不可避免的歸宿。幫我打印文章的小金，拿了打印好的文章，走進我的辦公室，她幾乎紅了眼眶對我說：「所長，你為什麼寫這種文章？」是的，這是人們迴避的不祥話題。也許因為我一直在忙碌，作為一個兩岸關係的資深專家，猶同一個老兵，我是無愧的，始終沒有下崗，依然在洞察著兩岸的一切變化，筆耕不止，這也許就是「識途老馬」與「老馬識途」。這一切也許讓我忘記了年齡，忘記了老已至矣！

我忽然第一次嚴肅地想到老，想到了怎麼老有所為，也想到了死的問題。我不知上蒼還會給我留下多少歲月，這些歲月我應該怎麼度過？我知道，無論如何有充沛精力的歲月是不會太多了。在我揮揮水袖，瀟灑地走下舞臺前，我還可以做點什麼？應無休止地繼續寫兩岸關係的政策性文章？還是應該做些更應該做的事情？為此我失眠了。

白天，我看到報上講如今的大學生已讀不懂《紅樓夢》了，娛樂成風的今天，「戲說歷史」甚至「惡搞歷史」成風，今天的青年一代已不知什麼是我們的「苦難史」、「奮鬥史」、「輝煌史」、「恥辱史」……，所以青年甚至出現了「國家認同」與「身分認同」危機。我們的歷史，本來充滿謊言，向來是「勝利者造歷史」，這幾乎成了鐵律。因此搶救一部真實的近代史成了當今最重要的事情，如「全民抗戰史」，在抗戰七十年後今天才成了真實史。我幸運地遇到了今天這樣的好時光。我絕不可能搶救整個近代史，但我至少應該搶救我的家族史，尤其我有一個屬於公眾人物的「有學問的革命家」的祖父。關於一個真實的太炎先生，及與他相關的我的祖母、父親、母親等歷史人物，這個歷史的一頁，我是不是應該將它寫出來？今後寫兩岸關係的人也許會很多很多，而寫我的祖父章太炎的人絕不可能太多。這大概是我餘下生命中最應該做的事。

三十六年前，「文革」結束後，我選擇的第一個職業，是在上海社會科學院歷史研究所從事我祖父的研究，先後有十多年之久，完成了《章太炎醫論集》和《章太炎演講集》兩部編著，也完成了《我的祖父章太炎》專著，但總的來講，只是寫了祖父某些片段而已，沒有全面論述過他。因為我從不喜歡以他後裔自居，倒不是因為這個「成分」讓我吃了這麼多苦頭，而是認為不能生活在前人餘蔭之下而沾沾自喜，這是最沒有出息的，祖父的功過應讓世人評說，一個人應該有自己的業績，何況大樹之下很難長出更大的大樹。所以可以說我從沒有好好系統地論述過我的祖父，對他的功過也從來沒有去加以評述，甚至認為世上最最不需要紀念的就是章太炎，因為他的價值是不需要吹捧的。

現在我已不這麼認為了。章太炎作為一個歷史人物已經被邊緣化了，他作為一個時代的代言人已經被人遺忘了，他的業績與成就已得不到傳承了，人們不願花更多的精力去研究一個艱深的歷史人物，人們更喜歡看「動漫」而不是看歷史經典了，何況章太炎的文章連魯迅都說「讀不懂，點不斷」，一般人更不知也不懂章太炎了。電視裡或小說中的章太炎只是一個衣著邋遢的瘋子而已，一個不懂貨幣不識歸途愛吃臭冬瓜的一個過時的迂腐的落伍的怪人。我們的歷史與文化水準已下降到這樣程度，我還應該沉默嗎？在我有生之年，寫一個真實的祖父，與去寫一個兩岸關係，孰輕孰重呢？我決定寫《我所知道的祖父章太炎》。

關於研究章太炎的嚴肅專著並不是沒有，如姜文華的《章炳麟評傳》、湯志鈞的《章太炎傳》、汪榮祖的《章太炎研究》、金宏達的《章太炎傳》、王玉華的《多元視野與傳統的合理化——章太炎思想的闡釋》、張春香的《章太炎主體性道德哲學研究》等，都過於專業，也都很艱澀，有志於讀這些著作人已不多了。因此我寫《我的祖父》決定以平實的語言，來講述一個「學問家的章太炎」與「革命家的章太炎」，甚至不加注釋，盡可能將一部複雜的革命史與學術史以最簡潔語言來清楚表達，讓我們的後代，讓年輕人看得懂。這種表述方式大概是受到三十年前我編訂曹聚仁先生的《中國學術思想史隨筆》所受影響有關。但是我撰寫的《我所知道的祖父章太炎》又不是回憶錄，我不喜歡撰回憶錄，這種自詡的不科學的回憶錄將造成很大混亂，我仍然是以歷史的春秋筆法來還原歷史，做到「斷感情，汰華詞」，力圖留下一段信史。

寫到我祖父，我不能不寫到我的祖母，我的父親，我的母親，章氏家族譜系，這都與祖父有關，都有助於今後對祖父的研究。同時我想把祖父的遺囑，身後墓葬，以及與他兩個最重要的人物關係——孫中山和魯迅的關係，一併寫入，這幾篇文章，我先前就已寫過，為了讓《我所知道的祖父章太炎》趕在我健康狀況還可以的情況下早些問世，這幾篇文章我就不另寫了。如果天假我年，我會再寫一本《我所知道的章太炎》，專論他與他的弟子及他與他的友人關係文章，諸如《師友考》一類文集，這還需要一番努力，畢竟近二十年我都在從事兩岸關係的研究，要重新拾起歷史研究，不是一件輕易的事，但我是很想去完成的。

祖母生前告訴我，人總有先死後死，後死的人應為先死的人做些他來不及做完的事，這就叫「後死之責」。我始終記住了這句話，並請篆刻大家高式熊先生幫刻了一枚閒章：「後死之責」，給我每一部新著都蓋上此章，加以自勉。讓我們薪火相傳，共同來完成先人未完之業，為中華民族的偉大復興，盡我們每個人的綿薄之力。

我能順利完成《我所知道的祖父章太炎》，而且能在臺灣著名的「聯經出版公司」出繁體字版，我首先要感謝臺灣聯經出版公司創辦人劉國瑞先生。在春天的一個聚會上，我偶然說起我正在撰寫《我的祖父》，他憑著出版家的職業敏感與素養，立刻向我正式邀稿，這種誠懇的邀稿讓我幾乎無法拒絕，也鞭策了我早日完稿。拙作首先能在我長期研究的臺灣出版，我深感榮幸，臺灣在文化繼承與發揚這方面確實比我做得好，拙作能首先得到臺灣同胞指教，尤感榮焉。當然我也希望今天能在大陸有簡體字版，讓更多人了解我的祖父。

最後我要感謝我單位的金雅娟女士，多年來我的文章幾乎都是她為我打印，又蒙章佩敏女士校對。另外我要感謝我內人，五十年來我們相濡以沫，沒有她的支持，就不可能有我今日的一切。我再次深表謝忱。請允許我將這本著作作為我與內人結婚五十周年的禮品，送給我的內人。當然這本書也是獻給我母親的禮物。這兩位女性對我來講是最重要的。

二〇一五年六月十四日

恰逢先祖父謝世六十九年紀念日

我的祖父

我的祖父，姓章，名炳麟，字枚叔，號太炎，人皆尊稱他為太炎先生。在清末民初，他是大名鼎鼎的大革命家、大學問家，幾乎無人不曉，連我讀小學的時候，歷史課本中還有專門介紹他的章節，還印有他的頭像。在民國史來講，他是開國元勳，誰都知道開創中華民國是孫（中山）、黃（興）、章（太炎）三傑所為；在學術史來講，祖父是公認的國學大師，門弟子遍天下，幾乎占了全國高等院校文科的半壁江山，形成了「章（太炎）黃（季剛）學派」。可是，如今知道太炎先生的已寥寥無幾了，這不知道是時代的進步，還是時代的退步？是學術的繁榮，還是學術的衰退？

我過去很少講我的祖父，一是自謙，不以名後自詡。二是他的名聲越來越臭，國民黨千方百計把他從「革命史」中排擠出去，獨尊孫中山，以維護「孫蔣」的正統；共產黨把他當作「資產階級共和國」創始人，欲以「滅資興無」，把他當作「封資修」文化的代表，視作「遺老遺少」，欲加消滅。而到了今天，「政治掛帥」是淡化了，但年輕一輩則越來越不了解歷史，也越來越讀不懂太炎先生深奧艱澀的文字，據說如今大學生都讀不懂《紅樓夢》，更何況太炎的文字，反把他完全當作了陌人。這反而讓我有了不得不為祖父寫點文字的想法，以搶救文化搶救歷史，何況我已七十多歲，應該將我知道的關於他的事情記錄下來，當作政治財富和文化財富，加以保存與弘揚。

第一部分　學問家的章太炎

一、醫學與章太炎

祖父不是出生於地主與宦官之家，而是生於浙江餘杭倉前的一個業醫世家，他曾說：「吾家三世皆知醫。」祖父的祖父名章鑒，舉人，「以妻病誤於醫，遍購古今醫學書，研究三十年」，「自周、秦及唐、宋、明、清諸方書，皆諳誦上口」，初僅為親族治病，很有效，遂為鄉人治病，「以家富不受人餉糈，時時為貧者治療，處方不過五六味，諸難病率旬日起」。後因家遭太平天國戰火而破落，乾脆行醫為活，但他為人治病「醫資足一日用」，餘錢「輒分潤鄰族」，醫德醫術皆受鄉人尊敬，先祖父從小以自己祖父為榮。

祖父的父親章濬繼承父業，據縣誌記載「長於醫，為人治病輒效」，家藏醫書三千多冊。祖父的長兄章籛也繼承了家學，又隨從錢塘仲昂庭先生學醫，醫術更加精進，「有痛人子求治疾者，必應之，所全活甚眾」，是章氏三世中醫術最高的一位。

祖父二十三歲離家去杭州隨漢學大師俞曲園先生深造，在著名學府詁經精舍苦學七年。俞曲園先生不但擅長治經，也好治醫，他家人也遭庸醫誤治，故考據經典之餘也泛涉醫典，兼研醫理，著有多部醫論，這對我祖父的影響也是深遠的。

祖父就是在這樣的環境下成長，醫學對他的影響是無所不在的。而且他一度也隨他兄長去仲昂庭醫生家學醫，他完全有可能繼承家學，成為一名醫生。但他畢竟接受的是中國最傳統文化的影響，正如《漢書》所言：「上醫醫國，下醫醫人」，這是做人的兩個最高境界，即出將入仕，治理國家，是人之首選，或退而求其次，治病救人，做個醫生。范文正公將此訓概括成「不為良相，即為良醫」。這種傳統的觀念對祖父來講，是至為深刻的，他在救人還是救國兩者之中，必須要有所選擇。

祖父青少年時代正處於鴉片戰爭後和甲午戰爭前，這是一個風雨飄搖的時代，又是一個無法洗盡恥辱的年代，這決定了祖父必先去救國的人生道路。一八九七年，他三十歲的這一年，他離開了杭州詁經精舍的書齋，投身了社會革命的洪流。他以筆作武器投入了戊戌變法、辛亥革命、二次革命、護法運動、抗日戰爭，幾乎參與了這個時代所有的政治運動，他的革命鬥爭又是通過學術來表達的，他對舊文化作了系統的批判，為時代提供了新文化與新思想，他在治學、講學、參加社會活動之餘，始終沒有忘記對醫學的關注與研究，家庭的薰陶使他對醫學的愛好是深入骨髓的，而他對傳統文化的系統研究，內中有不少地方與醫史醫典醫籍醫學是休戚相關的，他無一不加以梳理與研究，有著一般醫生都不能達到的水準。

祖父對醫學的研究與愛好，不僅僅停留在一種耳濡目染，他也是從基礎著手，廣泛收集古今醫方。如今保存在上海中醫學院醫史館由他親手抄錄的醫方有：古代醫案醫方三百三十種，精神醫治法抄方三十八種，治鼠瘻方法抄方十一種及其他抄方五種。所抄之方，皆以蠅頭小楷整齊寫明出自何處，可治何種疾病，幾乎涉及所有醫典，有的甚至非常罕見，可見用功之深，研究之透，是一般醫家不能望項的。這是留給了我們後人一筆非常重要的財富，醫界有識之士已意識到這一點了。

上海中醫學院醫史館收藏的祖父珍貴的文稿，是從我們家中流失的。當時抗戰爆發，我家被迫逃難，雇用了一個叫「大老李」的民工，專門負責挑祖父遺稿，一路顛沛流離數月，大老李的工作是始終負責保管祖父文稿。這時祖父有一個弟子叫潘景鄭的，他生於蘇州四大望族之一，國寶「大迂鼎」就是被他家收藏，後也是他們家族捐獻國家的。潘景鄭先生酷愛學術又酷愛我祖父，於是他收買了大老李，讓他將祖父文稿偷偷賣給他，他嗜好於此。但是，解放後他又將這些文稿分別捐贈給了他工作的上海圖書館及上海中醫大學等，但他還是留下了一些他最珍愛的稿件，如一冊《膏蘭室札記》。這札記一共四冊，是祖父在詁經精舍七年讀書中做下的大量閱讀札記，但第四冊經大老李偷賣給潘先生了。「文革」結束後，國務院古籍整理小組決定先出十個歷史人物的全集，其中就包括祖父全集。於是祖母囑我去上海見潘景鄭，向他借《膏蘭室札記》第四冊，供出版全集使用。潘先生聽了我話後，大談祖父對他如何厚愛，他受祖父教誨如何之深刻，是他一輩子無以回報的，他絕口否認收藏了這冊札記，說著說著兩行濁淚從他布滿皺紋的臉頰上淌了下來……。我回家稟告祖母說：「我們似乎冤枉了他」，祖母聽了歎氣說：「你年輕不知世故也」。後祖父全集終於出版了，當然《膏蘭室札記》少了一冊。但潘先生去世不久，他的家人竟拿出了《膏蘭室札記》第四冊，當然不是捐給國家，更不是歸還我家，而是公開參加拍賣，僅僅以六、七萬元賣掉了。但我還是很感激潘景鄭先生，他畢竟將大多數「遺稿」捐給了國家，讓我們今天有幸讀到這些珍貴的遺稿。

祖父治醫並不單純從傳統醫學著手，他還十分注意從當時西方的文化中去汲取營養，他努力學習當時他能學到的一切西方科學知識，有天體演化學說、生物進化學說、細胞學說、粒子與元素學說等近代自然科學的一系列最新成果，還包括有解剖學、生物學、生理學等西方醫學的新成就，並作了大量的札記。尤其他三次流亡日本期間，如飢如渴地閱讀了他能讀到的一切西方先進的科學成果，並將有些先進學說翻譯到中國來。如他最早翻譯了《斯賓塞文集》，把斯賓塞學介紹到中國，又將日本岸本武太著作翻譯到中國，取名《社會學》，這是中國最早介紹社會學的著作，「社會學」一名也是由他命名的。祖父正是從世界範圍來看各種文化問題，使他的學術在不少方面能走出中國傳統文化的樊籬，能對一些古老的命題做出全新的翻譯。他是當時社會能接受生物進化論，並用以詮釋中國古籍中生物變異問題的極少數的傑出者。他這樣的中國近代第一代先進的中國人，並不是都是泥古不化的木訥的呆板的迂腐的古董，都是一群頭梳小辮，身穿大褂，不知世界為何物的怪獸。反而今天的人太不了解過去了，說到我們這些先輩，都以為他們是「吸鴉片、梳小辮、纏小腳」的一群傻瓜，殊不知他們比我們先輩更傻。

祖父第一篇關於醫學的論作發表於一九一〇年的《學林》雜誌，叫〈醫術平議〉，泛論了平脈篇、平六氣篇、平方藥篇，已經初步形成他的醫學的基本看法。但是十年後，他在編印《章氏叢書》時，跟他女婿龔未生說：前有「醫藥著述」數篇，「亦未甚精」，「筆端必有五行六氣字樣，徒令人厭笑耳」，不可收錄《叢書》。他雖於四十歲前後初步形成了他的醫學觀，從一九一一年他與錢玄同論醫書信中，可窺他當時醫學觀已相當成系統，但他仍不斷探索，不以為是。而真正形成較成熟的醫學觀大概在一九二五年前後，到一九三五年前後，則更成熟與精進了。

祖父在工作之餘，還十分重視古醫書收集，僅在一九一四年前後，就收集宋明精本二三十部。當時他給湯國梨夫人信中說：「平生之好，又在醫學……家中頗有醫書二三十部，皆宋明精本，數年搜求，遠及日本，而後得之，望為我保持也。」到他晚年，共收集宋、元、明醫書精本，已達七十多種，這讓他得以群覽醫學之秘。試問，無論當時或今天，有幾個醫家有如此豐富收藏？可是經抗日、解放與文革，他這些收藏已蕩然無存了，歷史就是這樣分分合合，聚聚散散。

自一九二一至一九二七年，祖父研究醫學的黃金時期，這時「護法運動」失敗，「五四運動」興起，「北伐戰爭」剛始，國家處於南北軍閥對峙階段，祖父已不是這個時代革命領頭人和代言人，讓他有了較充裕精力從事他酷愛的醫學了。他完成了醫學論文六十多篇，他選擇了其中三十八篇，結集出版了他第一部醫學著作叫《時病新論》，後改名為《猝病新論》。一九五八年人民衛生出版社又加重版，改名為《章太炎醫論》。祖父醫論涉及醫理的商討，醫術的研究，病症的論述，醫籍的考證，凡相脈論氣，溫寒暑濕．皆有講說，參酌科學的眼光，兼融中西之說，融會貫通，有許多獨到之見，將傳統醫學提高到一個新的高度。

一九二七年後，蔣介石「北伐」成功，定都南京，由「國共合作」到公開反共，大肆屠殺工農，消滅異己，在上海二次公開「通緝反動學閥」。祖父二次都在「通緝」首位，不得不藏匿起來，被迫與時代隔絕。是時代讓革命的先鋒被迫退出歷史舞臺，讓他一心救國的願望徹底破滅，從而從「不為良相」轉而追求「則為良醫」，去退守醫人的最後一塊陣地，去從事他自幼所喜的醫人的醫療陣地，去與醫學為伍了。

從一九二七到一九三六年，即祖父人生的最後十年，則完全與醫學渾然一體了，他的許多醫學重要論說都出自這個階段。一九二七年中國醫學院在上海創立，由中醫界優秀的年輕輩王一仁、秦伯未、許半龍、嚴蒼山、章次公等創辦，他們公推祖父為首任院長，祖父雖身處逆境，但仍然毅然就任。不久，中醫界先進人物徐衡之、陸淵雷、劉泗橋、章次公、章巨膺等又發起成立上海國醫學院，公推祖父任院長，祖父又允任了，並親撰「發凡起例」，聲明要「一洗陰陽五行之說，欲以科學解釋中醫」。這是當時中國「第一所正式採取現代醫學作為基礎的中醫學校」。一九三四年祖父由上海遷居蘇州定居，被蘇州國醫學院聘請擔任名譽院長兼研究院院長，祖父也欣然接受，並為該校師生定期作演講和講學，深受師生愛戴。他捍衛了祖國古老的醫學，並力圖賦予新的生命，竭精殫力培養中醫人才，對祖國醫學教育功不可沒，正如章次公先生說：「民族革命之導師餘杭先生，亦即國醫革新之導師！」

祖父喜歡醫學，不僅喜研醫理，也鑽研醫術，他雖不是醫生，沒有懸壺，但他會治病，愛為人開方療疾。史書記載過他為鄒容與孫中山都開過處方，他為其他親戚朋友也治過病，他開藥方從不超過八味，一般都在四、五種藥而已，常很有效。

人皆知祖父是革命家、文學家，但他也是一個國醫大家，這一點知者寥寥矣，連研究章太炎的專家，在談到他的醫學時，都語焉不詳，這是十分可惜的。要認識一個真正的章太炎，就不能不知道他跟醫學的關係，以及在他醫學方面的成就。章太炎的學問是涉及多方面，但他最愛的是醫學，這是他的家庭與出身決定，不了解這一點，就無法真正了解一個真實完整的章太炎。祖父生前有人問他，你的學術涉及許多方面，你自已認為哪一個部分你最精通？他不加思索地說：「我醫學第一，小學第二。」人們以為他是自謙之詞，其實這是他真心話，醫學是他第一的愛好。

祖父的醫學著作，散落在各種有關的報刊雜誌中，這些報刊雜誌又散落在各地院校圖書館中，我沿著他的生平，按圖索驥，按他經歷的年、月、日到處去搜尋，走訪了諸多圖書館、博物館、檔案館、紀念館等，遍閱各報刊、雜誌、書籍，歷經六個寒暑，搜集到一百三十多篇他的醫論，分別一一作了注釋，其中有三十多篇是家藏的未刊稿，終於在一九八八年編就了《章太炎醫論集》，又作了一篇三萬多字的介紹祖父醫學經歷的《前言》。但是我畢竟是外行，標點工作我請了上海中醫文獻館承擔，由潘文奎先生領頭校點，終於在一九九四年由上海人民出版社出版，收錄為《章太炎全集》第八集。

《章太炎醫論集》出版後，引起社會很大反響，有人說「功德無量」，有人說「錯誤百出」。一次，一位中央衛生部中醫局負責人見我說：「這是一筆巨大財富啊，我們今天遠遠沒有達到太炎先生水準！」去年我買到了學苑出版社出的《章太炎先生論傷寒》，這是由伍悅、林霖兩位先生根據我編的《章太炎醫論集》將其中我祖父論張仲景《傷寒論》的論述，重新編排，專門編輯成一部祖父論傷寒的專著，認為祖父醫學成就中以研究《傷寒論》為最，「文獻之廣闊，考證之精詳，方法之純熟，資料之豐贍，語語精采，字字璣珠啟悟無窮，開示多多，至今鮮有出其右者」。這部書專門請了當代中國最著名中醫文獻學家錢超塵教授寫了五萬多字的〈章太炎先生論傷寒釋要〉，附於書後。我讀了這部書，尤其細細拜讀了錢教授論文，慚愧得無地自容，原來祖父醫學成就如此之高啊，他們才是真正讀懂祖父醫論的大家啊，我這個醫學門外漢，充其量只是一個史學工作者，當年竟敢編祖父的醫論集，實在是不知天高地厚，如今想想實在後怕呀！

一般人論章太炎學術，都會忽略他的醫學經歷與成就，但我卻將他與醫學列為第一章節，我這樣的與眾不同，就是我撰寫「我所知道的祖父」的特點，可寫出一個我所知道的真實的祖父。的確，祖父對學術中最鍾愛的就是醫學，不知此，就太不了解章太炎了。

二〇一五年三月十七日

二、小學與章太炎

祖父是當世無愧也是最沒有爭議的國學大師，他的學問涉及領域頗多，但成就最大的要算是小學。今人已不知什麼叫小學了，認為如今大學與大學生都多如牛毛，小學又何稀罕，這實在是今人的淺薄。尤其在大陸是如此也。

古人讀書，首先要讀六經，後讀九經十三經等等，要讀書必要了解文字、音韻、訓詁，古人便把這音韻、文字、訓詁之學稱之小學，這是治學的基礎。祖父將小學稱作「語言文字學」。只有懂得了每個字的音、形、義，才能讀懂群經。

人類創造文化，在形成文字前，先是通過語言來交流思想，音韻先於文字，因此了解文字的音、形、義的關係是治學的基礎，他治小學，「不欲為王菉友輩滯於形體」，而是強調通音韻、明訓詁、辨形體。他研讀二徐《說文》七十餘遍，對九千多字的音、形、義了然於胸，卓然見語言文字之本，所以他治經，比一般人有更多的收穫，水準超越了一般人的見解。今天我們為什麼讀不懂古籍，因為不識字，不知它的音、形、義關係，更不知文字的轉注、通借、假借等關係，因此當時「白話」的文告如《尚書》，今人讀起來如讀天書，而祖父則是語言文字學大師，他深化了古人「因聲求義」的傳統方法，開創了在音義系統基礎上的漢語詞源學。

中國傳統的小學，經千餘年的精煉，到清代則達到了鼎盛時期，而祖父繼承了清代治小學的乾嘉學派，成為最正宗的最後一位小學大師，給中國傳統的經學作了最後的總結。祖父的啟蒙老師是他的父親章濬和外祖父朱有虔，尤其他的外祖父給他灌輸了許多民族主義思想，後又從學俞曲園、黃以周、孫詒讓、譚獻，這些老師又直接繼承了乾嘉王引之、王念孫、段玉裁、戴東原、江慎修、顧亭林的學說，也繼承了「博學於文，行己有恥」的準則，治學講究「明道救世」，講求「實事求是」，注重「厚植根基」這些傳統。這些先輩的治小學與經學，是用來保護民族意識，達到警醒國人，排滿抗清，反對民族壓迫，抵制文化專制。祖父身上體現的學術研究與愛國思想的結合精神，正是來自這些先輩的精神薰陶。

祖父治小學並沒有停留在古人基礎上，而是積極汲取西方文字學研究成果，特別接受了德國馬格斯牟拉學說，致力建立起具有本民族特色的語言文字學，將傳統小學變為一門獨立的有條理系統的現代語言文字學。在這方面他有三部代表作：即《文始》、《小學答問》、《新方言》。他說：「作《文始》以明語原；次《小學答問》以見本字；述《新方言》以一萌俗。」在他以前，還沒有人這樣全面而系統地談論過，也使傳統小學擺脫了經學的附庸地位，成為一門獨立的學說。

祖父深厚的小學功底，使他研究經學、諸子學、史學、文學、哲學、佛學、醫學能有更多的發現，獲得更多真知灼見，奠定了他在在不可動搖的國學大師地位。他又將語言文字學作為國粹，「以國粹激動種性，增進愛國熱腸」，他又將國粹弘揚為國學，以中華文化，增進愛國信念，培養國民道德，從精神層面救國圖強，以創建新型民族文化。這就是他區別一般的專家學者的地方，所以他既是國學大師，又是革命大家，正如魯迅所說：太炎先生是「有學問的革命家」。這樣一身兼兩任的人是不可多得的。

眾所周知，秦統一六國後，做了件非常了不起的事情，就是統一了中國文字，由許慎將七國文字統一成一部《說文解字》，「今敘篆文，合以古籀」，集九千多字「分別部居，不相雜廁」，分門別類地統攝在五百四十部首之內，成為治學的必經之路。《說文》經歷代學者補正，成為一門專門的學問，人稱「小學」。祖父最擅長的就是小學，前文我述，祖父自稱研讀《說文》七十餘遍，也研讀了歷代學者對《說文》的注疏，從而有了扎實的治學根底。他培養弟子，無論早年在日本辦章氏國學講習會，還是晚年在蘇州辦章氏國學講習會，首先講的都是《說文解字》。尤其他早年在日本，曾多次跟學生詳講了《說文解字》，是一字一句地詳講，聽過他講《說文》的弟子有一百多人，而最著名的要算在《民報》社為錢玄同、朱逷先、許壽裳、龔未生、錢家治、朱蓬仙、魯迅、周作人八人所作的講學。

當時是祖父精力最充沛鬥志最昂揚的時期，一次講課往往三四個小時，滔滔不絕，他逐字逐句講解，「或則闡明語原，或則推見本字，或則旁證以各處方言，以故新誼創見，層出不窮」，而弟子們則認真聽講，認真筆記。下課後，弟子們又相互核對筆記，這種認真教學的態度，和認真學習的精神，構成了中國知識分子認真治學的典範。祖父在日本期間講學的內容十分寬泛，有講《漢書》、《文心雕龍》、《毛詩》、《文史通義》、《莊子》、《楚辭》等等，但

《說文》是必先講的。一般他總會先講《六書音韻表》、《說文序》，然後講《說文》，最後會再講《爾雅義疏》、《廣雅疏證》，構成一個完整的系統。而講《說文》往往要講二十講左右，在《民報》社為八個弟子講《說文》，就講了十九次。

「文革」結束後，我參加了《章太炎全集》的整理出版工作，我完全不知道祖父學說的艱難，編輯出版整理工作的艱辛，帶了一股「被解放」的熱情投入了這項工作中去。一次在魯迅紀念館展覽廳中我見到了魯迅聽《說文》的一頁筆記，我欣喜極了，從此開始搜尋魯迅及其他人的筆記。這過程是漫長與艱難的。紀念館、圖書館、檔案館往往是森嚴封閉的，何況我是一個無名無權無錢的小卒，多半是碰壁與遭到白眼。但是，我也遇到了一些極好極好的好人，第一個是上海原文化局局長兼上海文管會的老領導方行先生，他是一個極懂文化極愛文史研究的老領導，是他幫我弄到了魯迅的聽課筆記，這是分別保存在兩個紀念館中的藏品，並用我的名義請上海博物館用柯羅版原樣精印了二百冊，取名《魯迅先生說文札記》，作為珍貴禮品分贈海內外友好。第二位好人是錢玄同的大公子錢秉雄先生夫婦，我冒昧地拜訪他們，他們很熱情和藹地接待了我，聽了我請求後，他們竟二話不說，將錢玄同先生十五冊聽課筆記交給了我，他們再三歉意地說：「抄家發還時少了一冊，請編入全集吧！」他們什麼要求都沒有提，連個收條也沒有要，以極信任的眼光將這堆珍貴資料交給了我，讓我見識了一個大家子弟的風範、大氣、敦厚的家風家教，他倆的善良眼光讓我至今無法忘懷。第三個好人是陸宗達教授，他是我祖父的再傳弟子，他把我看成自己的孩子，當我提出二套筆記我無水準整理，能否請他整理時，他二話不說，把任務接了過去，當時他年歲已是這麼大了，但他視使命如生命。第二年他去世後，又將沉重的整理工作交給了他弟子王寧教授，王寧教授又邀請同門萬獻初先生、李國英先生、李運富先生、梁天俊先生及自己多名研究生，花了十多年心血，整理出版洋洋灑灑大十六開的六百多頁的《章太炎說文解字筆記》，忠實記錄了祖父逐字逐句對《說文》的解釋，記錄了錢玄同、朱逷先、魯迅三人的筆記，成為一部清代以來講解《說文》最詳盡最權威的研究語言文字的專著，凝聚了章門五代人的努力，成了一段學術界的佳話，也成了祖父研究小學、傳播小學的佳話。

一九三二年後，日本加緊了侵華步伐，東北淪陷後，華北又告急，國有淪亡之虞，他憤而大書「吳其為沼乎」！然而以他最擅長的語言文字學書寫了四大冊小篆《千字文》。小篆是秦以來法定的文字，但經歷了數千年的演變，已經變得很不正宗了，所以他要加以釐正，讓孩子不忘我們的歷史，不忘國家的文字。一九八六年，在他去世五十周年之際，我將這四冊小篆，交上海書畫出版社出版。出版後我分送親屬友好，也送了周谷城先生一冊。谷老獲書後十分亢奮。據李夫人告訴我：「谷老一連三天一聲不吭，卻忙忙碌碌，夜晚也起來多次，一直在查看資料，不知在忙什麼。」數天後，我見到谷老。他說，看了《章太炎篆書千字文》後，我發現我們平時寫的篆書，與太炎先生有十七、八處不同，這究竟是我們寫錯了，還是太炎先生寫錯了，這讓我太吃驚了，於是我一處處查究，最後發覺太炎先生寫的全是對的，太炎先生真正是小學大師啊！是的，每個文字都是有來歷的，不是可以任意拼湊的。而如今「書法家」，只知寫字，不知小學，任意造字，寫的書法不要說今人看不懂，古人也看不懂，真是可笑極了。我們天天說弘揚傳統，卻根本不懂傳統，天天在裝阿Q，多可怕啊！

祖父在學術上的成就是多方面的，那麼，哪方面是他最擅長的呢？他的一個弟子周作人曾說過：「先生的主要成就在小學」。周作人是祖父弟子中最不光彩的一個，當過「漢奸」，也曾對太炎先生很不恭，但他說得對的地方，我們不能因人廢言。我認為「小學」確是祖父學術中最傑出部分，今人不要誤以為「小學」是容易的學問！

二〇一五年三月二十四日

三、經學與章太炎

前文已述，祖父最喜愛的是醫學，他最擅長的是小學，而他最精研的是經學，所以多數人稱他「國學大師」，也有人稱他「經學大師」，他為中國古老的經學作了系統的總結，為二千年的傳統經學，畫上了一個圓滿的句號，從而開啟了一個新的學術文化時代，他就是這新老時代交替的承上啟下的人物。

經學是儒家文化的通稱，漢代有六經之稱，即《詩經》、《尚書》、《周禮》、《周易》、《春秋》、《樂經》，唐代演變成九經，宋代衍變成十三經，包括《儀禮》、《禮記》、《左傳》、《公羊傳》、《穀梁傳》、《論語》、《孝經》、《爾雅》、《孟子》，而注疏這些經典的著作，則繁如牛毛。治經學又分古文經學與今文經學，古文經學重名物訓詁考證，今文經學重微言大義好發揮創新。古代今古文有他們爭論的內涵，現代今古文有他們新的爭論內涵，祖父是古文經學派的代表。經學也是對儒學的統稱，祖父代表的經學，又是對史學的統稱，所謂「六經皆史」。他提倡的「讀經」，實是說「讀史」，要心中有史，要牢記一國之史，這是愛國之源。

祖父的治經與一般人一樣，從小從讀六經開始，做他啟蒙老師的是他的外祖父、父親、長兄，他們給了他很系統的傳統教育，打下了很堅實的文化基礎。後他赴杭州入詁經精舍，在這最有名望的書院深造近八年，跟隨了一代名流俞曲園、黃以周、譚獻、高學治等治學，這些名師都是清代乾嘉學派最正宗的繼承者，所以祖父接受了更為嚴格的樸學訓練。在這基礎上，祖父在十七、八歲，就通讀了《學海堂經解》，這是自清初至道光解經著作一百八十八種，後又通讀了《南菁書院解》，這是補充了《學海堂經解》二百零九種，使他對清代樸學有了全面的了解，從而撰寫了《清儒》一作，對清代學術流派及其演變做出了高度概括，做出了準確精要的總結，成長為一名公認的青年漢學家。

在詁經精舍學習期間，他完成了兩部巨作。一是作了四冊《札記》，記錄他廣泛閱讀經史的體會，這就是《膏蘭室札記》；二是研究《春秋左傳》的五十多萬字的專著，取名《春秋左傳讀》。從現存的三冊《膏蘭室札記》看，有考釋諸子的三百五十多條，考釋經書的八十多條，考察史書、韻書、緯書四十多條。在考釋諸子各條中，有關《管子》的有一百十五條，《墨子》的四十一條，而《荀子》的考釋僅八條，恐更多的《荀子》考釋是在潘景鄭私藏的一冊《膏蘭室札記》之中。由於祖父在古文字音韻及古文獻研究上的扎實基礎，即小學方面的超人功力，也決定了他有超人考釋的成果，他以後許多重要著作，都來自這期間刻苦研究形成了諸多學術見解，奠定了扎實的創作基礎。

《春秋左傳讀》是祖父早年第一部著作，他對《左傳》的作者，成書的年代，傳授的系統，以及《左傳》與《公羊傳》、《穀梁傳》之間關係，作了詳細考證，從而駁斥了劉逢祿乃至康有為這些今文經學派說的《左傳》是漢代劉歆偽造的邏輯。在這基礎上，他以後又寫出了

《春秋左傳讀敘錄》、《駁箴膏肓評》、《砭左氏春秋考證》。三十年後，祖父又撰寫了《春秋左氏疑問答問》，對《春秋》這部經典，畢三十年之功力，終於使之可讀可解。這是他對經學研究的貢獻。

到了祖父晚年，他又集中精力研究了《論語》與《古文尚書》，先後完成了《廣論語駢枝》與《太史公古文尚書說》、《古文尚書拾遺》、《古文尚書拾遺定本》。

《論語》是經學中很重要的一部文獻，但《論語》在漢以後失亡，以後又陸續發現，卻有古文、齊文、魯文之別，祖父發現「魯論文或難曉，蓋多因古文真本；齊師則有所改定者」，其後馬融宗古文，鄭玄也宗馬融的古文，而以往注疏忽略於此，於是他遂考釋補充了四十多則。

《尚書》是商周時期文獻集編，這部文獻「最殘缺難理」。但自從洛陽發現了《三體石經》殘碑，「發見古文真跡，以校枚氏《堯典》多相應」，讓他大為興奮，加上他弟子吳承仕得到了敦煌所得《堯典》釋文，從而寫了《新出三體石經考》，然而用以重新考釋《尚書》，在揭露偽古文《尚書》同時，存細恢復《古文尚書》的本來面貌。由於他文字學、音韻學方面的深厚功底，利用了洛陽新發現《三體石經》新證據，結合對古代文獻的精密研究，他對《古文尚書》文字校勘、經義考釋，都有了更多發現。在他去世前最後歲月，每天整理《古文尚書拾遺》，共增補一百七十多條，成《古文尚書拾遺定本》，是他一生的最後一本著作。他說：以《爾雅》釋《尚書》，「十可得其七八」，「王引文《經義述聞》解《尚書》近百條」，「孫詒讓作《尚書駢枝》亦有六七十條」，但他自覺經他努力，「加上他的《古文尚書拾遺》近百條」，三家合，《尚書》終於可讀通百分之八九十了，勝於清代諸儒，對此他很自負，非常得意，這是他對經學的又一重大貢獻。所以他被譽為「國學大師」或「經學大師」，是當之無愧的。

祖父晚年又一次創辦「章氏國學講習會」，系統傳授國學，在他歲月的最後半年，他重點講的是《古文尚書》，先後講了《尚書略說》、《書序》，然後逐字逐句講了《尚書二十九篇》，先後用了四個月光景。他弟子都逐字逐句作了紀錄，課後又相互校對筆記，情景如同早年在日本講《說文解字》，弟子錢玄同與魯迅等核對筆記的一幕再現。

據姚奠中先生說，他據聽課筆記與祖父《太史公古文尚書說》及《古文尚書拾遺定本》，再參閱了江聲的《尚書集注音疏》、孫星衍的《尚書古今文注疏》，夜以繼日地工作，終於整理出一部三十多萬字的《古文尚書講疏》。但是這部手稿在抗戰流離途中失去了，痛不可彌。

好在其他弟子筆記尚存，王仲犖先生將他筆記交給了我，厚厚的三大冊筆記，簡直就是一部完整的作品，也像一部藝術品，一字不苟，足見這些弟子的基本功是如此扎實。我又將這些筆記收錄到我整理出版的《章太炎演講集》中。以後上海人民出版社出《章太炎全集》，我將《章太炎演講集》作了充實，編入了《全集》。祖父在講《尚書》時，是依據他點校批註的十冊《古文尚書》而講的，這部批註本當然是一部重要的文獻了，我曾想把它整理出來，但自感水準實在不夠，而作罷了。這時，我看到中華書局二〇一三年出版的諸祖耿先生聽先祖父講《尚書》的筆記，定名為《太炎先生尚書記》，內容與王仲犖先生的筆記幾乎完全一致。於是我將諸祖耿先生整理的《太炎先生尚書記》取代了我整理的筆記，因為他的點校水準總比我高得多了。

祖父是古文經學家，他的許多著述看來是對今文經學的駁難，似乎是學術之爭，其實不然。清末民初的政治鬥爭，幾乎是通過學術來表達的。當時康有為、梁啟超所代表的改革派與保皇派，提出「三世」學說，作《新學偽經考》，將新莽以來歷代視為神聖寶典的儒學經書都說成是劉歆一夥為王莽篡權而製作的，是孔子「托古改制」，這是康梁對傳統儒學的一次全面顛覆，他們重構了孔子為「萬世師表」，是「大地教主」，為他們維新運動提供學術依據。康有為從漢代今文經學和讖緯學說中借取了儒學中曾盛極一時的神秘主義，想用這些資源將孔子宗教化，提倡建立孔教會，將孔子學說神聖化。康有為明顯地是以今文經學立場，表現為功利、主觀、實用。祖父則站在古文經學立場，以較實事求是的態度，寫了〈儒術真論〉、〈視天論〉、〈菌說〉、〈今古文辨義〉、〈訂孔〉等一系列文章加以批駁，他大量運用西方近代自然科學研究最新學說，駁斥了康有為將孔子神聖化理論。這在當時中國——二千年形成的封建社會——養成獨尊孔子思維模式，無疑是大膽的造反。他打掉了清代公羊學特別是康有為給孔子加上的神聖光圈，將孔子從神還原為人，從聖人還原為一個凡人，這指出孔子學說及儒教給人的最大危害是讓人為功名利祿而營生，這是對傳統思維的大反動，從而給人給社會帶來了思想大解放，為辛亥革命，為推翻二千年帝制奠定了思想基礎，不僅影響當時的一代，甚至影響了「五四運動」，成為思想解放的先驅。

祖父反孔表面看來他是站在古文經學立場反對今文經學任意竄改歷史的學術之爭，實際是為當時政治鬥爭服務的，他特別推崇九流中的老子、莊子、荀子、墨子等諸子，他說這些諸子從任何角度來看都比孔子高明，因此不應該獨尊孔子。他寫的《論諸子學》等著作，可以說是為諸子平反的第一部著作，他指出，儒家最大弊病是推崇「書中自有千鍾粟」，追求富貴利祿、堵塞人之思想，「故艱苦卓厲者絕無」，而諸子百家則有許多卓行，只是被埋沒了二千年了。祖父這些言論在當時是警世駭俗的，對當時社會的影響是巨大深遠的，許多先進的中國人，就是接受了他的影響走上反清的民主革命道路。

今天，說起經學，好像是深奧、神秘、古老、遙遠、落後、封建、迷信的代名詞，這個陪伴我們先祖走過二千年的經學，絕對不是一堆垃圾，但也不是萬物萬靈的靈丹妙藥，它有精華，構築了我們文化與歷史，也有糟粕，承載了太多迷信與落後。歷代統治階級尊孔尊儒或反孔反儒，都有他的政治算計，大抵沒落與危亡之際，都會祭出尊孔尊儒。祖父早年為推翻沒落腐朽的滿清政權，他激而反孔，推倒二千年來的傳統枷鎖，提倡思想解放，利用經學反對經學，痛斥保皇派。而到了他的晚年，他目睹全盤西化，西學大有吞食傳統文化與歷史之虞，加上日本侵華國有淪喪之危，他又大聲呼喊「讀經有百利無一害」，提倡讀經。因此遭到人們批判，認為他落伍了，向封建文化妥協了。其實，祖父說的經，就是指史，他素來提倡「六經皆史」，指出只要歷史不亡，國也不亡，倘若國家遭不幸，但只要人們心中不忘國史，國終能復。他從反對傳統到搶救傳統，他從反對讀經到尊孔讀經，不是一句「倒退」與「落後」可以解釋的，這是與我們國家坎坷遭遇分不開的。

今天，社會忽然颳起了「尊孔」學習「國學」的風潮，彷彿「國學」能讓我們文化主體意識復活，能抗衡越來越強烈的西風侵蝕，於是各種「國學」教育粉墨登場。「暴發戶」紛紛到「國學班」中去滾一滾企圖讓他們少一點銅臭氣，「小孩子」紛紛到「國學班」去泡一泡讓他們多一點書香味，出版社大印所謂的「四書五經」之類「經典」，其實這些都是「五四」運動批判的糟粕，人們以為穿穿古服，念念弟子規，就可以變得「文明」了，就懂得「經學」了，真是「神經」至極！真要被章太炎笑死了，這真不知悖到了哪裡了！

二〇一五年四月十二日

四、佛學與章太炎

如果說祖父最心儀的是醫學，最擅長的是小學，最精通的是經學，那麼他最出色的是通曉佛學，能以佛學解經，構築起他龐雜恢弘的哲學體系。

梁啟超說：「晚清所謂新學家者，殆無一不與佛學有關係。」這裡說的佛學，並不是燒香拜佛的宗教迷信，而是取佛法的義理。趙樸初先生在他的《佛教常識答問》中說：「一些民主思想啟蒙運動者，如譚嗣同、康有為、梁啟超、章太炎等學術名流，都採取了佛教中一部分教理來作他們的思想武器，佛教的慈悲、平等、無我、無常的思想，在當時的知識界中起了啟發和鼓舞的作用。」近代著名學者李澤厚先生認為：「中國近代資產階級革命時期，真正具有哲學上的思辨興趣和獨創性，企圖綜合古今中外鑄冶嚴格意義上的哲學體系的，只有譚嗣同和章太炎兩人」，而譚嗣同過早地犧牲了，這任務便落在我祖父身上了。

一九〇三年，三十六歲的章太炎因「蘇報案」入獄，苦役之餘，寂困之中，他讀書自遣，始讀佛經，以排泄心中忿懣，「專修慈氏世親之書」，「晨夜研誦，乃悟大乘法義」。他主要讀的是大乘教義的《瑜伽師地論》、《因明論》、《唯識論》等典籍。他將佛學與儒學、玄學、西學一一相較，他發現華嚴宗與法相宗，和他所研的樸學十分相似。樸學注重煩難的名物訓詁考據，與唯識宗思辨精細如一，他說：「此一術也，以分析名相始，以排遣名相終，從入之途，與平生樸學相似」，因此感到佛學中未嘗沒有可資利用之處，於是研究佛學一發不可收拾，成為終身之好。

一九〇六年七月，祖父結束三年西牢，流亡日本，他立刻將佛學作為武器投入了推翻清王朝的鬥爭，他首先將佛學資產階級化，使佛教變成適合資產階級革命需要的工具。他在二千多中國留學生歡迎他的大會上宣布：中國的禍根，在於道德的敗壞，從戊戌變法到自立軍失敗，皆因「黨人之不道德致之也，而佛教有助於增進國民道德」，有助於民族主義和民生主義的實行，可以使革命者「排除生死，旁若無人，布衣麻鞋，徑行獨往，上無政黨猥賤之操，下作懦夫奮矜之氣」。他又說，反清革命，佛所贊許，因為「佛最恨君權，大乘戒律所說『國王暴君，菩薩有權，應當廢黜』，又說：『殺了一人，能救眾人，這就是菩薩行』」。祖父又稱：「佛教最重平等，所以妨礙平等的東西必要除去。滿洲政府待我漢人種種不平等，豈不應該攘逐」，因此「照佛教說，逐滿復漢，正是分內的事」。這些理論與邏輯，就是祖父的核心思想，即「用宗教發起信心，增進國民道德」。

祖父一直希望建立一種「新宗教」，這種新宗教既不是孔教，也不是基督教，而是以佛教中的華嚴與法相二宗為核心的新教。因為他認為「孔教最大的污點，是使人不脫富貴利祿」，斷不可用；基督教叫人崇拜上帝，即要人崇拜西帝，是西方帝國主義用以侵略我民族的工具，也不可用；而佛教中華嚴與法相二宗，在道德上與人最為有益。他提倡的實際是一種「人間佛教」，他反對佛教中的密宗和淨土宗，他重視的是有哲學內涵的佛學，而不是佛教的形式。他推崇華嚴宗與法相宗，因為華嚴宗是指以「一即一切，一切即一」，與莊子的「萬物與我為一」相合，在行為上提倡菩薩行，用菩薩精神來鼓舞民氣和革命宗旨與道德最為有益，而法相宗的唯識之學，與樸學不尚空言相合，在思辨上科學性強，有助於增加傳統文化優勢，有利於抵禦西方文化的衝擊。說到底，祖父的佛學觀，只是借用佛教若干現成的東西，來構築自己的思想體系，以適應現實鬥爭的需要而已。為此祖父真沒有在佛學上少下功夫，他讀了佛家許許多多經典，為了直接閱讀印度佛經，他還學習梵文，還想建立梵文書庫，甚至還想去印度當和尚。在這期間，他還撰寫了許多這方面論著，可是理解他用意，欣賞他思想，可以說寥寥無幾，真可謂和者甚寡。

祖父一直認為「不造出一種輿論，到底不能拯救世人」，於是他借用中國傳統的儒、佛、道來構築自己的思想體系，他將自己多年對儒家學說的研究及對佛學思想的研究，去與莊子哲學結合，開創了以佛釋莊，完成了對莊子名著〈齊物論〉的解釋。齊物論，即對自由平等的論述，他以佛學思想與莊子思想相結合，寫作了《齊物論釋》，對此他甚自傲，謂「千載之秘，睹於一曙」，使莊子五千言，字字可解，「可謂一字千金」，「千六百年來未有等匹」。梁啟超說：「專引佛家法相宗學說人比附莊旨，可謂石破天驚。」

辛亥革命後，祖父因反對袁世凱稱帝，又一次失去自由，被袁世凱幽禁三年。在失去自由的日子裡，他又一次廣泛閱讀佛經，並與弟子吳承仕深入討論佛學的真諦。吳承仕將祖父研究心得一一記錄下來，成專著《菿漢微言》，共記錄祖父心得體會一百六十七則，而討論佛學的則達近百條。他開始將文王的《易經》與孔子的《論語》融入到他的佛學之中，他發現自己的遭遇與紂王囚禁演繹八卦的文王同，也體會到身處亂世而作《論語》的孔子同，認識到《易經》與《論語》和佛經有許多相通之處，有了許多新的體會，於是他將儒、道、佛融於一，說文王、孔子、老子、莊子「冥會華梵，皆大乘菩薩也」。對此祖父自認為「始則轉俗成真，終乃回真向俗」，使他的佛學觀又進入了一個新的階段。

祖父一生作過許多演講，不乏佛學演講，多達幾十次多，我紛紛將這些演講收入到他的《演講集》中，希望這些演講能得到知音，可惜反應冷淡。因為今天不要說一般人不懂佛學，連和尚也不念佛經了，在中國盛行了千年的佛教文化已歸於末途了。祖父生前留下最多的遺墨是關於佛學的，有厚厚一尺多高的一大包，一直也沒人整理而躺在家中。一九八〇年後，國家決定出版《章太炎全集》，上海人民出版社和有關專家紛紛來我家整理資料，拍照存檔。當時大家都見過這包佛學手稿。然後每天將一大堆遺稿搬出來供大家閱讀拍照，然後又搬進、又搬出……。我們家太大，人又太少，無人陪伴他們拍照與研究，終於有一天這包佛學手稿不翼而飛了，再也找不到了。以後聽說在日本發現了這些手稿，不知是真是假，我想這也許是這些手稿的宿命，它們找到了知音，去了它們想去的地方了。

講到佛學，大家都認為是消極的東西，章太炎酷愛佛學，好像也不值得讚頌，其實這大錯特錯了。祖父絕對給佛學賦予了新生命，尤其在辛亥革命前後。他認為革命能否成功，關鍵是革命者的私德，「優於私德者亦優於公德，薄於私德者亦薄於公德，而無道德者不能革命」。他又認為，中國的禍根在於道德的敗壞，謂「道德衰亡，誠亡國滅種之根極」。於是他借助佛學中的精華，致力於國民性改造，創革命道德學說，將神學變為人學，用於民主革命，這在十九世紀初是很進步的，古今中外優秀的政治家思想家革命家也無不如此。他在革命派的機關報《民報》上發表了〈建立宗教論〉、〈人無我論〉、〈無神論〉等文章，提出要破「我、法」二執，創「無我」，以抵禦「畏死心、拜金心、奴隸心、退屈心」，建立一種「依自不依他」的主觀唯心世界觀，高張革命者的道德。他說：「華嚴宗所說，要普度眾生，頭目腦髓，都可以施捨與人……。法相宗所說，就是萬法唯心，一切有形的色相，無形的法塵，總是幻見幻想，並非實在其有……。要有這種信仰，才得勇猛無畏，眾志成城，方可幹得事來。」所以一個革命者必須去除「怯懦心、浮華心、猥賤心、詐偽心」，方可完成革命大業。佛教的「不執一己為我，因以眾生為我，一切從利益眾生為念」，有助於養成革命者的無私無畏的犧牲精神，擺脫物欲，獻身革命，「排除生死、旁若無人，布衣麻鞋，論行獨往，上無政黨猥賤之操，下作懦夫奮矜之氣」。祖父就是如此地從佛學中提煉出革命所需的思想與理論，與革命實踐相結合，為革命提供理論與哲學，可謂用心良苦。他說宗教與革命的關係，「譬如一碗乾麥子，怎麼能團得成麵」，那麼，這宗教就是水。他這樣思想與學說，與宗教迷信是毫無關係的，而無論當時與如今，他的同志或後人，卻大不理解這點，反批評他在《民報》大講「乾燥無味之佛學」，這恰恰是以自己的無知去批評別人的無知，這才是真正的無知哪！

的確，祖父有點過分強調道德的重要性，這是他們這一代的局限性。但中國共產黨在奪取政權時，毛澤東也高舉過紀念張思德的道德旗幟，劉少奇也寫過論革命者的修養，也重視過道德的重要性，乃至今天「反腐」，也是想恢復革命者的道德。祖父不僅是他的道德宣導者，也是模範的執行者，始終站在道德的制高點，這是很不容易的。他不是高唱「高論」，拿了革命「標準」與「道德」只去苛求別人。他從無接受外國政府「津貼」，也沒有領過國內外財閥任何的「資助」，樂於清貧，甘於寂苦。馬敘倫回憶說：他在日本流亡期間，與女兒女婿四人同居在「東京一鄉間，裡外不過十多張席子的地方」，午飯「只有一碗大蒜煎豆腐」，有時連這點菜也沒有，只好蘸點鹽食飯。黃季剛回憶說：祖父「寓廬至數月不舉火，日以百錢麥餅以自度，衣被三年不浣，困厄如此，而德操彌厲」，這才是革命者的真實寫照。真正革命者當時都是很窮的，陳天華因窮而跳海自殺，祖父因辦《民報》被日本政府罰款一百五十圓，因繳不出罰款，祖父只好「每天去做苦役」，一天抵一圓罰款。最後是魯迅將他一筆稿費去代祖父繳了罰款才結束了苦役。祖父一生堅守「一夫一妻」，沒有三妻四妾，更沒有無數「緋聞」，而這些「緋聞」，在今天人眼裡竟只不過是「小節」，可見今天的道德標準已低而又低了。

在一百年前的中國，外臨列強蠶食，內遭清政府墮落，祖父深感「世事紛紜，人民塗炭，不造出一種輿論，到底不能拯救世人」。於是他利用佛法平等論，大聲疾呼，民族與民族應該平等，國家與國家應該平等，人與人應該平等，文化與文化應該平等，如果一個民族去壓迫另一個民族，一個國家去吞併另一個國家，一個人去欺負另一個人，一種文化去取代另一種文化，一種意志去強加於另一種意志，如此種種，都是不齊，都有違平等，佛法不容。

他說：「世界法中，不過平等二字，莊子喚作『齊物』，並不是說人類平等，眾生平等，是要把善惡是非的見，一切打破，才是平等。」他研究了莊子的〈齊物論〉，他說莊子所說的平等，並非俗言所說的平等，而是一種無限的平等，這種平等，就是要「不齊而齊」，就是要破「我、法」二執，先破名言，名言破了，是非善惡就不能成立了。不僅要打破名言，還要把所謂的「公理」、「天理」打破，把千年來強加於民「條條框框及各種規矩」打破，如宋明理學，就是「錮情滅性」，以「天理殺人」，「天理之束縛人甚於法律，而公理之束縛人，又甚於天理矣」，應該讓「物暢其性，各安其所」，這才符合佛學平等的宗旨。

祖父運用〈齊物論〉中「堯伐三子」為例說，世上本沒有什麼陋與不陋之別，堯欲伐三子，理由是他們「蓬艾」即「至陋」，這僅僅是一個藉口而已。祖父說：「世上許多野心家，不論東洋西洋，沒有一個不把文明野蠻的見，橫在心裡。……以至懷獸心的強國，有意要吞弱國，不說貪他的土地，反說那國本來野蠻，我今滅了那國，正是使那國的人民獲得文明幸福，這正是『堯伐三子』的口柄。」所以我們要打破文明野蠻的見，「那麼懷獸心的人，到底不得不把本心說出，自然沒有人去從他」。祖父利用佛學平等論，以釋莊子，製造出反對強國凌食小國，反對帝國主義的強權政治，造就一種反對侵略的理論，無論在當時，乃至今天，都是具有深遠意義的。

祖父又進一步說，一個世界應該多元的，就如莊子所說，「無物不然，無物不可」，這邏輯與黑格爾「『事事皆合理，物物皆善美』，詞義相同」，這與黑格爾「凡是現實的都是合理的，凡是合理的都是現實的」命題有著許多相合之處，由此可見，沒有東西沒有存在的理由。祖父就是以這邏輯反對用某一固定的模式或永恆的教條，來規定社會生活與社會發展，反對將事物發展的簡單化、直線化、教條化，提倡以對立統一的觀點來對待歷史上或現今各式各樣思潮、學派、學說，應包容各種思想、意見、言論，允許不同的學術、思想、學說並存，並鼓勵相互競爭，無論它們怎麼存在，應各從其志，不要過分指摘，只要「操齊物以解紛，明天倪以為量」，在「齊物」和「天倪」的「裁量」「割制」之下，莫不孫順，這樣才能真正「平等自由」，合「不齊而齊」的境界。

祖父很自負地說，他是真正讀懂了莊子《齊物論》的本意，並讓莊子與佛學相結合，找到了「循齊物之妙義、任蘷蚿之各適」的真理。按此邏輯，每一民族所具有文化，都具有自己的特殊性格，不必也不應與別種文化同化，一種文化不必臣服於另一種文化，應站在平等的地位上進行交流，不應屈服或征服另一種文化，要以中國文化或西方文化統攝一切，是文化帝國主義，都有違平等。同樣，以為別國行得通的好制度，搬到本國來也一樣行得通，像一劑良藥，既可醫他，必可醫我，這都是荒謬的，都有違齊物說，也有違佛教平等說。這是祖父在強大雄渾的西方文明衝擊之下，尋求中國文化獨立自主的主體，企圖保存自己國家的特性，做出的巨大努力，也是為中國民主革命，提供了一種新的異常宏偉豐富的世界觀。

祖父對佛學有如此深刻研究，但我們家裡從未供奉過一尊佛，也從來不燒香拜佛，他只是

「將古今中外學術糅合而成一家之言，對於極大極微的宇宙、人生、社會問題，表現出自我橫衝的獨行孤見」。正如侯外廬先生所言，祖父是中國近世「第一個博學深思的人」，成為中國思想史上具有極為鮮明的「人格性的創造」的寥寥可數的幾位巨匠之一，他的佛學思想不僅對當時，直到今日，都具有啟迪作用，尤其對於建設有中國特色社會主義的今天，對於如何實現民族振興，依然是一筆思想文化的財富。可惜今天人們越來越不知道我們曾經擁有過一個博學深思的章太炎，連學者也鮮少涉獵章太炎，因為研究章太炎的思想、學術、政治要比研究一般歷史人物多付出數倍的精力，在如今這極功利的社會，人們是不願做這種傻事了，所以有功力的大作品也越來越少了。而最最讓章太炎萬萬沒有想到的是，在唯物主義者執政的今日，佛教卻出奇的「興隆」，儘管多數和尚不會念佛，有的和尚白天穿袈裟，晚上騎了摩托車去唱卡拉OK，唯心主義和封建迷信氾濫成災，許多「領導幹部」熱中燒香拜佛，依賴看相卜命，乞求風水指點，缺乏精神寄託和信仰，這不知是時代的進步還是退步！

二〇一五年四月十九日

五、哲學、文學、史學與書法

祖父一生治學範圍很廣，除了上述的醫學、小學、經學、佛學以外，至少還有哲學、文學、史學、書法等方面的造詣，他一生用功之深，獵涉之廣，足讓今人歎為觀止。他治學晨夕無間，為思索一個問題，他常常會半夜起來，走到書房，對著書架發憤，而常常凍壞身子，到了癡的程度。而現代人，生活內容之廣，文藝生活之豐，也足令古人歎為觀止，所以今人鑽研程度遠不及前人了，這也許就是文明越進步，人們才智越「退步」了。所以現代人很難理解古人學問為什麼這麼淵博。

在此，我想就祖父哲學、文學、史學、書法成就略作論述。

哲學

祖父所處的時代，人們最關注的是中國社會與文化秩序的重構，面對傳統的解體，西方「文明」的大肆入侵，中國的主體性如何維持，中國的現代化是否就是簡單的西化，中國應該向西方學些什麼，又該怎麼保存傳統，在資本主義氣勢洶洶地向全球的入侵，西方文明是否成了東方人必須接受的價值規律，還是我們應該走有中國特色的社會道路……，這是每個革命者與思想家必須思考的哲學命題。

當時最時髦的就是達爾文的「進化論」，被認為人與社會一樣，都有著同樣的進化規律，祖父早年也確實很膺服「進化論」。但經歷了三年牢獄生活，他晨夜冥思，苦讀佛經，對照人生、社會、文明、宇宙一系列重大問題，有了許多新的感悟。出獄到日本後，他又如飢如渴地閱讀了當時各種西方哲學、社會學、人類學、考古學、民俗學、經濟學、自然科學等的經典著作，大大豐富了他的學識，從而對照古今中外現實，有了許多新見。

國內有位年輕學者叫王玉華，他從讀碩讀博到大學任教，先後用了十六年時間研究章太炎的思想，寫了一本近五十萬字專著，他發現章太炎與他同時代的文化巨人如康有為、嚴復相比較，康與嚴的思想方式是「一元的」，而章太炎的思想屬於「多元的」。當時社會普遍流傳著如「三統說」——「三世說」——「大同說」，預示人類與社會經歷「三統」到「三世」然後必然進入「世界大同」，認為某一些「規律」在支配社會發展，如同「進化論」，事物必然從「低級」走向「高級」，社會亦然必從某個社會進入某個社會最後必然走向某個社會，這似乎成了其一切事物的歸宿。他們這一代人想走出中世紀的黑暗，又看到了資本主義文明的嚴重弊端，也發覺了社會主義的發展並非坦途，於是產生了極度憂慮，於是祖父提出了「俱分進化論」，指出「善為進，惡亦進」，「樂愈多，苦亦多」，一個社會、一個國家，必然「善惡兼進」。現代化與現代文明，雖然解決了許多舊的矛盾與衝突，但又會帶來一大批新的問題與新的衝突。尤其帝國主義強調「強權即公理」，以及「生存競爭、弱肉強食」，就是「天理」，統治階級又常常以「公理、天理」作為統治的理由，強制別人必須服從，使人陷入事實上的不平等，不自由，從而喪失人的獨立自由的本體。所以祖父強調「公理、天理較之專制為害更甚」。祖父這種早上還在批判封建專制，下午開始提倡民主共和，而晚上即批判資本主義，反對「代議政治」，力斥「民主」的「弊端」，這讓人們反認為他是「保守」、「落後」、「反覆無常」的。

但是，章開源先生不是這樣看，他說：「我把俱分進化論的合理內核稱之為近代憂患意識，它並非絕對排拒近代文明，而是比較清醒地看到近代文明日益顯露的弊病，並且為人類文明發展的前途擔憂。如果說這是悲觀，那就是一種深沉的悲觀，而深沉的悲觀比膚淺的樂觀，往往在思想境界上要高一個層次。」章開源先生又說：「『俱分進化論』所包含的憂患意識，已經不再是傳統士大夫的狹窄框架，也超越了憂國憂民、憤世嫉俗的固有格局，而是把自己的視野與思路引向更為廣闊的空間與更為長遠的時間。它關心的不僅僅是自己的民族與國家的命運，而是整個文明、整個人類，乃至人類棲息於其上的地球、地球運行於其中的宇宙的發展的前景。」但是，章開源先生也認為「章太炎對於近世文明弊病的批判儘管有其精粹之處，但其思想體系仍然未能擺脫倫理中心的傳統格局」。我認為這樣的分析與評價是公允的有深刻見地的。

祖父這一代所處的時代，是中國歷史重要轉折期，這種轉型是被外力逼迫而進行的，中國的發展其宿命是「一元」的還是「多元」，這已不是一個純粹的哲學命題。面對洶湧而來的「現代化」西化浪潮，中國還有沒有其他道路可走？於是祖父提出了要「俱分」進化論，未來的路並非是單一與唯一的，他以他的「多元主義、歷史主義、人文主義這三者」，應對各種挑戰。正如王玉華先生所言：「在舉世滔滔以趨附歐風美雨為時尚的歷史年代裡，章太炎以其睿識深刻地洞見了『西方現代性』的弊病，拒斥走西方式的『現代化』道路，我們不能不承認他有著先見之明。章太炎追求『傳統的合理化』，這意味著他不取西方式『現代化』模式，而是要走著一條與本民族的文化傳統相連接的獨特的『現代化』道路。」這不能不說是高明的。正如張汝倫教授所說：「章太炎的思想在許多方面達到了至今還無人能超過的深度。」王玉華教授又說：「章太炎的『孤行獨見』，雖然不為時人所理解，也一直遭後人所曲解，但這卻正好映襯了章太炎思想所具有的深邃性與前瞻性。」

祖父在哲學上的另一個特色，就是他主張「依自不依他」。他曾撰寫了〈無神論〉、〈建立宗教論〉、〈人無我論〉等，以闡述他的世界觀和人生觀，其核心就是要擺脫一切神權和一切世俗權威觀念的束縛，超越各種名譽的物質利益的局限，以眾生平等為出發點，以利益眾生為歸宿，給正在進行中的革命，以終極關懷上提供哲學的基礎。

張春香教授在她《章太炎主體性道德哲學研究》一著中說：「『依自不依他』作為章太炎主體性道德哲學原則，指道德主體不依靠任何外在力量，一切靠自我、靠自心、靠自己民族、靠自己國家，憑藉道德主體意志的能動性、自覺性、創造性、超越性、至善性，滿足主體道德需要，促進主體道德發展，不斷提升主體道德境界，從而更好地服務眾生，服務社會，服務世界」。「不管是『轉俗成真』，還是『回真向俗』，在這一過程中作為動力之源的道德意志力量的主體都是『依自不依他』的『自』，是自我、自心，是自己民族，是自己國家」。從而實現個性解放和個性自由。這就是祖父煞費苦心為辛亥革命這場革命提供的思想武器。

正如李澤厚先生所說：章太炎「否定自然規律，否定時空的物質性，也否定任何上帝鬼神的客觀存在。在這種哲學認識論出發，章太炎一方面反對唯物論，主張建立非人格神的宗教；另一方面又主張無神論，堅決駁斥一切宗教（包括基督教）、鬼神。……以否定任何外界的客觀權威，『自貴其心不援鬼神』，從而勇往直前，去幹革命，這就是章所規畫所宣傳所實行的他那『用宗教發起信心，增進國民之道德』的革命主張的具體內容和途徑」。章太炎所提出的「宗教」，實有宗教之名，而無宗教之實，是將「宗教」當作道德工具，都是他建構他「依自不依他」的主體性道德哲學體系的一種手段而已。一個世紀過去了，我們回顧祖父這一代人思想行為與哲學思考，對現今我們走什麼路，建設一個什麼樣國家，不是依舊有著許多啟發，有著許多現實意義嗎？

考其祖父一生，他「癡」，他「顛」，他「狂」，他「瘋」，他「執」，執著高尚道德，執著愛國赤心，治學固然不凡，革命固然堅定，但畢竟他太單純、太純正、太天真、太不知圓通、太不知退讓，太不懂策略，太不懂政治，橫衝直撞，「依自不依他」。他反對社會不公，反對以強凌弱，反對清政府，反對帝國主義，反對袁世凱，反對孫中山，反對軍閥，反對蔣介石，反對共產黨……幾乎反對一切，他的孤行獨見，桀驁不馴，不知得罪了多少人，不知上了多少當，不知受到多少挫折，這一切是性格使然，是「依自不依他」使然。辛亥革命前，他還分得清同志、朋友、敵人，辛亥革命後，在混亂的民初政治大混戰中，面對分化後的革命黨人、帝孽遺老、立憲派舊臣、各式政客、軍閥官僚……，這些老奸巨猾翻手為雲者，讓他分不清敵我了。各種政治勢力要利用章太炎，又怕遭章太炎批判，演出了一幕又一幕的政治鬧劇。祖父的表現，不是受這一派「讚頌」，就是受另一派「抨擊」，他已經完全不能代表時代了，也失去了作為一個先驅的光芒。在政治上他完全不是一個稱職的「政治家」，與「政治家」相比，他太單純太善良太沒有手段。雖然他在民初的政治上，依然執著愛國主義大旗，但他已經不是時代的代言人了。如果沒有抗日戰爭，他可能已經隱退了，用自己的手和別人手築的牆與時代隔絕了。

文學

宋恕稱：「枚叔（即太炎）文章，天下第一」，尤其祖父的戰鬥文章，被稱為泣鬼神，驚天地，令清政府喪膽，正如魯迅所說：「戰鬥的文章是太炎先生最大最大的業績。」他雄厚的小學功底，又深窺群經，使他「雅言故訓後用於常文」，故文字古奧老辣，又好熟用典故，讓康、梁也難以招架。他的文字是古老而貴族的，他的文章是平民而大眾的，曾牽動了他一代知識分子憂國憂民的心扉。

祖父從小受到父兄漢學薰陶，後又師從俞樾、黃以周、譚獻、高學治，繼承了樸學，使他

「取法魏晉，兼宗兩漢」。譚嗣同曾稱讚祖父文章可同西漢文章大家司馬相如相比。文章講究「清和流美」，既宗師秦漢法相，又兼事魏晉之文。魯迅先生就是深受祖父文風影響，故劉半農作聯送魯迅，稱他是「托尼學說，魏晉文章」，魯迅對此感到滿意，認為是知者之言。魯迅先生作文章喜歡用怪句子和寫古字，也顯然是受到了祖父影響，魯迅文章簡約嚴明，格調冷峻，與祖父文風如出一轍。祖父與魏晉名士們一樣，精神上有「獨」的行為，從表面看他們都有著強烈的反傳統的叛逆意識，但在精神氣質上則是傳統的真正的維護者。

祖父提倡「文學復古」，他說的「文學復古」即是義大利的「文藝復興」，意在對中國古代全部文獻的重新估定。他發表了《論文學》、《國故論衡》、《文學總略》等，他將文學分成有韻文與無韻文兩種，提出以「質實而無遠浮華」，「直截而無蘊藉」為標準，強調應訓辭翔雅，條列分明，敘事直質，議論明晰，反對濫用陳辭套語，及各種雕琢枝蔓之詞。

他的文學主張深深影響了新文化運動的一批旗手。陳獨秀提出的文學革命三大主義，即「推倒雕琢的阿諛的貴族文學，建設平易的抒情的國民文學；推倒陳腐的鋪張的古典文學，建設新鮮的立誠的寫實文學；推倒迂腐的艱澀的山林文學，建設明瞭的通俗的社會文學」，這些主張就是十多年前祖父提出的「文學復古」的內容。以後，胡適提出的「文學改良八要點」，即「不用典，不用陳套語，不講對仗，不避俗字俗語，須講求文法，不作無病之呻吟，不摹仿古人，須言之有物」，也可以說是受到了祖父「文學復古」的影響。祖父的文學主張與新文化運動宣導者主張是完全一致的。

祖父作為漢學家，恪守古文經學家法，「精研故訓，博考事實」，繼承了古文經學的「貴獨立」和「實事求是」學風，崇尚樸實無華文風。他為文講究「審名實」、「重佐證」、「戒忘牽」、「守凡例」、「斷感情」、「汰華辭」，他把這六條標準稱之為「徵信」，他強調為文必須「實事求是」，辨戒空談，既要「求實」，又要「致用」，追求一個好文風為第一。

祖父自稱文風「清遠本之吳魏，風骨兼存周漢」，故他的文章既有曹孟德的慷慨沉雄，又有劉越石的激越悲壯，表現了清末革命派的心聲與追求，在近代文學史上占有重要地位。他一貫主張文學要講究形式與內容的統一，反對重形式，輕內容，刻意類比或無病呻吟。他認為文風可表現國勢的盛衰和民氣的剛柔，他所以推崇魏晉文學，是認為這種文體是革命文學所需要的文體。祖父所處時代，風雨如晦，雞鳴不已，反動東西太強大了，黑暗太濃重了，他痛同胞之醉夢猶昏，悲祖國之陸沉難挽，決心去拚搏，去流血，為爭生存，卻又常想到死，所以他的詩文都帶有悲憤之音，是怒吼文學，像一頭受了傷的獅子，充滿了一種憤怒與大哀痛，充滿了一種悽惻的情感，廉悍勁利，逼人而來，與祖國命運與人民哀號渾為一體，有一種不可抗拒的力量，從而開近代文學之先河。

他的文章，從來不計較形式，陡然而來，戛然而止，沒有什麼「首尾呼應」等等形式，更沒有什麼八股套話俗語，所以吳文祺先生說：「太炎先生文章中無一句浮泛的話，一句話中無一個浮泛的字。」他喜歡五言詩，他說後來的詩文，越作越長，而內容越來越空，成了文字遊戲。他好作對聯，充滿典故，典故對他來說是信手拈來，所以他的聯句不僅作得好，而且典雅有趣，是一般人難以比肩的。

總之，祖父無韻文文實閎雅，面向現實，內容充分，筆力雄健，如《訄書》等戰鬥文章，是他主要成果。他的有韻文如詩、祝辭、頌、贊、銘、賦、箴、祭文、對聯……，反映他感情與思想，也是他文學的重要組成部分。當時社會，人們以得到他筆墨為傲，都拱若珍寶。孫中山先生去世後，大家認為最有資格給中山先生作墓誌銘的只有太炎先生，而蔣介石與國民黨與太炎先生長期不和，所以不肯屈求太炎先生作墓誌銘，因此孫中山先生雖然有宏偉的陵墓，卻獨缺墓誌銘。但是我祖父還是為中山先生作了一篇很好的祭文。

也有人說，祖父是文化保守派，因為他反對白話文，說這樣話的人，不知道早在「五四運動」前的一二十年前，祖父就寫了好多白話文與白話詩，這是我必須告訴大家的，但不等於說祖父沒有一點點文化保守的地方。

史學

祖父也是一位傑出的史學家，這也是歷史公認的。錢穆先生說：「今論太炎學之精神，其在史學乎。」錢穆先生認為祖父的史學，體現在「民族主義、平民主義和文化主義」，他又說：「太炎論史，三途同趣，曰歸一於民族文化是矣。」

祖父認為「民族主義，如稼穡然，要以史籍所載人物、制度、地理、風俗之類，為之灌溉，則蔚然以興矣。不然，徒知主義之可貴，而不知民族之可愛，吾恐怕其漸就萎黃也」。祖父又說：「國家之安危強弱，原無一定，而為國民者首需認清我為何種民族。對於本國文化，相與尊重而發揚之，則雖一時不幸而至山河易色，終必有復興之一日。設國民鄙夷史乘，蔑棄本國文化，則真迷失本性，萬劫不復矣！」他一貫認為，歷史學發達與否，關係到民族的興衰，所以他一生致力提倡讀史，以歷史為武器，所謂得「革命的種子來自於歷史」。

祖父的史學觀，源自浙東史學傳統，繼承了章學齋的「六經皆史」與「史學所以經世，故非空言著述也」。在史學研究的方法上，他認為過去治史者只注意地理、官制，過於狹隘，他主張進一步從姓氏學、刑法學、食貨、樂律等角度，去綜合地研究，即從社會史、制度史、文明史、經濟史等領域，去開闢歷史研究的新領域。他還主張治史要「尋其根株」，不要「摭拾枝葉」，要「實事求是，非致用之術」，這也是他與今文經學派的根本不同。他反對強行牽合某些歷史現象，以比附現實，或籠統地用社會學的一般結論來取代對歷史的具體分析。他主張要疑古，不要輕信前說，但也不要臆造歷史，史學工作者要以科學精神來研究歷史，任何「戲說歷史」都是對歷史的褻瀆，都是不允許的，都是自殺行為。一個國家的強盛清明與否，只要看他們對歷史的態度，如果我們子孫連自己國家的光榮史或恥辱史都不知道，奢談國家文明乎！而今不僅「戲說歷史」成風，還盛行「惡搞歷史」，隨便羞辱歷史人物，顛倒是非，是多麼可悲呀！

由於祖父淵博學識，態度科學，他的史論，充滿新意，每每為史家所重。他晚年主張「讀經」，被人視為倒退，其實他所說的「讀經」，就是要人讀史，不忘歷史，用歷史來培養愛國情操。當時，東三省已淪亡，華北也已告急，他作為一個垂老的國學家，除了告訴別人「讀書不忘救國，救國不忘讀書」以外，他還能做些什麼呢？

祖父曾計畫寫一部中國通史，可惜他沒有完成，但從他自擬的中國通史提綱，以及他寫的〈徵信〉、〈信史〉、〈原經〉等史論中，我們還是可以一窺他的新史觀。侯外廬先生說：「太炎先生雖然沒有專門寫一部中國學術史的著作，但他可以說是中國近代第一位有系統地嘗試研究中國學術史的學者，他對周秦諸子、兩漢經師、五朝學、隋唐佛學、宋明理學、清代學術的論述，足啟後學，在史學研究領域篳路藍縷之功，不可磨滅。」

書法

祖父不以書法聞名，更不以書法家聞世，但他的書法作品被人拱若珍璧，他也確實公開登報以賣字為活，他也確實每天練字習字，「每日作篆三四十字」，他流傳於世的書法作品不多，他畢竟有太多的專長太多的工作，但是說到章太炎的學術成就，又不能不論他的書法。

祖父的書法作品主要是篆書，以小篆為主，也兼有大篆作品，當然也有行楷。年輕時好楷書，字細小而工；中年以後以行篆相間，行舒展略帶碑體，篆以隸篆為主，字體粗獷，一幅數百字的小篆作品，往往一氣呵成，整齊劃一，功力非一般人能及。他的書法作品可見《章太炎篆書千字文》（上海書畫出版社出版）、《章太炎篆書墨蹟》（臺灣聯經出版公司出版）、《山輝蘊玉》（杭州章太炎紀念館出版）、《一代儒宗，千秋巨筆》（西泠印社出版）、《章太炎詩文集》（齊魯出版社出版）等。

一九六二年北京中國書法研究社出版的《各種書體源流淺說》說，篆書到清代大盛，「章炳麟則以小篆結合籀文，用筆剛勁，別有古趣」，這是我較早見到的對祖父書法的評價。一九八六年上海書畫出版社出版《章太炎篆書千字文》，書法大家沙孟海先生作序，稱：「篆學，近三百年來可說是極盛時代。這裡專談書法：（一）錢坫、洪亮吉、孫星衍成為一派，舊稱經小學派，現在我們稱為古文字舊派。（二）王澍、鄧石如、吳熙載、趙之謙、吳俊卿書家者派，又是一派，現在我們稱為書家派。（三）吳大澂用金文寫《孝經》、《論語》，羅振玉用甲骨文寫楹聯，我們稱為古器物派，也可稱為古文字學新派。（四）章炳麟則是古文字學別派」。「他的篆書風格，高淳樸茂，和其他三派作家有顯著的區別……，其筆法自然近古。」在篆字書苑中，章太炎的篆書可稱「一朵斗大的鮮花，是值得我們推崇與學習的」。

祖父的書法與他的小學功底是分不開的。唐蘭先生在他的《中國文字學》中說：所謂書法家，「同時必須負起釐正字體的使命」。有些「書法家」往往只求字形，任意拼湊造字，容易造成文字混亂，所以真正書法家就要「釐正」文字。祖父作的《篆書千字文》就與時下俗寫篆書有許多不同，周谷城先生看了很緊張，他一一查證，最後證明太炎先生寫的都是正確的，而時人則有許多錯誤。

祖父認為，治小學與治書法一樣，不能「滯於形體」，一要通音韻，古人用字，常同音相通，所以我們研究古書，要知道某字即某字之轉訛，先要明白時代底音韻；二要明訓詁，不明白古底訓詁，誤以後義附會古義，就要弄錯了；三要辨形體，因為近體中相像的，在篆文未必相像。他又說：「形為字的官體，聲、義為字的精神，必三者備而文字之學始具。」而清代一變為先講六書構造，然後再講音、義，「不過為篆刻用耳」。他強調「不能只摹其意，賞其姿勢，而闕其所不知，一如歐人觀華劇然，但賞音調，不問字句」，他主張書寫要符合規範，反對任意拼湊，反對生搬硬造，力求字字有來歷，字字合古法，而如今「書法家」不少是「造字匠」，在真正書法家眼裡殊為可笑。

祖父專論書法的文字不多，但在散論中也有一些論述，如在他弟子的《菿漢雅言札記》中，論及大篆與小篆時，他說「古文象形，如今工筆畫；小篆象形，如今寫意畫」，頗為傳神。他又說：「學篆隸，不可不讀《石門頌》、《天發神讖碑》、《三體石經》等，學楷書必讀《鄭文公》、《石門銘》……。」不乏精采之句。

上述論述祖父哲學、文學、史學、書法成就，作為對他學術（醫學、小學、經學、佛學）的補充，希望給大家一個比較完整的「學問家的章太炎」的印象，希望對大家了解近代學術史有所裨益。

二〇一五年六月七日

第二部分　革命家的章太炎

魯迅先生說我祖父是「有學問的革命家」，這在民初時代這麼稱呼章太炎的絕不是魯迅這樣個別的人，但國民黨當局千方百計把祖父定位是「學問淹通的一代宏儒」，故意說成僅僅是一個學問家而已，盡力把他從革命史中擠出去，以維護國民黨的正統地位。魯迅一輩對此憤而不忍，寫了一系列文章加以駁斥。僅魯迅先生生前最後兩篇文章和最後一通信，都是為祖父辯護而寫的，他忿然說：「太炎先生留在革命史上的貢獻，要比留在學術史上大得多。」這真是知者之言，是真實公允的評價。

我認為祖父雖是「有學問的革命家」，但他的學問並不是為學術而學術，他心中最大的事就是如何救國，他最關心的應該是政治，救國不免要流血，維新改良未必要流血，而革命必要流血犧牲，但它可以改朝換代，清末民初的中國，內憂外患，清政府已成為妨礙時代進步的最大障礙，非革命不可。所以祖父選擇的是革命，而他革命的方式是以學術為武器的，所以他首先是一個革命家。雖然「革命」與「革命家」這類名字在今已遠不是被人尊敬的稱呼，從封建帝王時代走向民主共和的歷史和歷史人物，已被今人忘得差不多了，但我仍認為我祖父是一個無愧的革命者與革命家。

一、從戊戌變法到辛亥革命

祖父的革命意識淵自他的家庭與一些歷史的書籍。

對祖父影響最大的要算他的家庭，尤其是他的外祖父。祖父出生時，正值太平天國時代，戰火幾乎摧毀了原來很殷實的餘杭章家，到了我曾祖父時期，家「僅剩田一頃耳」。太平天國對滿清政權的合法性衝擊是巨大的，儘管曾國藩等漢臣還竭力為清政府看家護航，但經歷百餘年的清政已步入暮年。曾祖父章濬去世前，臨終囑咐子女在他死後只准穿漢、唐、宋、明相沿的「深衣」，而不准穿清代的喪服，要依舊禮安葬，雖然「吾家入清已七八世，歿皆用深衣斂，不敢違家教，無加清時章服」，可見在祖父的家裡，民族主義的意識是非常牢固的。

祖父的外祖父叫朱有虔，為庠生，擔任過多名大吏幕僚，祖父九歲時，他來到祖父家，親自為他小外孫授學，先後四年，這是祖父成長的最重要的啟蒙時期。外祖父對他說「清初王船山嘗云：『國之變革不足患，而胡人入主中原則可恥』」。給了幼小的心靈種下許多民族主義的思想。以後祖父又讀了《東華錄》、《明季稗史》等書，目睹清政府對漢民族的殘暴統治，又閱呂留良、曾靜文字獄案，激起他對無辜受害者巨大的同情，使他對大清王朝的合法性產生了牴觸，排滿思想始盛。

甲午戰爭失敗後，康有為等掀起了維新變法運動，祖父再也坐不住了，他離開了杭州詁經精舍，來到上海投身維新變法運動的洪流。他加入了康有為等創辦的「強學會」，他在〈京師強學會序〉中寫道：「俄北瞰，英西睒、法南瞵、日東眈……我中國孱臥於群雄之中間。」於是他又發表了〈變法箴言〉，用「疆圉日棘，黔首罹瘼」八個字，高度概括了外患內憂民不聊生的危急形勢，於是他拍案而起。

他在上海先在《時務報》工作，後又創辦《經世報》、《實學報》、《譯書公會報》等刊物，任主筆，又與浙江維新人士宋恕等創建了「浙興會」，宣傳維新變法。他的一枝雄筆，頓時為變法運動增添了許多活力，顯示了他不凡的水準，為學界廣泛敬重，每撰一文，眾人爭睹。

當時他跟其他變法人士一樣，曾寄希望於擁權的督撫李鴻章、張之洞身上，也曾認真上書過他們，但他很快失望了，認清了這些人的真實面目。光緒皇帝的詔宣變法，僅僅維持了百日，慈禧一夥軟禁了光緒，將譚嗣同「六君子」殘酷殺害，讓祖父進一步看清了靠「皇上」的「英明」是根本無用的，中國空前危機，恰恰是清王朝的統治造成的，中國的真正出路不是「維新變法」，而是要「徹底革命」。

祖父這樣的覺醒是有一個逐步深化的過程。戊戌變法的失敗，康有為、梁啟超都遭到通緝，被迫外逃。遭到通緝的還有各報刊主筆，祖父也在被通緝名單之中，也被迫外逃臺灣。這時康梁繼續宣揚變法，是打了擁戴光緒皇帝的「變法維新」。祖父在《臺灣日日新報》任主筆，先後發表了六十幾篇文章，抨擊慈禧，宣傳維新，只是他對光緒並不感興趣了，而提出了

〈分鎮〉，主張用分鎮辦法去削弱清政府的權力，實現聯邦制，讓各鎮督撫擁有更大權力。他在寫這些文章時，署名「支那章炳麟」，而不承認自己是「大清」人。但祖父很快認識到「保皇派」只是一群利用「皇上」勢力的追逐名利之徒，他們沒有與舊政權決裂的決心，只是「新耶復舊耶，等此一丘貉」，是救不了中國的。

祖父從臺灣去了日本，又從日本回到家鄉，將自己的文章整理出版，這就是著名的《訄書》，有大聲吶喊之意，呼喚世人覺醒。著作一出，舉世震驚。這時慈禧又準備廢黜光緒，保皇的維新人士在上海集會抗議，其中有五十人署名通電抗議，祖父名列其中。慈禧震怒，又通緝這五十人，祖父只好躲進上海租界，這是他第二次被追捕。

這時國內矛盾不斷激化，繼南方太平天國與捻軍起義之後，北方農民以「滅洋」興起義和團運動，慈禧一夥一度利用義和團對付洋人，結果招來八國聯軍攻占天津北京，慈禧等人棄京外逃，國家遭受八國聯軍無情摧殘，最後又簽署了喪權辱國的《辛丑和約》，國家危機更加深重。這讓祖父進一步看清清政府與一群督撫是萬惡之源，是救國的最大障礙。但是很多人仍迷信清政府，熱中「勤王」，企圖成立「中國議會」，唐才常等企圖解救光緒救亡圖強，一九〇〇年七月二十六日在上海成立「中國議會」，八十多救亡人士出席了會議，也邀請祖父出席。祖父在會上發表說帖，提出：「為拯救支那，不為拯救逎虜；為振起漢族，不為振起東朝；為保全兆民，不為保全孤僨」，這是與保皇派完全不同的志趣，舉起了反清大旗，讓大家大為震驚。為了表達他的決心，他當場做出了一件讓大家更震驚的事情，就是他當眾剪去了他頭上的髮辮。在一百十五年前的舊中國，是封建專制的皇權國家，人民就是順民，頭上的髮辮是忠誠於皇權的標誌，剪去髮辮是公然與大清政府決裂，是不可思議的駭人之舉，但祖父竟公然剪髮示決，實在是勇敢的。即使在辛亥革命後的數十年，不願剪去辮子的如王國維之類也不是個別的，而祖父則是公然與大清皇朝剪辮示決的第一人。

祖父的剪辮易服，嚇壞了清政府，也嚇壞了他不少朋友，於是他寫了篇〈解辮髮說〉，寄給他崇敬的孫中山，他覺得真正要救中國，必須效孫中山的「流血革命」。孫中山即將信文交《中國旬報》發表，並寫了〈後記〉，稱「章君炳麟，餘杭人也，蘊結孤憤，發為罪言，霹靂半天，壯者失色，長槍大戟，一往無前，有清以來，士氣之壯，文字之痛，當推此次為第一」。祖父因參加了唐才常的「中國議會」，唐才常又密謀「勤王」，被張之洞捕殺，於是祖父又被再次通緝。

不久《訄書》的發行，犀利的文字更是刺激了朝野，一九〇一年春節，祖父正在餘杭倉前故里度歲，清政府的第四次通緝令又到，他只得到倉前鎮外龍泉寺躲藏起來，十天後才潛返上海，接著去了蘇州東吳大學任教。

在東吳大學他繼續宣傳革命，他給學生出的作文題目是〈李自成胡林翼論〉，將明末農民起義領袖與鎮壓過太平天國的清大臣相比較，完全無視君權。消息傳出，又大大刺激了湖廣總督張之洞、兩江總督劉坤一、江蘇巡撫恩壽、湖北巡撫端方、浙江巡撫任道鎔，讓他們坐立不安，他們不斷函電商議逮治方案，密謀捕殺，這是第五次追捕。於是祖父只好於一九〇二年二月再次亡命日本。

這次去日本章太炎最大收穫就是與孫中山正式定交，他通過秦力山，常去橫濱見孫中山，孫中山也常去東京看望祖父，大家相見恨晚，一見如故。孫中山在橫濱宴請祖父，近百興中會會員排隊向祖父敬酒，祖父稱「凡飲七十餘杯而不覺醉」。他與孫中山深入討論了中國革命目標與步驟的諸多問題，如城鄉政策與土地問題等等，讓祖父有了許多新見，促使他清理自己思想，進一步去修改他的《訄書》，進一步與維新思想決裂，從而徹底走向了革命。

在日本期間他與孫中山等發起舉辦了「支那亡國二百四十二周年紀念會」，借紀念崇禎皇帝身亡二百四十二年，來呼喚民眾民族意識。祖父為紀念會撰寫了〈宣言〉，歷數清政府罪行，號召「滇人毋忘李定國，閩人毋忘鄭成功，越人毋忘張煌言」，非常具有煽動性，在留日學生中引起巨大震動與共鳴。為此清政府與日政府反覆交涉，禁止了大會在東京上野公園召開，後孫中山建議改在橫濱進行了。

一九〇二年五月，祖父又從日本潛回餘杭故里，他迫不及待地要去修改他的《訄書》，去與維新觀念決裂，他要以全新姿態投入圖存救亡的洪流。這其間他的夫人王氏生病了。王氏原是祖父母親的丫鬟，從小買到章家，她記不清自己姓什麼，似乎姓「王」，又好像姓「毛」，因祖父行為「怪異」，無人願婚配給他，於是母親只好將丫鬟許配給了他，兩人倒很恩愛，也很互相敬重，只是跟了祖父不斷流亡，還生了三個女孩，大概太辛苦了，王氏夫人英年早逝了。

這時革命團體紛紛誕生，蔡元培先生就創辦了中國教育會，成立了愛國學社，寫信邀祖父入社。祖父辦完喪事，於一九〇三年初來到上海任愛國學社教員，他給學生不斷灌輸反清的革命思想，他甚至要求學生寫〈本紀〉。「本紀」原是皇上才能寫的自傳體，他竟要學生寫「本紀自傳」，完全蔑視皇權。愛國學社每週在「張園」舉行演講會，祖父每會必到，每到必講。馬敘倫先生回憶說：「遇到章炳麟先生演說，他總是大聲疾呼革命，除了聽見對他的鼓掌聲外，一到散會時候，就有許多人像螞蟻附著鹽魚一樣，向他致敬致親。」

但是，當時中國立憲、保皇、維新勢力還遠遠比革命要大，康有為等雖也流亡海外，但他不斷撰文，宣揚今日中國「公理未明，舊俗俱在」，實在不適合革命，革命會「血流成河」，中國也不適合實現共和。祖父於是寫了〈駁康有為論革命書〉，指出「今日之民智，不必恃他事以開之，而但恃革命以開之」，「公理之未明，即以革命明之，舊俗之俱在，即以革命去之。革命非天雄大黃之猛劑，而實補瀉兼備之良藥矣」。他又指出光緒皇帝只不過是「載湉小丑，未辨菽麥」，這樣一個小孩，怎能寄予希望。祖父這篇雄文一經刊印，民眾爭相讀之，保皇派開始招架不住了。

這時從日本歸來的愛國志士張繼、鄒容、章士釗與祖父經常在一起，最後結成了盟兄。鄒容寫出了《革命軍》一書，章士釗主筆《蘇報》，祖父為《革命軍》作序，章士釗將祖父〈駁康有為書〉及〈革命軍序〉刊於《蘇報》，這兩篇文章被人稱為中國的〈獨立宣言〉和〈民約論〉，為之革命之風大壯。清政府氣急敗壞了，令俞明震來上海緝拿祖父為首的七人，蔡元培、吳稚暉等聞訊先後出走，祖父堅持不肯走，他說，我被查拿已多次了，今決不走了，「志在流血，焉用逃為」，準備以身殉法，以喚起民眾。結果被工部局捕房緝拿，引發了震驚中外的「蘇報案」。

祖父入獄後形成了整個清政府與祖父、鄒容二人對訟局面。清政府要求引渡，欲將祖父殺之而後快，但租界洋人認為這是發生在租界的事，應有會審公廨審判，拒絕引渡以維護洋人最高利益即「治外法權」。所以由清政府官員與英、美、日等國領事組成訴方，祖父與鄒容作為被訴方，對訟於會審公廨，形成清以來無有的怪景，一個平民與一國政府對訟於洋人法庭。先後開庭審理十餘次，審理時間長達十個月，每次開庭都成為各報頭條消息，而每次開庭都提供了祖父揭露清政府種種醜行與罪惡的舞臺，讓清政府的臉面權威喪失殆盡，而祖父則成了法國大革命後的東方傳奇英雄。每次開庭押送往返看守所與法庭路上，他與鄒容坐在馬車上，受到萬人空巷的歡迎，讓革命之氣更加熾盛。

「蘇報案」的訴訟，實際形成了清政府與中國廣大民眾的對訟，讓民眾革命意識得以高漲，祖父在法庭上說：「天命方新，來復不遠，請看五十年後，銅像巍巍立於雲表者，為我為爾。」豪邁地預言了革命必然成功！連西方報刊也發表評論說：「革命者，一絕大無外之美名詞也，苟安者不可言革命，偷生者亦不可言革命」，祖父這種視死如歸的英雄氣概給人們心目中樹起了革命的權威，打掉的卻是籠罩在人們頭頂上的皇權的權威，這在十九世紀初的中國，無論如何是英勇的可歌可泣的。也是值得敬佩和紀念的！這是我們自己的歷史，是我們民族的驕傲，是不應被遺忘的！

這場「審判」讓清政府狼狽至極。清政府本擬派五百兵士「劫殺」，又擬以滬寧鐵路換取「死刑」，最後減判「終身監禁」，但還是引起社會譁然，只好以「政治犯」判處三年，關入上海提籃橋監獄。提籃橋人稱「西牢」，有五百人規模，但年死亡率達百分之二十以上，每年打死、餓死、病死、凍死達百餘人，這就是西方的「文明」。在「西牢」中他受盡虐待，罰做苦役，動輒遭到毒打，「印度人尤暴橫，每舉足不擇腰膂腹背，即仆地，則數獄卒圍而擊之，或持椎搗其胸間，至悶絕，乃牽入鐵檻中」，又設計了一種夾手的「梏」，讓人痛昏，祖父遭這種毒刑三次，多次昏死。祖父不甘受辱，「奪其椎反抗」，又絕食七天抗議……。祖父是親身經歷了帝國主義的殘暴，所以他一生反抗外來侵略，反對帝國主義比任何人堅決，他比任何一個人更了解帝國主義的本質，這一點維新派、保皇派、立憲派是無法與革命派比擬的，革命派的骨頭比他們硬得多，革命者肯流血犧牲是他們決不具備的品質。這就是革命者與維新派的區別，維新者決不敢用自己的頭顱去撞冰冷的牆，儘管辛亥革命成功不是革命派一派之功，但也絕不像今天人們說的，維新派功績不在於革命派之下。

在「西牢」中祖父一天沒屈服過，也沒有停止過革命的活動，而鄒容在出獄前兩天被害身亡了，鄒容的死引起社會震動，祖父的命卻意外得以保全。

三年苦獄後，他被逐出租界，孫中山立即派人將他接到日本，他受到英雄般的歡迎，他立刻加入了同盟會，並擔任了同盟會機關報《民報》的編輯人和發行者。開始了他流亡日本的五年歲月，在這期間他從事了五方面工作。

一、與孫中山、黃興等革命者制訂了一系列的建國方略，包括〈軍政府宣言〉、〈軍政府與各處民軍之關係條件〉、〈軍隊之編制〉、〈將官之等級〉、〈軍餉〉、〈戰士賞恤〉、〈軍律〉、〈略地規則〉、〈因糧規則〉、〈安民布告〉、〈對外宣言〉、〈招降滿洲將士布告〉、〈掃除滿洲租稅釐捐布告〉等重要文件，又廣泛討論了革命後的平均地權等重大問題，為革命奠定了思想基礎與政治基礎，並討論了建設一個怎樣的國家等重大問題，提出了建立一個「中華民國」概念，〈中華民國解〉與其他諸多文件都出於祖父之筆，充分貫徹了「三民主義」思想，充分體現了「平等、博愛、自由」的精神，受到了廣泛歡迎。如一九〇六年七月十五日，二千多名日本學生為他舉行了歡迎會，很多學生站在雨中傾聽他長篇演講；第二年七千多名留學生等為紀念《民報》成立一周年舉行集會，又一次傾聽他的長篇演講，促使革命氣氛更加高漲。

二、創辦革命機關報《民報》，宣傳革命觀念，批判改良主義與保皇思想，也批判了無政府主義等一切錯誤思潮，為辛亥革命的勝利製造了革命輿論。他經手主編了《民報》十六期，而他自己撰寫的文章達到八十三篇，極大的影響了一代人的思想。魯迅先生曾回憶道：「我愛看這《民報》，但並非為了先生的文筆古奧，索解為難，或說佛法，談『俱分進化』，是為了他和主張保皇的梁啟超鬥爭，和『××』的×××鬥爭，和『以《紅樓夢》為成佛之要道』的×××鬥爭，真是所向披靡，令人神旺。」祖父的一系列重要文章都是發表於此，如〈革命之道德〉、〈箴新黨論〉、〈討滿洲檄〉、〈五無論〉、〈國家論〉、〈中華民國解〉、〈代議然否論〉……等，成為革命的代言人。這期間祖父終日戰鬥在最前線，又如飢似渴地閱讀了西方的先進科學、哲學、文字著述，吸收了西方一切先進學說，用於與中國革命實踐與學術文化相結合，尋求中國的解放之道，這是他一生中最輝煌的時期。孫中山曾評價《民報》的作用與地位說：「《民報》鼓吹三民主義，逐使革命思潮瀰漫全國，自有雜誌以來，可謂成功最著者。」《民報》的巨大影響，也招來清政府與日本政府的聯合封殺，日本政府取締了《民報》，判罰祖父服苦役一百十五天，讓祖父再一次認清了日本政府的本質。祖父辦《民報》期間，完全代表了當時先進文化與先進生產力，代表了資產階級革命派的英雄無畏，而今人卻把這一代先進的中國人視為無知的不懂錢幣不識歸途的愚昧之輩，這反而證明了今人的無知與愚昧，不知歷史太可哀了。

三、創辦了光復會，在推翻清政府革命實踐中發揮了重大作用。光復會成立於一九〇四年，祖父被囚「西牢」期間，會長是蔡元培，實際領導人是陶成章，祖父被推為副會長，主要成員都是浙江籍人士。一九〇五年光復會與興中會、華興會聯合成「同盟會」。後「同盟會」發生了分裂，孫中山率眾南下，以「中華革命黨」活動，陶成章等也重建光復會，推祖父為會長，實是精神領袖，陶成章、李燮和等則到處活動，組織起義等。著名的「黃花崗起義」犧牲的七十二烈士中，大半是光復會成員；光復上海的起義首要之臣也是李燮和率光復會成員完成的。至於秋瑾與徐錫麟等的起義與就義，也都是光復會成員，連魯迅也是光復會成員。光復會對辛亥革命的貢獻是不容否定的。

四、建立國際反帝同盟。祖父流亡在日本與日本社會主義運動的革命者幸德秋水等領導人士，以及與流亡在日本的印度、越南、菲律賓、緬甸、馬來西亞、朝鮮等國的革命志士有廣泛接觸，他特別同情印度與越南、朝鮮的革命，從而與他們建立了亞洲第一個反帝同盟——「亞洲和親會」，又叫「東亞亡國同盟會」，他親撰了〈亞洲和親會約章〉，提出了「反抗帝國主義，期使亞洲已失主權之民族各得獨立」的宗旨。祖父利用《民報》陣地，揭露西方帝國主義侵略和奴役亞洲各國的罪惡行徑，介紹亞洲各國人民爭取國家獨立、自由、解放的鬥爭事蹟。他親自撰寫支持印度獨立的文章多達近十篇。又親自撰寫〈安君頌〉，讚揚韓國志士安重根刺殺日本前首相伊藤博文。他始終站在弱者與反抗者一邊，支持亞洲民族革命，這也是他一貫的立場。

五、教書育人傳播中華文化。祖父在流亡日本期間，還創辦了「章氏國學講習會」，建立「國學振起社」，出版《國學振起社講義》。先後在《民報》社、日本帝國教育會、大成中學講堂、東京牛込赤城無町清風亭等處，宣講中華文化，培養了一百多個學術弟子，這些人以後都成為了中國學術界教育界的骨幹，也成為了「五四」運動的旗手（關於學術文化部分在此恕不詳述）。

一九一一年十月，武昌起義成功，祖父匆匆離開日本回國，結束了他流亡日本的五年歲月。祖父在日本流亡的五年，生活極其困苦，衣被三年無法替換，每日以麥餅充飢，經常以鹽為菜，甚至連續幾月無法開火煮飯。他主持的《民報》，也因經費緊張弄得焦頭爛額。更加不幸的是，革命黨內部因主張不同、觀點分歧、經費分配等等問題，矛盾重重，讓他陷入了「內鬥」的漩渦中。任何國家，政黨內部發生不和，歷來難免，即使共產黨內也存在各種矛盾，連在延安的最艱苦時期，也存在種種不公，有些幹部搞特殊化，好東西吃不完還隨便扔掉也有，何況資產階級的政黨。內部的不和，發展到造謠攻擊，人身污辱，也比比皆是。而歷史常常是「成則為王，敗則為寇」，歷史又是成功者書寫的，尤其辛亥革命後是國民黨主政，他們便把歷史上與他們有過分歧與矛盾的光復會及章太炎說得一無是處，把他們徹底的排斥在「正統史觀」以外。所以本文開始時我寫到祖父到底僅僅是個「國學大師」，還是一個「有學問的革命家」，問題就發生於此。

從戊戌變法到辛亥革命，祖父的經歷算不算是一個真正革命者，他對革命到底有沒有貢獻，事實是一清二楚的。但國民黨從來將他視為「異類」，他也確實從來沒有加入過國民黨，而以孫中山「真正繼承者」的共產黨也因章太炎「反孫」而同樣存有「微詞」，這樣的歷史是不公正也不真實的。即使孫中山本人也說：光復會與同盟會「宗旨固無大異，皆以種族革命為務」，但「民生之說殊耳」，「至於太炎君等，則不過偶於友誼小嫌，決不能與反對民國者作比例」，「同盟、光復二會，在昔同為革命黨的團體」，「非只良友，有如弟昆，縱前茲一二首領政見稍殊，初無關於全體」。孫中山尚且如此襟懷寬闊，他知道打天下要的是「志同道合」，即便有不同看法，也無傷大雅，而治天下要的是「唯唯諾諾」了。但孫中山的黨羽就完全沒有這樣氣度了。所以魯迅在臨終前無法瞑目，大要為老師鳴屈了。

在近一個世紀中，反對領袖反對黨是不可饒恕的罪行，何況祖父既不是國民黨又不是共產黨，而且他還反對過國民黨與共產黨，所以人們不能認識一個真正的章太炎也並不奇怪。而日本著名史學家島田虔次教授是這樣評價我祖父的，他說：「在宣傳革命大義、掀起革命風潮這一點上，蜂起的孫文、黃興，也不及太炎的言論。孫文在廣州以及其他地區的起義，以及〈興中會宣言〉（夏威夷、香港）在當時也只不過是在邊境或是在外國的局部地區的事件，還沒有力量動搖中國一般知識分子的心靈，真正的去喚醒中國內地的知識分子的民族革命意識，而且使其對立於改良派的，無論怎麼說，也應該是太炎的『蘇報案事件』。而且作為革命前夜的最左翼宣傳報導機關的《民報》的主筆，也是十分健鬥的。」這樣的評價是客觀公正的，持這樣觀點的海外評論也絕不是個別的。所以魯迅先生說的「先生的業績，留在革命史上的，實在比學術史上還要大」，「戰鬥的文章，乃是先生一生中最大、最久的業績」，這樣的評價也是最最中肯和了不起的評價！

祖父作為一個「革命者」與「革命家」實在是無愧。一個多世紀來，革命蕩滌了許多污泥濁水，革命也帶來過許多破壞，革命也造就了許多「運動」，也帶來了許多傷害，以至今日「革命」不再神聖。但當年祖父一輩選擇革命，卻是最正確的選擇，是最英勇無畏的選擇，我們不能以今人的標準去否定昨日，忘記自己的歷史，忘記我們曾擁有過的光榮，是忘本忘根，這樣的民族將是沒有出息的！我們一再要求別的國家要正確對待歷史，同樣，我們自己也應該這樣做！

二〇一五年五月十二日

二、民國初建到護法運動

一九一〇年十月十日，武昌爆發了「首義」。經歷了十年的醞釀，「革命」終於爆發了。從戊戌變法失敗，到武昌爆發起義，「革命」兩字在人們心靈裡已不是萬惡的，不是可誅的「造反」，皇帝不義，人民可以造反，已成了人民的一種覺悟，而清政府的不義，人民有權去推翻，也已成了人民的選擇。於是武昌一聲炮響，瞬時有十四個省回應，這就是著名的辛亥革命。

但國際上許多學者不認為辛亥革命是一場革命，作為一場革命，革命黨力量太弱了，一個同盟會在辛亥革命前已分裂成「中華革命黨」（孫中山為首）、「中部同盟會」（宋教仁為首）、「光復會」（章太炎、陶成章為首）三個鬆散的政黨，武昌起義爆發，這些領導人還分散在美國與日本，所以這場革命無論在組織上思想上軍事上都是不成熟的。但是這場起義是代表民心的代表光明的，所以迅速獲得了人民的支持，於是清廷的舊官僚、清政的立憲派人、新軍的領袖們、舊軍隊的撫督們，各種政客，形形色色的陰謀家，甚至社會上的二流子……，統統參加「反正」，往革命隊伍中擠，當然也包括真正擁護革命的各種愛國人士，也統統加入到革命隊伍中來了，這就讓「民國」初期出現了千年未遇之亂局。

祖父在聞訊武昌首義消息後興奮不已，十一月三日，上海又宣布光復，十一月十一日，祖父立刻率十多個年輕人回國。他作為一個「反清」的傳奇人物，受到了英雄般的歡迎，人們稱他為「革命的鉅子」、「新中國的盧騷」、「中國近代的大文豪」。到達上海後，他下榻於光復會軍事領袖李燮和的司令部，這時僅江蘇一地就出了五個「都督」，革命後錯綜複雜的新局面在等待著他們這些「革命領袖」去加以解決。

首先應該建立一個怎麼樣的國家，選擇一個怎麼樣的制度，走什麼樣的道路，建立一個什麼樣的政府……，一系列的問題擺在了他們面前。當然還有怎麼光復南京，保衛武昌，北伐北京，統一中國……等等，一系列立刻要解決的問題，也在等候他們解決！而這些資產階級的革命黨人他們似乎沒有這樣能力去解決這些問題，因為他們天生的「軟弱」，經歷了二千年封建專制制度薰陶，他們還沒有「民主共和」的氣質。

祖父一回祖國，他立即做了三件大事。

首先，他勸光復會將領李燮和放棄稱督，改稱司令，領軍去光復南京。光復上海先有陳其美率軍攻打江南製造局不成，反被清軍俘獲，接著由李燮和率光復會弟兄攻克上海，解救了陳其美，而陳其美趁李燮和戰後疲睡之機，自稱「上海都督」，李燮和睡醒後欲率軍討伐，革命軍內部內戰一觸即發之機，祖父力勸李燮和放棄稱「都督」，改稱「司令」，避免上海光復後兩個都督之戰，而率軍去攻克南京。祖父自己也和「反正」過來的江蘇巡撫程德全一起率軍去南京觀戰，這大概也是他一生中唯一一次率將士去南京郊外觀堯化門督戰，最後南京也被光復。這時清廷力攻武昌，他又力主援鄂，保住革命聖地。他動員陶成章率浙江軍隊赴武昌馳援。

其次，他提出了革命向何處去的一系列政治主張，系統闡述了他「民主共和」思想。遠在革命前，他就提出推翻清政府後，應該建立一個民主共和國家，這就是「中華民國」。這也是中國最早的資產階級的政黨政治的國家治理的模式。一九一一年十二月一日，他發表了〈宣言〉九則：1.應實現民主共和的總統制，總統應由民選，臨時政府首領只能稱元帥，各省首領只能稱都督；2.地方軍政統一；3.建設真正共和政府，實行議會制；4.儘早建立革命政府；5.革命軍應保護知識分子，對有不同意見的知識分子不要「思復前仇」；6.閣員應由總理提名，不由地方選舉；7.主張武昌設立革命臨時政府，反對在上海設立臨時政府；8.不贊成浙江都督湯壽潛推舉自己為閣員；9.提出了革命政府內閣成員人選，建議宋教仁任總理，湯壽潛任郵政大臣，蔡元培任教長，張謇任財政，伍廷芳任外交……。祖父這些主張不管是否周到，但他的民主共和主張已表達無遺，對他這樣飽受封建思想薰陶與舊文化洗禮的知識分子，有這些民主共和思想已經非常不易了，他這種思想也大大超越了他先前僅僅為了排滿革命的思想境界。以後他又多次多場合闡述了他的共和主張，提出「立法、司法、行政三權分立」，「並將教育、糾察（即監察）二權獨立」，經濟上「限制田產」、「行累進稅」、「遺產稅」等，強調「富國先富民」，對外「不執侵略政策」等。

有鑑於此，他提出了各省各派都應團結在臨時中央政府之下，反對以一黨組織政府，最大程度將立憲黨人及舊官僚團結在革命派周圍，最大程度孤立清政府，所以他提出了「革命軍興，革命黨消，天下為公，乃克有濟」的政治主張，反對「唯我獨革」，排斥其他勢力的做法。他的主張當然受到了「立憲派」的歡迎，對革命黨人來說，無疑是種打擊。辛亥革命爆發後，革命黨人認為勝利成果是他們取得的，應由他們掌權，於是很多投機分子紛紛鑽進了革命黨內，以勝利者自居，革命派隊伍更加混亂不堪，而且他們也無法一黨治國，他們對國家實際控制力大概只達到十之二三而已。但他們把怨氣統統歸諸於章太炎，說他的「革命軍起，革命黨消」是從根本上破壞了革命。

第三，祖父希望光復後的各省軍政府成員，不管原先屬於什麼派別，應盡可能廣泛地聯合起來，共同組建臨時中央政府，徹底推翻清廷，從而籌建了「中華民國聯合會」，成為第一個全國性最大的政治社團，他被推為會長，程德全為副會長，他強調聯合會性質為「對於政府立於監督補助地位」，以民間團體身分，推動和監督中華民國的建設，定位於「民黨」地位。他將自己定位為「任調人之職，為聯合之謀」。當「南北議和」成功後，孫中山讓位於袁世凱，祖父又將「聯合會」改組為「統一黨」，祖父與張謇、程德全、熊希齡、宋教仁為五理事，欲促進全國統一，建立共和政治。「統一黨」後又選出十三個參事，他們是湯壽潛、趙凤昌、唐文治、陳榮昌、鄧實、應德閎、王清穆、葉景葵、莊蘊寬、蔣尊藍、唐紹儀、湯化龍、溫宗堯。這當中不少人後來成了民國年間的風雲人物，但他們當中大多數都是原憲政運動的代表人物，這個黨後來也成為改組後的同盟會的抗衡者，祖父也站到了同盟會對立面。但這個統一黨在祖父不知情的情況下，被張謇改編成共和黨，這是張謇與黎元洪的民社、范源濂的國民協進會、陳敬的民國公會、國民黨的同志會，五個團體聯合組成的新黨，由黎元洪任理事長，張謇、章太炎、伍廷芳、那彥圖為理事。祖父強烈的反對，但已毫無用處，這才讓他清醒意識到立憲黨人、保皇派人、舊官僚這批老政客只是在利用他，把他當傀儡，當利用完畢，即將他一腳踢開了。最後他反被他創立的「統一黨」開除了。這讓他九個月的組黨夢完全破滅了。

這裡還我們必須看看祖父在辛亥革命後歸國的四大遭遇。第一，他跟同盟會越走越遠，與舊勢力愈走愈近。孫中山歸國後，召開了第一次同盟會本部臨時會議，邀革命黨人各地代表參加，商討革命大計，惟獨沒有邀請祖父參加，把他排斥在革命核心之外；第二，革命黨人組建南京臨時政府，推孫中山為大總統，在籌備閣府時，孫中山提名祖父任教育總長，入閣參政，但被他的同志堅決反對了，最後只好改提蔡元培任教育總長；第三，光復會領導人先後遭殺害，先是光復會實際領導人陶成章被陳其美、蔣介石暗殺於瑞金醫院，後陳其美又殺害了鎮江軍政府參謀光復會人陶駿保，接著陳炯明殺害了光復會軍事首領許雪秋、陳雲生、陳湧波等，最後只剩下祖父一般文弱書生，黃興急電陳其美，要他「設法保護章太炎君為幸」，孫中山急電陳炯明說同盟會與光復會「非只良友，有如昆弟」，「同為革命黨之團體」，要他們對章太炎手下留情，加以保護；第四，袁世凱就任大總統後，給革命元勳授勳，授孫中山、黎元洪為大勳位，授唐紹儀、伍廷芳、黃興、程德全、段祺瑞、馮國璋一位勳，而章太炎只授予二位勳。

經歷了這四大打擊的祖父，他的心情與感受我不知道，但他一點沒有改變他耿直與參與國是的熱情，他是一個越壓越堅定的人，他把自己放在在野黨的地位，更加發揮他「調停」與「監督」的作用，在他看來這就是「民主政治」與「政黨政治」賦予「民黨」的權力，這就是「共和政治」與「封建政治」的根本區別。但一百年來，我們何嘗真正有過「監督政治」，所以在多數人看來祖父就是一個「反對一切的怪人」，是「攪局者」，是「搗亂」，是「作梗」。這種觀念也深深影響了我們的史學觀。

臨時政府成立第一天，革命黨人宣布改用陽曆，以中華民國紀元，但祖父認為南北沒有統一，單方決定不合法，加以了反對。孫中山的臨時政府非常缺錢，準備將漢冶萍煤礦改為中日合資，以取得日方五百萬日圓資助，可以緩燃眉之急，祖父得知忿憤指責孫中山，強力加以反對，最後孫中山只好取消了這已草簽的合約。在建都問題上，孫中山主建都於南京，便於約束袁世凱，袁世凱當然不願南下而主張建都於北京，祖父認為建都北京有利約束北方各種勢力，有助於國家穩定，保全北方領土，而建都南方有五害，完全沒有站在孫中山一派這一邊，最後造成建都南京主張流產。當南京舉辦烈士追悼會，祖父也送去一輓聯：「群盜鼠竊狗偷，死者不瞑目；此地龍蟠虎居，古人之虛言」，公開罵新政府這些人是「鼠盜狗偷」，這時革命隊伍裡雖已混入許多追逐名利者，腐化墮落者，趨炎附勢者，投機鑽營者，但這樣公開罵整個革命黨，也是對革命派不利的。祖父就是這樣，以自己的好惡是非標準，來「監督」政府，褒貶人物，他完全不懂這一切都是政治，而政治是有設計有預謀的，但他又好涉入政治，成了一個有爭議的人。報刊對他言論，往往貼上「章太炎大發其瘋」！但他言論又不是只袒護一方的，往往又會批評另一方，於是往往又改貼「章太炎居然不瘋」的標籤。

孫中山對失落的章太炎心有不忍，特聘他「樞密顧問」，即總統高級顧問，祖父也不因此而自喜，僅去南京見孫中山一面後就回上海了。袁世凱正式就任大總統後，也想籠絡章太炎，也聘請祖父任「總統府高等顧問」，祖父也確實對袁世凱抱有極大希望，希望袁世凱成為中國的華盛頓，擁護共和，再造中國，實現中興理想。但他與袁世凱見面幾次，深談之後，感到袁世凱心底狹隘，絕非可信賴之輩，便辭去「高等顧問」，漸漸疏遠了。袁世凱也認識到祖父絕非可合作之輩，他們不是一種人，但他要盡力控制祖父，要祖父去任「國史館總裁」，祖父拒之，又擬委祖父「倉場總督」，祖父又回絕了。這時祖父去了一次東北，深感東三省之重要，發表了改革東三省的建議。袁世凱順勢委任祖父為「東三省籌邊使」，號稱「東三省最高長官」，其實是有名無實的虛職，順便將他支出北京。祖父居然接受了，天真地與孫中山一樣去「興辦實業」了，這是祖父一生中唯一擔任過的官職。

中國近代第一代資產階級革命家，他們的興趣不僅僅在推翻一個專制封建的舊政權，他們對實業救國與經濟建設同樣是興趣盎然的。祖父在東三省任職先後五個月，真正在這個冰天雪地的漠北工作僅三個月，但他不計條件認真地開發東北，留下了可觀的成績。他先製了一個《東省實業計畫書》，就整頓金融，提出了他系列主張，這些主張「充滿了愛國主義的激情，充滿了對帝國主義侵凌的反抗，充滿了對腐朽的清政府的指責，充滿了對革命後新政府的憧憬」。他還就整治交通，開鑿運河，勘測土地，開設銀行，做了許多實事。具體來說，他測繪了黑龍江地圖，親自作序；與法國人合作開採吉林滴道山煤礦；設法解決了延吉地區朝鮮僑民的國籍問題；籌辦了東省實業銀行等等。但他的熱情與努力都沒有得到袁世凱政府的支持。

正當祖父做著「實業夢」時，他的最親密的戰友宋教仁被袁世凱殺害了，這讓他立即清醒了過來。一九一三年四月十七日，他離開東北回到上海，與孫中山、黃興等老戰友又重新會合，準備發起討袁戰爭。同盟會的老戰友對祖父的歸隊，表示了無比興奮，稱他為「革命先覺，開國偉人，昔日奔走國事，今日調和大局，皆煞費苦心」，祖父也作了沉痛檢討，稱「一年以來，從各方面觀察，又將民國人物一一比較，覺吾民黨，終算是有良心的，尚不違背『國利民福』四個字」。深重的民族危機，讓這些革命黨人又走到了一起，他們的幼稚與天真，讓他們付出了太多代價，現實讓他們清醒了起來。

祖父對辛亥革命後曲折的經歷深感後悔。他說，勝利後他擔心革命黨人的「激烈病」會嚇跑那些溫和派與穩健派，所以反對「激烈」，這恰恰是原立憲黨人與舊官僚最最歡迎的，結果無法從根本上剷除專制，使民主共和無法穩定。他又說，「同盟會之弊，不過暴亂，而老立憲黨及官僚派，則為巧字令色足恭者。暴亂易滅，腐敗難醫。……然則立憲黨、官僚派之害，過於同盟會遠矣」。是的，辛亥革命的成功，僅靠同盟會一黨之力是遠遠不夠，但他無論如何是這場革命的核心、中堅和靈魂，沒有革命黨人的捨身忘死，光靠立憲黨人的「開明」，清皇朝是不可能推翻的，但今天這些「老立憲黨及舊官僚派」後人的聲音比「革命派」後人聲音卻要大得多，他們說他們先祖的功勞遠遠比革命派要大得多，革命革命，革命了一個世紀，今天還不是依然要擁抱「改革與改良」，「革命」已讓人不齒。對此，似乎也沒有人去反駁，這讓千千萬萬革命者的亡靈，死不瞑目呀！

祖父是最早提倡「民主共和」制的，最早宣導資產階級議會政治的，也是最早批判「議會政治」的。他說：「中國之有政黨，害有百端，利無毛末」，政黨讓不屑之徒，上下營鑽，魚肉民眾。宋教仁是熱中議會政治的革命家，他將同盟會與其他政黨合併成國民黨，是國民黨的實際領導人，並在當時六百個議席中，占了四百席，眼看國民黨可望掌權，袁世凱豈能退讓，於是殺害了宋教仁。宋教仁臨終呼叫著我祖父的名字，他們是最親密的摯友，所以宋教仁之死，讓我祖父幡然覺醒。祖父沉痛地在葬禮上為宋教仁執扇，因為宋教仁身前慣執羽毛扇，所以祖父為他執扇送行。自此以後，祖父也常執羽毛扇以懷念故友，包括後來他大鬧總統府，以及袁世凱死後他去南洋訪問，始終執著這柄羽毛扇。

正在此時，祖父個人生活中發生了一件大事，即他在喪妻十年後，第二次正式結婚了，與我祖母於一九一三年六月十五日成婚。為什麼說「正式結婚」，因為他早年第一次成婚是沒有媒人的婚姻，是祖父母親將自己丫鬟許配給他，在當時只能叫納妾。第二次婚姻是孫中山先生讓他秘書長張通典先生做媒的，張通典先生女兒張默君與我祖母湯國梨是務本女校同學，於是促成了這場婚姻。這場婚禮有人稱「世紀婚禮」，革命黨人孫中山、黃興、陳其美、蔡元培等都來參加了這場婚禮，大家盡棄前嫌，真心祝福祖父終於成立了一個家。幾年來，祖父一直不願相見的陳其美也來了，而祖父不久被袁世凱囚禁在北京三年，祖母隻身在滬居然是在陳其美家中當家庭教師為活。歷史的恩怨情仇實在是講不清的。

這時袁世凱與革命黨人關係已經到了攤牌時刻，孫中山等決定背水一戰。一九一三年七月十二日，江西都督李烈鈞帶頭在湖口舉義，興兵討袁，接著黃興也舉兵起義，這就是歷史上著名的「二次革命」。

「二次革命」讓祖父非常興奮，七月十六日，他立即發表了〈討袁宣言〉，歷數了袁世凱的罪行，七月二十六日他又發表〈討袁二次宣言〉，直指袁世凱身邊七個重臣為「七凶」，要求嚴懲，他們是國務總理趙秉均、政府秘書長梁士詒、陸軍次長陳宧、京都警備司令段芝貴、袁世凱秘書王揖唐、國務院秘書長陳漢第、財政總長熊希齡。

這時「二次革命」火焰很快被袁世凱撲滅了，孫中山、黃興等再次作為「亂黨」和「暴徒」加以通緝，被迫流亡海外。祖父沒有選擇逃亡，他說民國已建，無必要逃亡也。這時在北京的共和黨進行了改組，選黎元洪為理事長，欲推祖父出任副理事長，並要與國民黨合作，以便在國會制約袁世凱，用「合法」手段與袁世凱鬥爭，他們要求祖父進京主持工作。祖父不知此是袁世凱的陰謀，欲誘祖父進京，加以控制。祖父再一次做出了驚人舉動，就如當年在張園「國會」當場剪辮，在「蘇報案」引頸就擒，這次他「明知山有虎，偏往虎山行」，決定赴京與袁世凱明鬥。這時離他新婚尚不足二月，他毅然選擇離家出走，而這次出走是很可能無法生還的，但他義無反顧。

一九一三年八月，祖父入京後即遭袁世凱幽禁，雖沒有坐牢，但完全失去了自由，是劃地為牢式羈禁。這期間袁世凱使盡威逼利誘，目的是要祖父屈服、順從，但祖父絕食多次，外逃數次，闖總統府「以大勳章作扇墜，臨總統府之門，大詬袁世凱的包藏禍心」，並寫信譴責，公開辱罵，……就是沒有屈服，沒有順從，魯迅稱「並世無第二人」，確實如此也。

祖父被袁世凱囚禁的幽長的三年中，他的反抗精神是達到了極點，不屈不撓，可圈可點，但袁世凱就是不敢殺他，袁世凱尚知殺這樣一個名士的後果，這讓祖父僥倖活了下來。有關於他這三年的記述，史書述敘尚多，也基本公正正確，此不贅述。只是這三年中他大女兒自殺一事記載尚少。祖父的大女兒章㸚，從小跟隨祖父顛沛流離，亡命臺灣，亡命日本，她小小年紀就隨父經歷了一場又一場磨難，心靈受傷甚深，後她嫁給了祖父的一個弟子叫龔未生，他早年是光復會暗殺團成員，後跟祖父流亡日本，是魯迅先生摯友，辛亥革命後當過浙江省議會議長，浙江省圖書館館長。祖父被幽禁北京期間，她北上陪伴父親，看到父親漫無邊際的囚禁生活，不禁十分消極，她又看到父親憤然寫於牆上的「速死」兩字，見到父親毅然赴死的決心，更加難過，心情萬分憂鬱，決心代父親一死，了卻缺乏幸福的一生。她在半夜上吊，天明祖父見到自盡的愛女，悲慟得不能自已。這一幕被人拍照留了下來，至今保留於家中——地上躺著才死的女兒，父親呆坐在亡女身旁，臉上之悲淒讓人看了同樣難以忘卻。我始終沒有將這張照片示人，一個看過這張照片的人尚且會這樣難受，何況祖父呢？他這種喪女之痛是常人難以忍受的。

如果不是袁世凱稱帝失敗而斃命了，祖父還不知道什麼時候會重獲自由，他的重獲自由可以說是意外的。一九一六年七月一日，他返回了上海，又一次受到熱烈歡迎，他捍衛共和，反對袁世凱稱帝，受到民眾高度肯定，黎元洪總統特授予了祖父一位勳，孫中山又一次推薦祖父擔任國史館館長。

祖父雖重獲自由，但他深知京城仍被官僚帝孽所盤踞，中國革命沒有完全勝利，這三年的囚禁，讓他又一次深思了中國革命的諸多問題，反思了革命黨的成敗教訓，在回到上海歡迎會上，他沉痛地說：「中國人有一極壞性質，則可以共患難，不可以共安樂，是也，當危難之際，彼此尚能同心同德，乃至事稍有成，於是萌攘奪權力之念，而互相嫉視，或其人勞苦，又必思所以挫抑之，凡此皆取敗之道也」，說著，說著，一個五十多歲漢子竟失聲痛哭了起來。他深深認識到，不論清王朝還是洪憲帝制，它們都有一個龐大的社會基礎，這個基礎不割除，革命也不能徹底成功，因此對於「帝孽」，一定要窮追猛打，不可放過落水狗，從這一點講，革命作為暴力，不是過火了，而是太不徹底了。

但革命的依靠力量在何處呢？祖父一獲自由就急急忙忙去尋找了。他回家沒有住滿一月，又先去南方找「有力者」，一去就是近半年，仍沒有找到「有力支持者」。一九一七年四月，我父親降生，這是祖父第一個兒子，當年他已五十一歲了。這時北京黎元洪「大總統」與段祺瑞「總理」的「府院之爭」鬧得不可開交，北洋軍閥政客徐世昌、李經羲、王士珍、馮國璋等像走馬燈式上上下下，張勳又率「辮子軍」入京實行「復辟」，解散國會，欲除《臨時約法》，消滅辛亥革命的僅剩成果，於是孫中山等發起「護法運動」。一九一七年七月三日，孫中山於寓所召集祖父等人商議護法，一連三天，七月六日，孫中山與朱執信、廖仲愷等乘軍艦離滬南下廣州，祖父與孫中山同行，連與家告別也沒有，卻去廣州成立「護法軍政府」，孫中山任大元帥，祖父任秘書長，這是祖父在全國性政府機構裡擔任的最高職務。祖母說起這段歷史，總感歎地說：「你的祖父真是有國無家。」

孫中山與祖父再度聯手，準備聯絡桂、粵、湘、滇、黔、川六省，組成「軍政府」，對抗北京的「北洋政府」。孫中山給祖父的最重要任務是去聯絡六省軍閥唐繼堯、陸榮廷、熊克武、岑春煊、龍濟光等人，讓他投到「軍政府」旗幟之下。並擔任了「川滇黔靖國軍總參議」，祖父授命後歷時一年半，奔走於六省之間，「跋涉一萬四千餘里，中間山水獰惡者三千里」，一百年前的舊中國，在雲貴川之間奔波，根本沒有好的交通，除行路難以外，每個軍閥都各懷鬼胎，他們除了敷衍玩弄祖父與孫中山之輩以外，根本無意對抗北洋，相反只是利用「護法運動」來擴大他們的地盤而已，任憑祖父口焦舌敝，均無動於衷，「護法運動」終於失敗了，孫中山也只好返回上海，使祖父終於認識到「南北軍閥為一丘之貉」，中國革命絕不能依靠軍閥這些「有力者」。失敗，對祖父來講，這又一次沉痛的失敗，他疲憊地於一九一八年十月回到了上海。他深深迷惘了，他痛苦得幾個星期都說不出話，他不知向何處去，不知去依靠誰。在「五四」運動前夜，這一批老革命家似乎應該讓位於新的一代了。

二〇一五年七月五日

三、從五四運動到北伐戰爭

「護法運動」的失敗，讓祖父真正領教了軍閥政客的無恥，他們藉辛亥革命占山為王，南北軍閥的本質是一樣的，都是借革命自保，借革命而擴張，祖父與孫中山都是他們的玩偶，祖父深深感到被愚弄了，他氣得說不出話，整整五十多天沉浸在失敗的痛苦之中，未浪一言。

這時北洋政府內鬥不止，而南方軍政府權力落到了岑春煊一夥手裡，南北對峙，又鬥又合，不斷上演「南北和談」鬧劇。中國打倒了一個皇帝，但又滋生了幾十個大大小小的「土皇帝」，進入了軍閥割據混戰時代。從直皖戰爭、直奉戰爭、江浙戰爭⋯⋯。但是，中國又悄悄爆發了新文化運動，追求「科學與民主」的「五四運動」興起了，學生運動帶動了工人運動，甚至影響了農民運動，中國的一場新的思想解放運動悄然而生，新的階層正在形成，十月社會主義革命也大大影響了中國，正在改變中國的歷史進程。

祖父雖然受到了巨大挫折，但沒有影響他對祖國命運的思考，他一直在尋找救國之道，尋找解決中國命運的辦法，思考解決中央政府與地方政府的關係，考慮國家建構問題，及國家最終統一的方案。最後他於一九二〇年四月提出了一個「聯省自治」政治主張，以各省自治來虛化南北所謂的「中央政府」權力。他擔心北方或南方以武力吞併對方，或雙方勾結分贓中國，他感到皇帝雖是推翻了，但「中央政府」的權力依然太大，沒有束約的機制。所以他提出了「省治」，然後再「聯省自治」，從一個單一制國家變成一個「邦聯」或「聯邦」式國家，相互制約，限制「中央政府」權力過大，防止形成新的「專制」。擁有這樣想法的人，遠不止章太炎一人，孫中山也贊成過（後來不贊成了），胡適、梁啟超等人也贊成過，連年輕的毛澤東也極力贊成過，他十天中發表了十多篇贊成「聯省自治」的文章，都彷彿從黑暗中找到了一條明路。當然，地方軍閥也是這主張的熱烈擁護者。而我祖父則是最積極的宣導者，他的主張猶同當年敢於提出「反對改良，提倡革命」，以及在辛亥革命後主張「革命軍起，革命黨消」一樣，有著他強烈的個性思考，敢於提出己見。

正值一九二〇年五月，熊克武將唐繼堯驅出了四川，宣布「自治」。接著湘軍譚廷闓、趙恆惕進軍長沙，趕走了皖系張敬堯，宣布湖南「自治」，並制訂「省憲」。不久，粵軍陳炯明攻占廣州趕走桂軍岑春煊一夥，也打起了「粵人治粵」、「保境息民」的「自治」旗號。這讓大病了五個月的祖父興奮無比。不久浙江都督盧永祥也宣布浙江「自治」，並制訂「省憲」，更讓浙江人的祖父感到高興，使他在病中「躍起」，他興沖沖地應譚廷闓邀請親赴湖南指導「省治」，並提出了一整套「聯省自治」政治方案，規定了人民的權力、省府權力、中央政府權力……，核心是架空中央政府，讓北洋政府自生自滅。他通電號召南方十省實行「自治」和「聯省自治」來對抗北洋政權。他這種主張也得到了不少地方軍閥的回應，他們借這政治主張自保，一時與祖父關係搞得火熱，祖父儼然成為這政治主張的「教父」，人們紛紛利用他。

「聯省自治」政治主張在一定程度上反映了當時政治現實與人民的願望，企圖削弱南北政府的權力，作為一種政治思潮與主張，曾鼓譟一時，流行了三四年之久，但這種政治主張，畢竟沒有代表時代的要求，不是一種最高明的政治主張，沒有從根本上提出推翻武人官僚宰割的政局，只能起到軍閥和總司令之「聯」，只有藩鎮或封建式的「治」，只能被軍閥利用作割據和擴大地盤的藉口。人民，尤其年輕人看到的章太炎只有跟軍閥官僚打得火熱，而與大眾的距離卻越來越遠了，一個政治家若離人民遠了，他必然難以代表人民，代表時代了。

這時陳炯明驅走了岑春煊和陸榮廷，請孫中山重回廣州建「軍政府」。一九二一年四月孫中山重返廣州，五月就任「非常大總統」，準備「西征、北伐」。孫中山專門寫信給章太炎，誠懇邀請祖父南下相助，他多麼需要得到祖父的支援與幫助，因為在關鍵時刻，他倆總會走到一起。孫中山信說：「茲者粵局略定，西南聯絡，尚待進行……急願賢哲南下，匡我未逮。」祖父覆信表示了祝賀，但這時祖父的最大興趣是「聯省自治」，而不是「西征、北伐」，所以沒有去協助。但是祖父還是經常為中山先生出謀畫策。一九二二年五月，在孫中山就任「非常大總統」一周年之際，祖父還專門寫了〈孫大總統被選就職一周年祝辭〉，對廣州政府與北伐給予了祝福。

但是祖父對於北洋政府始終給予最強烈反對，這在革命黨人中是不多見的。當袁世凱死後，徐世昌任第二任「總統」，又假惺惺的推動「南北和談」，祖父便一而再，再而三揭露徐世昌本質，稱徐世昌集「帝制、復辟、僭立，皆此一人為之」，又稱「二年以來，亂遍禹域，則世昌為始禍，馮國璋其次也，段祺瑞又其次也」。為了反對「南北議和」，他組織了「護法後援會」，集革命老同志抵制朱啟鈐與唐紹儀和談，指出「和談」實岑春煊、唐紹儀欲得「副總統與副總理」地位，而徐世昌則以「和談」瓦解南方政府。所以祖父一再發表聲明強烈反對「南北議和」，甚至鼓勵廣州軍政府召開非常國會，自行選舉大總統，從根本上否定北洋政府的合法性。但是軟弱的南方政府，一再熱中「和談」，當年與袁世凱「和談」，如今與徐世昌「和談」，都想以和談統一南北，從而謀一官半職，而祖父則一再反對，一再被視為「攪局」。

當徐世昌下臺後，曹錕靠賄選當上「大總統」，祖父猛力批判，稱「在根本上曹錕無論如何不能為我中華民國之大總統」，曹錕聞後極為不安，派人前往上海看望祖父，為曹錕當說客。祖父一聽他是為曹錕來作說客，舉杖就打，打得說客抱頭鼠逃。曹錕下臺後，段祺瑞擔任臨時執政，他聘任祖父為「高等顧問」，即當年袁世凱給的職位，祖父毅然拒絕，段祺瑞召開「善後會議」，頻頻致電祖父，希望祖父列席會議，借祖父聲望來「善後」，他也拒絕參加，因為祖父只承認辛亥革命後的《臨時約法》，根本不承認北洋政府的「合法性」。後來奉系大軍閥吳佩孚也來請祖父做「總參贊」，祖父也拒絕了。五省聯軍總司令孫傳芳來請祖父去南京主持「投壺」，祖父雖然去過南京，並沒有去主持過「投壺」儀式。而有些寫祖父的傳記，煞有其事的記述我祖父怎麼參加「投壺」，怎麼將箭投入壺中，怎麼投軍閥所好，真是不知悖到什麼地方去了。

不管北洋軍閥如何巴結祖父，祖父對北洋軍閥的反對態度是一貫的，他心目中唯一認同的人即是黎元洪，認為黎元洪才是代表辛亥的正統，所以他一直努力要恢復黎元洪「總統」的合法地位。在我們家裡的大廳裡，始終掛了一塊大匾，即是黎元洪為祖父寫的「東南樸學」四個大字，而再也沒有掛任何其他人的題字，可見黎元洪在祖父心目中的地位。

一九二四年，孫中山改組了國民黨，提出了「聯俄、聯共、互助農工」新三大政策，又開始組建自己的武裝，而不再是僅僅依靠軍閥的支持，開始了北伐。這引起了國民黨右派的極大反對，以馮自由、田桐、居正、馬君武、劉成禺等人，從廣州來到上海，齊集我們家中，發表〈護黨救國宣言〉，力圖趁孫中山病危之機，改變國民黨的方向與政策。祖父根本沒有參加國民黨，居然也與這些國民黨右派混在一起，起草「護黨」宣言，真不知他在護什麼黨。這些右派又一起參加了祖父主導的「辛亥同志俱樂部」，企圖形成一股新的政治勢力。

隨著國民革命蓬勃興起，聯俄聯共的「赤色」風暴逐漸形成，祖父從反對北洋軍閥統治變成了反對「赤色運動」。一九二五年十月，他在上海國民大學作了一次〈我們最後的責任〉演講，公開講：「我們現在所要反對的，就是要反對共產黨」，「現在的共產黨並非共產黨，我們可以直接稱他『俄黨』」，「借著俄人的勢力，壓迫我們中華民族，這是一件很可恥辱的事。我們應當反對借俄人勢力壓迫中華民族的共產黨。最後，凡是借外人勢力來壓迫中華民族的，我們應當反對他，這便是我們最後的責任」。

祖父的這種反對一切借外來勢力壓迫我們民族的情結，源於他強烈的民族主義，他們這一輩人親眼目睹了西方列強對我們的欺凌，與這些列強打交道，我們從來沒有得到過任何便宜，每一次都是割地賠款，而且祖父受西方帝國主義迫害比任何人都深，所以他本能地反對一切「外來勢力」干涉我們的內政，他也根本搞不清「沙俄」與「赤俄」之區分，在他看來都不是好東西。他說：「十餘年來之戰爭，尚係內部之爭，今茲之事，則已攙入外力，偶一不慎，即足斷送國家主權」，所以他從激烈反北洋政府變成反馮玉祥「勾結赤俄」，反蔣介石「北伐」。

因此，祖父組織了「反赤大同盟」。陳獨秀在《嚮導》雜誌尖銳指出：「所謂反赤大同盟，他的領袖，據我們所知道的，就是章太炎、尤烈、徐紹楨、魏邦平、馮自由、居正這班人……他們的目標就是反對蘇俄、中國共產黨、南方的國民政府，北京的馮玉祥及國民黨。」

這時，國民政府任命蔣介石為國民革命軍總司令，率北伐軍北伐。祖父一聽「蔣介石」三字就光火，陶成章之死，就是蔣介石所為，於是他發出了〈討蔣介石〉通電，指出：「詳其一生行事，倡義有功者，務於摧殘至盡……，且其天性陰鷙，反顏最速……」。祖父對蔣介石評價實在是很精準的，蔣介石依靠共產黨和工農力量於一九二七年三月攻占上海後，次月即「反顏」，立即撕毀「國共合作」合約，屠殺工農及共黨，對「倡義有功者」必摧殘至盡。祖父先前「討蔣」，卻討出了一個比祖父更「反赤反共」政客。當年五月四日，上海召開各團體紀念「五四」大會，會上決議「肅清上海各校之共產黨分子」，「殺徐謙、鄧演達」，「通緝反動學閥章太炎、張君勱、黃炎培……等六十六人」，全國處於一片白色恐怖之中。六月十六日，國民黨上海黨部又一次要求中央通緝「著名學閥」，祖父又一次名列其中。國民黨浙江黨部立即令餘杭縣查抄祖父家產。祖父又一次被通緝，只是這一次不是清政府、北洋政府，而是南京政府了。

南京政府的建立，改民國的五色旗為青天白日旗，他悲忿至極，在他看來中華民國已經死亡，他只願做「中華民國遺民」，他誓不承認「青天白日」。從此他再也不是門庭若市，電郵盈尺，而是成了一個「通緝犯」，國民黨雖沒有真正把他抓起來坐牢，而是罰他「劃地為牢」，「閉門思過」，迫使他與社會隔絕了。於是他只能被迫在家「宴坐」，學習坐禪，迫使他靜下來思考一生的經歷，搞搞他自幼喜愛的醫學，同時他完成了一部《自定年譜》，將他從出生到一九二二年半個世紀經歷，以極客觀的史筆記錄了下來，至於一九二二——一九二八年的這段歷史，當時的歷史環境就不允許他直筆了，這是一部非常重要的歷史文獻。

祖父閉門一年多，在他友人疏通下，好不容易有了一點點自由，於一九二八年十一月二十一日，他的好友蔣尊簋舉行了招商局輪船公司股東大會，請了新聞界等人士參加，祖父也應邀出席了招待會，會上請他講話，他又按捺不住地抨擊時政，說：「孫中山後來的三民主義，乃聯外主義，黨治主義，民不聊生主義。……他們現在說以黨治國，也不是以黨義治國，乃是以黨員治國，攫奪國民政權，而對外仍以中華民國名義。……袁世凱個人要做皇帝，他們是一個黨要做皇帝。這就是叛國，叛國者國民應起而討伐之。」祖父一有機會就會直抒政見，按著他「依自不依他」的哲學信念，依他是非觀念，抨擊時政，從來不考慮後果。所以招致了國民黨上海特別市三區黨部呈請中央再次通緝，這次通緝是針對他一個人的通緝，而且性質更劣，所以已經不是躲匿在家可以避難了，他只好躲到一家日本人開的醫院中去了。餘杭先生，躲到的是東餘杭路吉住醫院，完全與社會隔絕了，用他的手，與社會造就的手，與人民大眾完全隔絕了，一個時代的風雲人物，落到了這樣下場，不僅是他個人的悲劇，也是時代的悲劇。

民國期間，媒體搞過一個用《紅樓夢》中人物，來比喻現今政治人物活動，大家用《紅樓夢》的看門人焦大來比喻章太炎，我認為這實在是太相似了。焦大雖是看門的，但他很早進入賈府，跟了老爺時間最長，資歷最老，所以他敢於倚老賣老，心直口快，對誰都不買帳，誰有不是，就敢罵誰，口無遮攔。祖父也是這樣也。

他敢於反對一切，尤其他的晚年，敢於反對蔣介石，但蔣介石就沒有孫中山這樣的雅量了。但如今的歷史文章卻說蔣介石曾在杭州樓外樓巧遇章太炎，特向章太炎問寒問暖，而章太炎說他只是在混混日子而已，蔣介石便將自己手杖送給了章太炎，以示尊重，意在「權國權杖」。這種用鬼話編的「故事」，今天的「史學家」和「編輯」真還信以為真，樂此不疲，大書特書，一點都沒有起碼的歷史知識，真是可悲。

如果沒有抗日戰爭，沒有一場新的中國更大危機，祖父的政治生涯大概就此結束了。

怎麼來看祖父他自己的政治生涯呢？史家似乎沒有注意祖父自己寫的一份「履歷」，這份履歷原稿迄今藏於家中，履歷很簡短：

> 章炳麟，字太炎，浙江餘杭人，年六十七歲，清末著書排滿，與清政府對訟於會審公廨，繫獄三年，出即避地日本，入中國同盟會，主持民報，提倡革命，武昌倡義後歸國，歷任大總統府高等顧問，東三省籌邊使，大元帥府秘書長，川滇黔靖國軍總參議，曾授勳

一位。

這才是他真正重視的認同的自己的經歷，其他知我罪我，又何足論矣。這才是一個真實的章太炎，了解了他，也可以了解了這一段歷史。

從一九〇〇年的戊戌變法，到辛亥革命，又從二次革命到護法運動，從五四運動到北伐革命，祖父激烈地提倡革命和參與革命，最後竟成了「反革命」。「革命」與「反革命」糾纏了中國整整一個世紀。這中間我們始終面臨兩個問題，即「怎麼推翻一個舊中國」，以及「怎麼建設一個新中國」。中國在付出了巨大代價之後，在今天終於站起來了，也終於富起來了，基本完成了這兩個使命，但離開真正的文明富強我們仍然是有巨大差距的，尤其是如何建立起一套文明的秩序，以及道德的規則。我們還面臨各種各樣的挑戰，西方當年「列強」依然時時在欺凌我們，壓制著我們的崛起，所以我們仍然要奮鬥不止。無論革命也好，改良也好，我們從歷史中汲取教訓，踩在先人的肩膀去超越，依然有非常重大的現實意義。一個歷史虛無主義的國家，是絕對不會成功的。所以我寫我所知道的祖父章太炎，不僅是為了我的祖父，也是為了保存這一段苦難史，讓後人了解這一段奮鬥史，更好地繼承、發展、超越。

二〇一五年七月十二日

順順誕生日

四、抗日戰爭到太炎去世*

「九．一八」與章太炎

沒有「九．一八」事件，章太炎先生也許會永遠從政治舞臺上消聲匿跡，就如魯迅先生所說的：「用自己的手和別人手幫造的牆，和時代隔絕了。」

但是無可否認，這時的章太炎已非昔日之章太炎，他衰老了，步履蹣跚了。辛亥革命後的種種現實無不使他絕望。政治上的失意，意志上的衰退，健康上的衰老，使他終日宴坐書齋。

可是，一九三一年九月十八日，日本帝國主義突然襲擊我瀋陽，炮轟北大營，繼而向東三省發動了全面進攻。蔣介石忙於對付汪精衛和鎮壓國內革命勢力，對外不惜退讓屈膝，嚴令東北軍「絕對不抵抗」，致使大片國土淪喪，東三省垂危。中國人民頭上降臨了新的災難，嚴重的民族危機考驗著每一個中國人。

章太炎先生被這時代的危機震驚了，強烈的民族主義意識使他從沉寂中甦醒。他如一頭垂老的雄獅，本能地嗅到一種威脅在迫近，於是他站立了起來，目睹國內政治現狀，憤然大書篆軸「吳其為沼乎！」分贈友好，以示焦慮。

章太炎先生對於「九・一八」事件的態度開始是謹慎的和有克制的，僅僅在與友人通信中闡述己見，表示憤慨。他說：「東事之起，僕無一言，以為有此總司令，此副司令，欲奉、吉之不失，不能也。東人睥睨遼東三十餘年，經無數曲折，始下毒手」，雖然抵抗未必能勝，「敗而失之，較之雙手奉送，猶為有人格也。遼東雖失，而遼西、熱河不可不守」。他對蔣介石的不滿，也僅僅流露在那句：「有此總司令、此副司令，欲奉、吉之不失，不能也。」對於蔣、汪矛盾，他始終默言，因為「擁蔣非本心所願，倒蔣非事勢所宜」。蔣與汪，在他看來，蔣如秦檜，汪如石敬瑭，「秦固屈伏於敵，石則創意賣國者，去秦求石，其愚繆亦太甚矣！」他們都是「愛國家不如愛自身，愛自身人格尤不如愛自身之性命」的敗類。這樣分析真是入木三分。對時局他認為「唯有一戰」。

由於蔣介石的不抵抗政策，不到三個月的時間，東三省竟全部淪落日寇之手。章太炎先生忍無可忍了。他雖身處逆境，沉寂已久，然國難當頭他便翕然而起，拍案怒斥當局，作醒獅大吼。一九三二年一月十三日，他與熊希齡、馬相伯、張一麐、李根源、沈鈞儒、章士釗、黃炎培等知名人士，聯名通電，痛斥當局，電文說：「守土大軍，不戰先撤，全國將領，猜忒自私，所謂中央政府，更若有若無」，要求國民黨各派首領「立集首都，負起國防責任，聯合全民總動員，收復失地」，否則「應即日歸政全民，召集國民會議，產生救國政府，俾全民共同

*本文發表於《中華英烈》，一九八七年第一期，頁一四－一九。

奮鬥」。六天之後，章太炎先生又率張一麐、趙恆惕、沈鈞儒、李根源等，聯名通電全國——〈請國民援救遼西〉通電對東北義勇軍的奮勇抗敵予以了高度評價，稱「義勇軍以散兵民團合編，婦女老弱，皆充負擔之役，勝則如牆而進，敗則盡室偕亡，所謂將軍有死之心，士率無生之氣者，於此見之」。他嚴斥當局「素無鬥志，未聞以一矢往援」，指出「國家興亡之事，政府可恃則恃之，不可恃則人民自任之」。

章太炎與「一・二八」

「九・一八」事變後，日寇在東北得手，遂得寸進尺，於第二年的一月二十八日，對上海閘北發動了突然襲擊。駐守上海的第十九路軍將士在全國軍民抗日熱浪的推動之下，奮起自衛，揭開了悲壯的「淞滬之役」。

當時章太炎先生身居滬上，目睹日軍殘暴的進攻，看到軍民抗戰的無畏氣概，深為感動。他用他著稱於世的文筆也參加了戰鬥，撰寫了〈書十九路軍禦日本事〉，記述淞滬之役中軍民可歌可泣的行為，稱這一仗是「自清光緒以來，與日本三遇未有大捷如今者也」。他從十九路軍與上海市民捨生忘死，精誠團結，共同禦敵的生動局面中，看到了希望，從而感慨地說：「自民國初元至今，將帥勇於內爭，怯於禦外，民聞兵至，如避寇仇。今十九路軍赫然與強敵爭命，民之愛之，固其所也。」

章太炎先生不僅從道義上支持十九路軍抗日，還支持他夫人湯國梨創辦第十九傷兵醫院，用實際行動支持淞滬抗戰。這所醫院辦至戰事平息才結束，前後歷時近一年，先後接納治療傷患一百四十多人，僅一人因傷勢過重而死亡。

但是，蔣介石與汪精衛之流千方百計地破壞上海軍民抗戰，竟與日本當局簽訂了賣國的《淞滬停戰協定》。章太炎先生對此怒不可遏，他斷然拒絕出席蔣、汪召開的所謂「國難會議」。他在〈拒絕參加國難會議書〉中，指出當局應以實際行動來抗日，而不是用空洞諾言來欺騙民眾，說：「全國上下所當聚精會神力圖攻守者，惟遼西與熱河耳。……苟令江左棄地如遺，當國者將何以謝天下乎？」「僕民國荒夫，焉能為黨國諸賢任過也！」

《淞滬停戰協定》簽訂後，十九路軍被迫撤離上海，但戰爭的陰影仍籠罩在上海市民頭上，章太炎先生與滬上愛國人士，為了使十九路軍陣亡將士遺骨免遭不測和凌辱，發起了為十九路軍陣亡將士遷葬運動。章太炎先生提議將烈士遺骨遷至廣州黃花岡七十二烈士墓區，與我國資產階級領導的最大武裝起義——黃花岡起義的七十二烈士並葬，以表彰他們抗日的功績和教育後人，同時激發人們抗日的激情。這倡議獲得社會廣泛支持，終於遷墓成功。章太炎先生親撰了〈十九路軍死難將士公墓表〉，刻石於墓前，盛讚十九路軍抗戰「功雖未成，自中國與海外諸國戰鬥以來，未有殺敵致果如是役者也」，今「度地廣州黃花岡之南，以為公墓，遷而堋之」，他深信「繼十九路軍而成大業者，其必如武昌倡義故事」。

從章太炎先生支持十九路軍禦敵一事來看，他早年的革命銳氣正在再現，他所寫的〈書十九路軍禦日本事〉，有著當年為鄒容作〈革命軍序〉之浩氣，他發起的十九路軍遷葬一事，尤同他早年發起的「支那亡國二百四十二周年」活動，充滿愛國主義的激情。雖然號召力已遠非如昔，但他的拳拳之心和「烈士暮年，壯志不已」之情，是永遠值得稱頌的。

北上見張學良

東北失守，華北垂危，上海吃緊，中華民族有亡國之危，章太炎再也坐不住書齋了，他毅然決定北上見張學良，憑著他元老的身分和與張學良多年的交情，代東南民眾呼籲張學良出兵抗日。

一九三二年二月二十三日，章太炎先生動身北上，這時「一．二八」戰火未熄，北上火車尚未通行，他迫不及待，拖著六十五歲多病之軀，冒著吳淞口紛飛之炮火，坐船前往青島，然後改乘火車抵北京。當時記者訪問了章太炎先生，詢問北上之意和對時局的看法。他回答道：「此次來平，將分訪張漢卿、吳子玉諸氏」，「對日本之侵略，惟有一戰，中國目前只此一條路可走。」

張學良將軍對章太炎親臨北平，感情十分複雜，他與這位愛國老人有著忘年之交，他尊敬章太炎先生，但又有難言的苦衷。他執子侄之禮親往花園飯店看望章太炎先生。章太炎先生見到張學良，將一肚子火瀉了出來。他對著張學良將軍「大聲疾呼，聲震屋瓦」。張學良「面對正直的民國元勳，他既無從申辯，又無法出兵，於是對太炎出示了蔣介石給他的不抵抗密令，以說明苦衷。據說這是張學良第一次向人透露這個密令，這時太炎感到無可奈何」了。

章太炎先生這次北上，是他一生中最後一次北上，他除了勸張出兵外，還從事了講學，並沿途演說，以歷史上的英雄人物和事件，來教育人們效仿先賢，激發民眾的愛國主義精神。許多國民黨將士，深受他的感染，吳佩孚在他影響之下，終於沒有下水當漢奸。有些青年知識分子，在他啟迪之下，走上了革命道路，我記得有位革命作家說過（大概是魏金枝），他就是在青島聽了章太炎先生演說後投入革命行列的。章太炎先生在青島對「行己有恥，博學於文」兩句意義詳加論述，尤對「恥」字發揮意見頗多，引證亦多，意為人能知恥方能立國，遇難而不抵抗即為無恥，因知恥近乎勇，不知恥即無勇可言。

熱河之失與章太炎

一九三三年初，山海關淪陷，熱河省又兵臨城下，西北軍首腦馮玉祥特派代表到上海面見章太炎先生，並致書表示：「自榆關陷落以來，華北之屏藩已撤，河朔數省隨時可為東北三省之續。……倘有赴難之機，決不惜一切之犧牲也。」章太炎先生對於馮玉祥將軍之抗戰熱忱，感佩無量，立即覆信，表示「可與敵人一決雌雄者」，唯馮玉祥將軍一人，希望他與張學良將軍等聯合抗日，信中還對蔣介石的「攘外必先安內」政策予以強烈譴責，說：「外患方亟，而彼又託名剿共，隻身西上。似此情形，恐有如前清西太后所言『寧送朋友，不送家奴』。」公然將蔣介石比作慈禧，這需要巨大的膽識與氣魄。

三月初，章太炎與馬相伯先生聯名致信給北平軍分委員長張學良，保薦馮玉祥將軍任熱河統軍，率軍禦敵，指出：「今日之事，餉械固應籌備，將帥尤在得人。聞宋院長（宋子文）到平，猶以迫馮玉祥南行為務。不用之亦已矣，又從而絆其手足，這是何等心腸？」「二十年以來，軍人相忌，日尋干戈，以有今日，命已垂絕，猶作自壞長城之念，亦何心哉？」他們向張學良將軍推薦道：「以愚輩所見，今日能統十萬軍獨當一面者，唯馮玉祥一人，其人曾以逼溥儀之故，亦不容易有他腸。愚輩雖在草野，為作保證而有餘矣。」張學良將軍由於種種壓力與束縛，未能採納，致使熱河淪陷，張學良作為替罪羊也被迫辭職。

熱河之失，使章太炎先生怒不可遏。三月七日，他向全國軍民發出公開電，譴責當局：「國民政府成立以來，勇於私鬥，怯於公戰，前此瀋陽之變，不加抵抗，猶謂準備未完，逮上海戰事罷後，邊疆無事者八九月，斯時正可置備軍械，簡練士卒，以圖最後之一戰，乃主持軍事者絕不關心於此，反以剿匪名義，自圖規避。馴自今日熱河釁起，才及旬餘，十五萬軍同時潰退。湯玉麟委職潛逃，誠應立斬；而處湯之上者，或則選耎不前，或則避地他適，論其罪狀，亦豈未減於湯。應請以國民名義，將此次軍事負責者，不論在南在北，一切以軍法判處，庶幾平億兆之憤心，為後來之懲戒。」這個公開電，義正詞嚴，浩氣凜然，鋒矛直指最高當局，這是對蔣介石一夥不抵抗主義的公訴書，是對鎮壓工農紅軍的「攘外必先安內」政策的聲討書。

這時章太炎先生哀樂完全與抗戰事業融為一體了。一九三三年四月一日，他與馬相伯、沈恩孚再次發表了〈三老宣言〉，指出抗日的希望不應寄託在國聯仲裁上，應「以自力自助自求」。四月二十七日，他與馬相伯先生聯名通電，告國人毋因小勝而忘大虞。五月，馮玉祥將軍在張家口就任民眾抗日同盟軍總司令，率吉鴻昌等宣誓抗日，並通電全國，決心「武裝保衛察省而收復失地，爭取中國之獨立自由」。章太炎先生立即與馬相伯先生通電聲援，電云：「執事之心，足以代表全國有血氣者之心；執事之言，足以代表全國有血氣者之言；執事之行，必能徹底領導全國有血氣者之行。某等雖在暮年，一息尚存，必隨全國民眾為執事後盾。」每當前線傳來捷報，他必致電祝賀，無論喜峰口之捷，還是古北之勝，並且親為《察哈爾抗日實錄》一書作序，讚頌馮玉祥將軍察哈爾抗日的功勳。當他得知華北失守，危及南京時，便憤然作詩鞭撻：「淮上無堅守，江心尚苟安。憐君未窮巧，更試出藍看。」短短一首詩，把當權者的賣國嘴臉刻畫得淋漓盡致。這首詩的大意是說：當權者在淮河不設防，一味實行不抵抗主義，結果輕易把中原丟失，還無動於衷，這些南宋小朝廷的無恥大臣，還在江心寺裡樂逍遙；可惜南宋這些當權者賣國伎倆不高，試看今日南京當權者，真是青出於藍了。章太炎先生這枝筆使蔣介石之流又恨又怕，他們千方百計地限制對他言行的公開報導，並勾結小報，進行誣陷。

蔣介石對這位倔強的天不怕地不怕的民國元勳，十分惱火，於是讓章太炎先生的金蘭兄弟——國民黨的要員張繼出面，來勸「大哥當安心講學，勿議時事」。章太炎先生聞之十分憤慨，他固珍愛兄弟之誼，但更愛祖國，更崇拜真理，於是憤然提筆作答，說：「吾老矣，豈復好摘發陰私以示天下不廣？……吾輩往日之業，至今且全墮矣，誰實為主？吾輩安得默爾而息也？」「五年以來，當局惡貫已盈，道路側目。」「棟折榱崩，吾輩亦將受壓。而弟欲使人不言，得無效厲王之監謗乎？」章太炎先生最後說：我「年已耆艾，唯望以中華民國人民之名表吾墓道」，他反問張繼：「誰使吾輩為小朝廷之民者？誰使同盟會為清名而被人揶揄嘲弄者？願弟明以教我。」這大義凜然的覆信，表達了他的錚錚骨氣和義無反顧之氣概。

「滿洲國」與「國聯調查團」

日寇侵占東三省後，扶植傀儡建立偽「滿洲國」，把自己的侵略罪行，說成應「滿洲國」之請。蔣介石對外不作積極防禦，卻把希望寄託在歐美列強的干涉和國聯的仲裁。

一九三二年三月，國聯派出以李頓為首的調查團來華調查中日事件，國民黨政府駐國聯代表顧維鈞也隨團同往。日寇對國聯的調查百般阻礙，甚至扣留調查團成員。章太炎先生聞訊，立即寫信給顧維鈞，要他學習洪皓、左懋第以死自矢，「犧牲一身，而可以彰日人之暴行，啟國聯之義憤，為利於中國者正大」。顧維鈞得信，真是啼笑皆非。章太炎先生這一番話，似是「瘋話」不合人情，其實這是出自他內心的肺腑之言，如果他處於顧維鈞這個地位，他的確會這樣講和這樣做的。

一九三三年二月，在國聯仲裁「滿洲國」事件時，日寇又胡說什麼東三省主權歷來屬於滿洲人所有，妄圖製造「滿洲國」獨立。日寇的謬論迷惑了一部分不知真相的中外人士，致使國聯對於否認「滿洲國」一事沒有達成協議，一些漢奸也乘機鼓吹「放棄東三省」。這時顧維鈞急電章太炎先生，請教歷史上東三省主權的歸屬問題。章太炎先生立即以他淵博的知識，撰文旁證博引地論證了東三省主權歷來屬我中華所有。他還與馬相伯先生兩次發表聯合宣言（二月十日及二月十八日）論證和申言東三省與熱河均係我國主權，與「滿洲國」無關，並電告日內瓦，昭告世界。當時國內報刊評論說：章太炎與馬相伯「為中國第一流學者，聯合對外宣言，將能代表其數千弟子、名教授、科學家及教育界正服務者，為擁護中國固有主權，向全世界作公正宣布，證明東三省當屬於中國」。

章太炎與「一二・九」運動

一九三五年五月，日寇又製造和策動了「華北事變」，當局竟再次姑息養奸，步步退讓，簽訂了賣國的《何梅協定》，接著日寇又炮製了「華北五省自治運動」，成立了所謂的「冀東防共自治政府」，當局竟也派宋哲元組織「冀察政務委員會」，以適應日寇提出的「華北政權特殊化」的無理要求。在嚴重的民族危機面前，中國共產黨發表「八一宣言」，號召全國民眾奮起抗日救國。是年十二月九日，北平學生響應中共號召，舉行聲勢浩大的請願遊行，請求政府出兵抗日，但國民黨當局派出軍警，殘酷鎮壓學生愛國運動，致使很多學生受傷和被捕。

章太炎先生聞訊立即致電宋哲元，加以責詢，說：「學生請願，事出公誠，縱有加入共黨者，但問今之主張如何，何論其平素？」一個國民黨的元老，出來為共產黨說話，袒護學生反政府活動，是驚世駭俗的。宋哲元膺服章太炎先生的為人，在正義的指責面前，只得覆電表示：「先生之囑，自當遵辦。」

北平「一二·九」學生運動，很快得到上海學生的支持。十二月二十五日，上海學生也舉行了遊行，並衝破員警阻攔，北上南京請願。當學生請願的火車行至蘇州時，雨雪載途，困頓姑蘇。上海市長潘公展親去鎮壓和誘騙。章太炎先生得悉此訊，立即「囑縣長饋食」，又讓他夫人湯國梨率章氏國學講習會代表持食品、水果去車站慰問愛國學生，並對記者發表談話：「對學生愛國運動深表同情，但認為政府當局，應為妥善處理，不應貿然加以共黨頭銜，武力制止。尤其政府當局，教育當局，應對飢寒交迫之學生，負責接濟糧食，並沿途妥為照料。」

章太炎先生這些言行，深深溫暖了愛國軍民的熱腸，他不愧為一位傑出的愛國主義者。在他精神感召之下，許多同胞走上了革命道路，其中有不少是他的弟子和學生，最為大家熟知的是吳承仕和葉芳炎。吳承仕是章太炎先生四大弟子之一，當時是北京中國大學教授，他不僅同情愛國學生運動，而且「冒著軍警們的大刀、水龍的威脅」，直接加入了「一二·九」學生運動的行列，還加入了中國共產黨，帶動了一批愛國學生走入了革命的行列。葉芳炎是章太炎先生蘇州章氏國學講習會學生，他參加了新四軍，加入了共產黨，成了陳毅同志的助手。

最後的文字和言論

章太炎先生的晚年使蔣介石大傷腦筋，事實證明，謾罵、威脅，甚至通緝，對這位不屈的老人都是無效的，殺害則是連袁世凱都不願冒的大不韙；於是蔣介石派章太炎先生的老友丁惟汾——中執委秘書長，借探望為名，給章太炎先生送去了一萬元「療疾費」，欲封其嘴。結果章太炎公開登報宣布作為「講習會基金」，用以辨學，獎勵學子，而「肆言照舊」。以後無論欲聘他任「國史館長」、「政府高等顧問」、「粵海書院院長」，都被他拒絕了。

一九三六年五月，國民黨內部又爆發「兩廣事變」，蔣介石內外交困，不得不裝出尊老隆禮的姿態，來緩和輿論的壓力。於是，親自寫信給章太炎先生，「屬以共信濟艱之義，勸誘國人」。六月四日，章太炎覆書蔣介石，勸他「開誠布公，以懸群眾，使將相之視樞府，猶手足之抴頭目」，並建議將察哈爾一省「交付之共黨」，因為中國共產黨「對於日軍，必不肯俯首馴伏明甚」，要求將共產黨和工農紅軍「姑以民軍視之」。這些錚錚諤諤之言，是他思想上的又一次飛躍。他曾以反共著稱，但在現實面前，他認清了誰是真正的愛國者，終於自糾錯誤，將共產黨領導下的工農武裝，從稱「赤匪」，改稱「赤軍」，到稱之為「民軍」；從反共，到勸蔣介石將察哈爾交付共產黨領導；從反對過第一次國共合作，到贊成第二次國共合作。他終於完成了思想上的一次大的轉折與飛躍。可惜，這封信成了他的絕筆，他來不及發揮其主張，即匆匆告別了人世。

章太炎先生在覆蔣介石信後的十天，即一九三六年六月十四日因病與世長辭。他沒有看到抗戰的最後勝利，帶著憂慮離開了人間，臨終「曾草遺囑，其言曰：『設有異族入主中夏，世世子孫毋食其官祿。』遺囑止此二語，而語不及私」。他曾希望死後傍民族英雄張蒼水而葬，與英雄地下為鄰，期待最後的勝利。章太炎先生以他無愧的言行，書寫了斑斕的晚節。

身後是非

章太炎先生逝世後，引起了截然不同的反響。國民黨當局雖然下令「國葬」章太炎先生，把他平生事蹟交付「國史館」，但僅僅把他稱作「宿儒」，因為他「學問淹通」、「巋然儒宗，士林推重」，對於他的革命功績，僅簡單地對他早年作了些肯定。

但是人民是懷念他的，中國共產黨也是尊敬他的。馬相伯先生寫輓聯，稱頌章太炎先生是：「代人民說公道話替黨國講正經話，卓哉；言文學似黃梨洲論品行如顧寧人，髦矣。」吳玉章辦的《救國時報》曾發表〈悼章太炎先生〉的評論，其中指出：「先生說學生救國，事出公誠，其實先生的主張也同樣是事出公誠。可惜先生來不及儘量發揮他的主張便溘然長逝了。」鄒韜奮主辦的《生活日報》也發表〈悼太炎先生〉短評，既肯定了章太炎先生的一生成就，又特別讚揚了他晚年的抗日言行，說：「我們對太炎先生特別致敬的，是他最近的言論。」魯迅先生目睹章太炎先生身後是非，抱病寫下了他一生中最後的兩篇文章：〈關於太炎先生二三事〉和〈因太炎先生而想起的二三事〉，為章太炎先生辯誣。他說：「先生的業績，留在革命史上的，實在比學術史上還要大。」

結論

前文是我第一次不避尊諱論述我的祖父，我想告訴我的後人，我的祖父是一個真正的愛國主義者。他作為一個學問家，不是僅僅從事「注經釋經」式研究，創新才是他的學術靈魂。他作為一個革命家，不僅僅是「反清鬥士」，敢罵皇帝為「小丑」，他致力「主權在民」與「五族共和」，提倡「政黨政治」與「民主監督」，他始終站在「民黨」立場，敢於監督政府與政黨，這才是他的政治靈魂。知乎，這才是我所知道的祖父——一個真正的章太炎。

二〇一六年一月

我的祖母*

*本文發表於《浙江辛亥革命回憶錄》續輯，《浙江文史資料選輯》，第二十七輯，一九八四年六月。

我的祖母——章太炎夫人湯國梨，字素瑩，號影觀。生於一八八三年九月二十四日，卒於一九八〇年七月二十七日，享壽九十八歲，被稱為百歲老人。

童年在家鄉——「夢裡苕霅煙水闊」

祖母湯國梨，誕生於上海，她父親是個普通讀書人，祖籍浙江桐鄉縣烏鎮，祖母是長女，乳名引官，父母希望她出生以後能再引來一個男孩，以後她把「引官」改為「影觀」，作為自己的號。她出生後第二年，隨父母去江陰，四歲時，又隨父母去漢口，她父親在一家茶葉店當會計。九歲那年，她父親因病亡故，遺下三個孩子，她母親只好帶了三個孩子回到烏鎮故鄉，寄居舅父家裡。關於烏鎮，同是烏鎮人的茅盾先生在他的〈可愛的故鄉〉中寫道：「我的家鄉烏鎮，歷史悠久。……鎮上古跡之一有唐代銀杏，至今尚好。我為故鄉寫的一首〈西江月〉中有兩句：『唐代銀杏宛在，昭明書室依稀。』……浙江出過許多人材，歷史上的人物就不說了，僅民國以來的仁人志士、革命先烈就可以列出長長的名單。……章太炎是浙江餘杭人，而章太炎的夫人湯國梨是烏鎮人。」茅盾先生寫這篇文章時已是暮年，他還這樣眷念家鄉，他還記得我祖母，當時祖母其實還健在，她同樣記得茅盾和眷念家鄉。在她去世前兩年，即她九十六歲那年仲秋，我回家時向她索墨留念，當時她對紙凝視，冥思半晌，才提筆揮毫，寫下了下面這些文字：

春水鴨頭綠，夕陽牛背紅，

瓜皮漁艇子，搖出小橋東。

烏鎮薛家橋舊作一首錄示小午　梨志

這是她童年家鄉所見，印在她心底裡最美好的回憶，這幅屏條是她留給我最後的一件墨寶。在她的遺墨中有許多詩詞是著力刻畫家鄉山水的題材，如早年（一九一〇年以前）有〈過王家莊——在烏鎮南柵外〉，寫出了一個少女眼中的江南水鄉的恬靜風光：

雞犬聲相遞，幽幽一徑通，

柔桑低礙髮，細竹亂驚風。

疑語逢村女，行歌羨牧童，

桃源在入境，莫更問漁翁。

晚年（一九七二年以後）又作有〈有懷故里〉，則反映了老人無限深情的鄉思：

少孤多難飄零久，白髮蕭然未得歸，

夢裡苕霅煙水闊，故鄉雖好故人稀。

祖母童年在烏鎮，靠著親戚們的接濟，母女四人相依為命，度過了她青少年時代。為了分挑沉重的家庭負擔，她白天幫助母親操持家務，燒菜煮飯，縫衣繡花，晚上靠了她父親生前教識的幾個字，借著月光誦讀唐詩。她不倦地求知，硬是靠了一部字典，一部詩韻，一部白香詞譜，學作詩填詞，有閒暇，在庭園四周遍栽花木，常常與花為伍。祖母的老友胡覺民先生在他回憶錄中寫道：「湯老八十五歲，猶身心健康，耳聰目明，她日常在家，隨身有三件東西，一是小鐵鋤，用來在家圃中種花鋤草；二是毛筆，經常寫字作詩文；還有一根縫製衣服的引線，自己做針線活。」（胡覺民〈湯國梨談章太炎〉）正是這三件與她從小清苦生活形影相伴的東西，養成她愛好勞動、勤奮學習、自奉節儉的品德。

女校高材生──「絕未添描苦效顰」

一九〇五年，祖母二十三歲那年，同盟會成立了，光復會也在江浙地區活動，資產階級革命運動日漸興起，新式學堂和革命報刊紛紛創辦，尤其我祖父章太炎先生的激進思想對浙江很有影響，因為「其學問素為浙江人所崇拜，《蘇報》案情起自上海，上海毗連浙江，故此案之風潮，遂遍傳於浙江內地，而革命之思想，因以普及於一班之人心。」（陶成章《浙案紀略》）許多有識之士紛紛投身到革命潮流中去。祖母亦敏銳地感覺到時代的腳步聲，再也不願受舊式封建家庭的束縛了。這時她雖然早已到了待字之年，求婚者不乏其人，但她渴望求知，渴望到上海進新學堂求學，終於在她舅舅的支持下，於該年秋天進入上海務本女學念書。務本女學創辦於一九〇二年，是我國近代較早創辦的女子學校之一，培養了不少婦女社會活動家。與祖母前後期同學的，有吳若安、張謇的女兒張敬莊、張伯純的女兒張默君，以及舒惠珍、談社英、邊境宏、范天德、沈儀賓、余慶裳、崔正華等。祖母在學校裡一面如飢似渴地學習，一面和有抱負的同學縱談天下大事，開始投入社會活動。當時她寫了〈酒興〉一詩，藉以抒懷。詩云：

興酣落筆書無法，酒後狂歌不擇腔，
一任旁人窺冷眼，自扶殘醉倚暗窗。

這首詩可以說是她爽朗個性的自我寫照。在另一首〈無為〉詩中，又說明了她曠達的性格：

莫道身為累，心閑寧患身？
憑危似自泰，處垢亦無塵，
有色皆空相，無為澄淨因，
中天一輪滿，歷劫總如新。

在祖母求學時期，浙江發生了收回滬杭甬鐵路路權、拒借外債的保路運動。這場運動一方是和英美帝國主義鬥爭，一方也是含有推翻清朝政府的企圖，也就是發動群眾走向革命。祖母也積極投入了這場運動。據辛亥老人沈瓞民先生（當時是務本女學教師）回憶說：「在杭州成立保路會，由王廷揚、王佐負責。上海為了支持這一運動，由章炳麟、陶成章領導的『光復會』外圍組織『浙江旅滬學會』進行活動，發起成立了『婦女保路會』，推舉經慧貞為幹事。湯國梨係上海務本女學高材生，積極參加保路拒款運動，經常在愚園、錫金公所講演，宣傳保路拒款，聽者激動，女界認款支持者甚眾。」由於保路運動深得人民支持，迫使清政府廢約。這是她第一次投入我國民主革命行列。至今我們家中還珍藏著她當年認購的保路股票若干張，其中一張還有她的親筆題字：「清宣統三年，滬杭鐵路清政府擬借外債建築，人民群起反對，由人民集資建造，時余在上海參加這一運動，凡參加運動者皆量力認股，後改為官辦，我不及收回股款，存之亦一紀念品也。」

一九〇七年夏，祖母以第一名優異成績從務本女學師範畢業，畢業後她抱了振興我國教育事業的願望，回到故鄉，應聘於私立吳興女校任教師，後任舍監，最後任校長，致力於教育事業，前後凡四年。吳興女校設於湖州南門外東園，為沈氏創辦。祖母在教書之餘，常漫步於附近三里橋側，面對祖國大好河山，賦寫了許多詩篇。如〈三里橋晚眺〉：

三里橋頭望，迎眸似畫圖，
鐘聲來遠寺，雁影落平蕪。
楚塔低叢嶺，長流入太湖，
嚴城笳吹里，寒月一輪孤。
溪頭無限好，獨立意蒼茫，
遠岫含空翠，高城接大荒。
漁燈明極浦，帆影落橫塘，
縱目疏林外，歸鴉亂夕陽。

一九一一年秋，湯國梨應務本女校幾位老同學邀請，辭去吳興女校之職，到上海準備辦校。到滬不久，武昌起義的消息傳來，中國人民久久盼望的推翻封建王朝的革命運動終於勝利了，二千年的封建統治宣告結束，她聞訊立即寫了〈聞武昌起義〉詩，有句道「莫道秋光多蕭殺，經霜紅葉爛於花」。

辛亥革命爆發後，她在上海參加掃除清朝殘孽的活動。她曾說：「武昌起義後，全國各省大部分宣告獨立，但南京的清廷兩江總督張人駿及將軍鐵良、江防營提督張勳猶負嵎頑抗。這時同學張默君、談社英等準備在上海發起組織『女子北伐隊』，邀我參加並作為發起人之一。但是經費無著落，於是我建議在安凱第組織遊園會進行籌款，邀請務本女校同學及她們的親戚參加，以高價推銷入場券。同時準備許多高級飲料、紙煙、雪茄、餅乾、糖果、水果、鮮花和婦女用的化妝品，還有我們當場自製的三明治，在會場中舉行不定價的義賣。招待員則由務本同學擔任。我的建議為大家所接受，經過籌備，遊園會終於開幕。」遊園會進行了三天，祖母擔任招待。她回憶說：「遊園會結束，共募得現款五萬元。但此時南京已被蘇、浙、滬聯軍攻克，組織女子北伐隊似無必要，由張默君向孫中山先生請示所籌之款該怎麼辦？孫先生說：『你們這批年輕有為的女同志可以做宣傳和教育工作，遊園會募集的五萬元，即可作為辦學校和報社的經費。』於是由張默君、談社英與我等發起，在上海創辦了神州女學與《神州日報》，我擔任神州女學教師和《神州日報》編輯。」（胡覺民〈湯國梨談章太炎〉）

這時，她還是經常寫詩填詞。有次同學舒蕙楨來，祖母示以近作，舒讀後驚奇地說：你將成為詩人了。祖母聽後，有感而作詩一首：

寥落心期百不成，敢云強勉作詩人。
聊將綺語吟風月，安得高歌泣鬼神？
亂世雖無溝壑懼，殘年猶有國家情，
鏡中自愛修眉好，絕未添描苦效顰。

新婚即遠別——「長箋裁盡未成書」

就在祖母三十歲那年，即一九一三年，在她生涯裡發生了一件大事。這年春天，同學張默君的父親張伯純（通典）——孫中山先生的秘書長作媒，介紹她與我祖父章太炎先生結婚。祖母曾回憶說：「關於擇配章太炎，對一個女青年來說，有幾點是不合要求的。一是其貌不揚，二是年齡太大（比我長十三歲），三是很窮。可是他為了革命，在清王朝統治時即剪辮示絕，以後為革命坐牢，辦《民報》宣傳革命，其精神骨氣與淵博學問卻非庸庸碌碌者所可企及。我想婚後可以在學問上隨時向他討教，便同意了婚事。」（胡覺民〈湯國梨談章太炎〉）

一九一三年六月十五日，祖母與祖父在上海哈同花園舉行婚禮，一時賀客盈門，孫中山、黃興、陳其美等革命黨人和男女來賓二千餘人，均來道賀。婚禮由蔡元培先生為證婚人，婚書由祖父自撰。是夕，假座「一品香」宴客，熱鬧非凡。席間務本幾位同學要新人即興賦詩，祖父當即起立吟道：

> 吾生雖秭米，亦知天地寬。
> 振衣陟高崗，招君雲之端。

吟罷，祖母亦立即當場賦詩一首，即錄示她的舊作〈隱居詩〉：

生來淡泊習蓬門，書劍攜將隱小村。
留有形骸隨遇適，更無懷抱向人喧。
消磨壯志餘肝膽，謝絕塵緣慰夢魂。
回首舊遊煩惱地，可憐幾輩尚爭存。

詩如其人。她不圖富貴的高潔風骨，更贏得了人們對她的敬重。

婚後，他倆去餘杭掃墓和省親，作為蜜月，蜜月未曾匝月，「二次革命」爆發。七月十二日李烈鈞在江西舉兵討袁，十五日黃興在南京宣布獨立，任討袁軍總司令。祖父連發宣言二則支持討袁，以他所向披靡的筆鋒痛斥袁世凱的狼子野心。不久，討袁軍事行動受挫，孫中山、黃興等革命黨人紛紛走避日本，臨行也來勸祖父同行。祖父拒不走避，並表示要去北京面責袁世凱。祖母問道：「袁氏豈甘心於君耶？」祖父回答說：「事出非常，我志已決，卿毋多慮！」遂匆匆首途。這次出走，距新婚僅一月餘，而一別竟三年。

祖父入京後，即遭袁氏軟禁，這給新婚的祖母是一個巨大的打擊。她忙遣家人去故鄉餘杭向族中人商議營救辦法，不料所獲結果是：「族中已決定將他開除出族」。這使她更增添了憂憤，填〈菩薩蠻〉抒發她對祖父的思念：

蓬窗悄倚愁如織，綠楊萬樹無情碧。只解舞東風，何曾繫玉驄？
夜深還獨坐，輾轉愁無奈，別緒滿河梁，月圓人斷腸。

這時袁世凱千方百計誘迫我祖母進京，她回憶說：「袁氏為謀久羈先生，乃誘脅其接眷入京。於是常有自稱為章先生門人或至友者來，或問余通訊情況，或願代遞秘密文件，意似殷勤。但余與先生結婚僅逾月而別，初未識其所謂至友及門人，亦無秘密文件之待寄，故唯唯而已。後有《大共和報》、《神州日報》程某、蔡某迭造我門，告曰『章先生已得當局諒解，且將畀以要職，車馬洋房均已布置就緒，先生亦樂於接受，惟當局必須家屬到京，方克成事，故望夫人早日成行耳。』言頗不倫，益增疑懼。蓋促余北上者，欲以此息先生南歸之念，以掩其幽禁之名耳。且亦有聞，袁氏以余嘗參加革命運動，與陳英士其美有同鄉之誼，促余北上，亦袁氏老謀深算，芟草務盡之計也。是故對移家北京事，余與先生有不同顧慮。家書中時而迫切相召，時而戒不宜行，正所以見先生處境之艱危，心緒之紊亂也。余則深知委曲之不能求全也。北行既無益，抑且徒增先生之累，故屢請其勿以家屬為念；而對彼甘言利誘，亦唯置之不理而已矣。」（湯國梨《章太炎先生家書．敘言》）

祖父被囚三年間，只得鴻雁不斷，兩地相思。〈裁書〉一詩裡，祖母刻畫了自己這種淒苦心情：

已封重啟意徐徐，欲寫還休疊又舒。
挑盡殘燈過夜半，長箋裁盡未成書。

在往返書信中，祖母經常寄去詩詞，安慰鼓勵我祖父。在祖父的覆信中清楚地記載了這些經歷。如一九一四年十月一日函：「湯夫人左右：得九月初二函，〈索居〉五律，詞旨恬漠，太上感情，無乃太過。君已得家居之樂，譬如一啖蓴鱸，味已足矣。」家書往返，互相慰勉。在祖父被幽禁的歲月裡，祖母以悲憤的心情寫下了許多詩詞，選錄二首如下：

〈夜雨〉
風雨黃昏一惘然，離愁黯黯又經年。
西園芳草迷蝴蝶，南浦吟魂化杜鵑。
微命如絲空斷續，春心如繭獨纏綿。
為灰為土尋常事，憔悴何曾算可憐？

〈誤佳期〉
雨過苔痕如雪，風定茶煙低嫋。日長人靜奈無聊，總比黃昏好。
獨自依朱闌，對影憐殘照。悄寒又到舊羅衣，欲恨秋來早。

在祖父章太炎被袁世凱囚禁在北京期間，祖母迫於生計，繼續去當教員，曾先後到陳其美、謝天錫家當家庭教師。這時袁世凱加緊稱帝步伐，網羅黨羽勸進，亦脅迫祖父勸進，以給予自由為誘餌。但祖父嚴詞拒絕，寧死不屈。這使袁世凱老羞成怒，欲殺之而後快，但懾於祖父的威望，又不敢殺，其間祖父曾兩度絕食，反使袁慌了手腳。這時祖母在滬更是日夜焦急，因作〈依稀〉一詩：

> 風景依稀似去年，蟲聲如雨月如煙。
> 可憐一帶銀河影，知隔雲山路幾千。

團聚又分離——「多少離魂在夢中」

倒行逆施的袁世凱，終於在人民的一片反對聲中一命嗚呼，祖父因此絕處逢生，於一九一六年六月底獲釋南歸與祖母團聚。三年中祖父給祖母的書信，祖母在辛亥革命五十周年之際，鄭重地交中華書局上海編輯所影印出版，題名為《章太炎先生家書》並親撰〈敘言〉，說「顧余之珍重此家書者，期與先生相見時，作共訴甘苦之印證，留示子孫，使知先人富貴不淫、威武不屈之氣節，傳之社會，可覘專制統治者之蠻橫暴戾，然則此家書亦史書也。」

祖父從北京抵滬時，受到盛大歡迎，旋偕祖母返家鄉掃墓，在浙江也受到盛大歡迎，章氏族中亦紛至道賀，祖母依然以禮相待。從這時開始，祖母隨祖父參加了各種社會活動，也作為主婦在家招待了四方來客。客人中有許多政壇要人和文壇鉅子，如孫中山、黃興、蔡元培、譚人鳳、李烈鈞、廖仲愷、黎元洪、于右任、居正、張繼、馮玉祥、陳獨秀、蘇曼殊、柳亞子……等等。

袁世凱雖死，政權則仍落在軍閥、官僚、政客手中，為了鞏固辛亥革命成果，祖父歸家，未住滿一月，又去西南和南洋爭取革命力量，一去又近半年。祖母想到三年中受驚擔怕的滋味，不禁對祖父遠行有些納悶，寫了〈寄外子南洋〉詩：

問君何所為，飄然走遠方。
若為百世名，斐然有文章。
若為千金利，妻子安糟糠。
南方瘴厲地，奚樂滯行藏？
出嫁為君婦，輾轉怯空房。
陽春驕白日，枉自惜流光。
朱顏豔明鏡，顧影只自傷。
獨坐不成歡，一日如歲長。

一九一七年四月，祖母生了第一個孩子，這就是我的父親章導。七月，張勳復辟，孫中山先生立即宣布「護法」。祖父天天「集議孫公邸中」商議護法大計，最後竟不辭而別，隨孫中山先生登艦南下，赴廣州宣布成立護法軍政府，孫中山先生任護法軍大元帥，祖父任護法軍秘書長。直到這些消息在報上披露時，祖母方知祖父出走了，她感慨地說了句「他真是有國無家！」她只好又一個人默默地挑起家庭的重擔，撫養出生尚未滿三月的孩子。祖父這次出走又長達一年零三月之久，行程一萬四千餘里，忠實執行著孫中山先生的革命主張。在這些分離的日子中，祖母無時無刻不擔心著祖父的安危。〈夜靜聞輪船汽笛〉，正是當時她這種心情的寫照：

夜靜濤聲遞遠空，江輪汽笛挾悲風。
懸知一片征帆裡，多少離魂在夢中。

徬徨與苦悶——「紛紛世事一枰棋」

一九一八年十月，祖父十分懊喪地回到上海，由於南方軍閥背叛了孫中山先生為首的軍政府，「護法」失敗了，孫中山先生也被逼出走，現實使孫中山和祖父都認識了「南北軍閥為一丘之貉」。革命不能依靠軍閥，但依靠誰來救中國呢？祖父深感迷惘。他早年投身革命，遭受七次追捕，三入牢獄，所見的只是滿清皇帝換了洪憲皇帝，張勳復辟，軍閥割據，環顧國事，面貌日非，民不聊生……。當年的同志，有的死了，有的當官了，有的消沉了，只有少數人還在苦苦奮鬥，目睹現狀，使他心灰意亂，竟憤然閉門杜客，陷入了深深的徬徨與苦悶之中。祖母同樣感到迷茫，而寫下了〈旅懷〉一詩：

紛紛世事一枰棋，自是魚龍溷跡時，
詩酒生涯甘落寞，亂離作客慣棲遲。
春風桃李清才盛，秋水蓴鱸故國思，
萬丈紅塵容小隱，端居陋巷雅相宜。

怎樣才能將水深火熱之中的祖國從貧困、苦難中解放出來呢？現實證明，中國資產階級革命家已是挑不起這副時代的重任了。但這個道理當時祖父和祖母是無法理解的。她在〈滿庭芳〉一詞中，表達了這種找不到出路的徬徨心理：

芳景初回，春人漸困，雨餘小院寒輕。落花如絮，香雪撲疏櫺。寂寞傷春舊事，都付與夢境詩情。雕梁燕，如曾相識，軟語訴飄零。
自疏慵已慣，香沉寶鴨，指冷瑤箏。盡低回往跡，何處堪憑？襟上酒痕和淚，青鏡裡，華髮星星，更休擬，量愁滄海，辛苦記平生。

一九二一年七月，中國共產黨在上海誕生，黨的第一次代表大會代表，大多數住在博文女校，並於該校舉行了開幕式。博文女校是受到祖父贊助，並由祖父唯一的女弟子黃紹蘭創辦的，校牌亦出自祖父手筆，祖父是博文女校的校董，而祖母則是博文女校的教務長。據黃紹蘭的女兒黃允中說：「章太炎的夫人湯國梨等人都支持該校工作。」（一大紀念館資料組：〈黨的一大代表活動地點之一——博文女校〉）祖母與黃紹蘭感情極密，該校又離當地我家僅一箭之遙，所以她還常帶了孩子（我的父親）去校中小住，與黃詩詞合唱。當然祖母和黃紹蘭都不會知道，這幾個以「北大師生暑假旅行團」借宿於博文女校的人，正在開始籌畫一個新的時代的大計，將要如此巨大地影響著整個中國的歷史！詩〈步蘭姊韻〉，就是當年與黃紹蘭唱酬的詩：

半窗殘月影蕭蕭，珠箔疏燈入夢遙，
盡有清愁借醞釀，還將雅謔解無聊。
言深可奈心難盡，恩重寧辭骨為銷，
搖落天涯芳草遠，卻拋情緒到離騷。

在「五四」運動影響下，婦女運動蓬勃興起。上海「婦女參政會」建立後，一九二二年十月又成立「女權同盟會」。祖母湯國梨也參加了當時的婦女運動。十月二十九日，「女權同盟會」經過八次籌備會，於江蘇省教育會召開了成立大會，到會者有四百多人，眾推湯國梨為臨時主席，並請她作了報告。她在會上提出「國家、社會、家庭方面，女子俱有與男子同等參與之必要」的主張。會上祖父及張繼、陳望道等相繼講演，認為「女權決不能與政治分離，辛亥革命，女子盡力及犧牲者俱不少，……蓋民國雖已十載，而真正民國尚未成立也，欲爭女權尚須為第二次之努力與奮鬥。」美國女權會代表柏小姐亦代表美國女權會來表示祝賀（均見《時報》：〈女權同盟會成立會記〉）。

動盪的年代——「亂世羈危去住難」

一九二四年，在孫中山先生宣導下，國共實現第一次合作。是年夏，祖母生下第二個孩子（即我叔父）。叔父天資聰慧，有「神童」之稱，深得祖母疼愛。一九四七年叔父去美國攻讀化學，後因海峽兩岸分裂，致使祖母從此再也沒有見到過他。

祖父自「護法」失敗後，由於對軍閥的本質還是認識不夠，開始附和所謂「聯省自治」的政治主張，其實還只是在上層官僚和軍閥中間尋求出路，結果軍閥們卻利用這個口號來達到他們擴展勢力的目的，於是各種政客和政治勢力紛紛來包圍他，利用他的聲望。在當年的北洋政府統治下的這種動盪年代，祖母無時無刻不為祖父的安危擔憂。當時我家住在老西門屠牛場附近，夜闌人寂，傳來陣陣宰牛的哀鳴，淒厲的慘叫，激起她寫了〈亂世〉這詩：

亂世羈危去住難，殘年情緒倍闌珊，
愁來酒味甘如藥，靜裡茶香郁似檀。
已自襟懷歸淡泊，還教離合作悲歡，
薰籠漸冷拋長夜，心比爐灰分外寒。

悲哀和失望，使祖父先前以革命家現身的一股銳氣漸漸消沉失色，與時代的步伐漸漸不合。軍閥趙恆惕請他去「主考縣官」，吳佩孚欲請他任「總參贊」，孫傳芳請他「主持投壺」……。這就是魯迅所說過的「既離民眾，漸入頹唐」，對於祖父一生是「白圭之玷」。

北洋舊軍閥換來了蔣介石新軍閥，祖父極力抨擊蔣介石。一九二七年六月十六日，國民黨上海市特別黨部發出「通緝著名學閥章炳麟」令，一九二八年十一月二十四日，又「呈請中央通緝」他。祖母為祖父的失望消沉而分憂，寫了〈獨醒〉一詩，云：

獨醒成何事，河清在幾時？
青春悲已逝，白髮恨難支。

填海心何苦，回天願亦癡，
持杯期一醉，贏得淚盈卮。

為了逃避追捕，祖父被迫藏匿，先躲在一家日本人的私立醫院裡，後躲在親戚家裡，關在小房間裡，百無聊賴，只好關起門來研究學問，使他遠遠地脫離了社會的政治現實。祖母用她行走不便的小腳，不時偷偷地跑去看望祖父，為他送去書籍和生活用品，安慰迅速衰老的祖父，替他分擔憂愁，過著提心吊膽的日子。祖母曾對我回憶這段歷史，感慨地說：「如果說前幾年是由自己的手築起跟時代隔絕的牆，如今則是由別人的手為他築起了與時代隔絕的牆。」祖父雖然墮入如此厄境，但他毫不妥協，不願投到青天白日旗下面去。這時祖母寫有〈旅懷二首〉，其一寫道：

烽火頻年苦求休，傷心怕上最高樓，
梅舒古豔仍春色，草長新痕憶舊遊。
故園湖山空繫夢，他鄉風月總生愁，
何時得遂歸田願，茅屋三椽一釣舟。

此詩反映了她一度產生過只好選擇退卻的思想，想去尋求「茅屋三椽一釣舟」的世外桃源，來擺脫冷酷的現實。

辦抗日傷兵醫院——「四海由來皆弟兄」

一九三一年「九．一八」和一九三二年「一．二八」的炮聲一響，祖父祖母不顧身處逆境，奮然而起，又為動員抗日而奔走呼號。祖父堅決反對蔣介石的不抵抗主義，與馬相伯等一再發出宣言，呼籲全民抗戰，並大力讚揚十九路軍淞滬抗戰的英勇業績。為了支持十九路軍抗日，祖母在祖父的授意下，與黃紹蘭、沈儀賓、趙敬若商議，決定籌建一所傷兵醫院，所需費用通過義演義賣籌集。義演那天，她先作演講，宣傳抗戰的必要，感謝大家的愛國熱忱。這次義演，得款可觀，然後在她堂兄湯再如的家裡（地點在康定路膠州路口如升里底的兩幢石庫門房子裡）辦了「第十九傷兵醫院」，院長請同德產科醫院院長李元善兼任，醫生和護士均由同濟醫院畢業生和廣慈醫院的醫生義務擔任，她自己則擔任總務之職。這所醫院一成立，即收容前線送來的傷兵，三天之中，病房全部告滿。院裡規定每天上下午查房，有些傷患由於傷巨痛深，時發脾氣，也有的為了伙食不合胃口，非難護士，護士亦多屬青年知識分子，個別人視送藥換藥為畏途，祖母乃帶頭偕護士查病房。醫院辦至戰事平息，先後接納傷患一百四十多人，僅一人因傷勢過重身亡（胡覺民〈湯國梨談章太炎〉）。

一九三五年北平爆發了「一二．九」學生愛國運動，祖父毅然站在愛國學生一邊，支持他們的抗戰主張和行動。當反動當局喪心病狂地鎮壓學生運動時，祖父憤然在報上電質當局：「學生請願，事出公誠，縱有加入共黨者，但問今之主張如何，何論其平素！」（章太炎〈致宋哲元電〉）這大義凜然的指責，不得不使宋哲元表「先生之囑，自當遵辦也」。（一九三五年十二月二十四日《申報》）「一二．九」運動很快得到上海學生回應，他們北上南京請願抗日，列車開到蘇州，雨雪載途，備嘗艱苦，還遭到國民黨潘公展等的誘騙鎮壓。祖父聞訊憤怒地向報界發表談話，「對學生愛國運動深表同情，認為政府當局，應當妥善處理，不應貿然加以共產黨頭銜，武力制止。尤其政府當局，教育當局，應對飢寒交迫之學生，負責接濟糧食，並沿途妥為照料。」（一九三五年十二月二十六日《申報》）祖父率先「派代表慰問，並囑縣長饋食。」（浙江圖書館《追悼章太炎先生特刊》）並立即責成祖母帶了食品趕往蘇州火車站，登車慰問愛國學生（吳錫成〈訪太炎先生夫人湯國梨〉），還派他的學生，攜麵包水果慰勞（沈延國〈記章太炎先生〉）。祖母代表祖父親臨車站慰問的行動，極大地鼓舞了愛國學生，但對於共產黨的認識當時畢竟還很膚淺，僅停留在愛國主義樸素的感情上，這從她的詩中可以看出：

造物以人為芻狗，同仇何事苦紛爭？
橫屍莫問誰家子，四海由來皆弟兄。

但這樣的認識很快在現實中得到提高。當時知名的愛國人士成立了「救國會」，而蔣介石當局竟將「救國會」領導人沈鈞儒、章乃器、鄒韜奮、李公樸、沙千里、王造時、史良等七人拘留，羅織罪名，關押於蘇州監獄。祖母不為個人安全生計考慮，四出奔走，設法營救，並經常去獄中慰問，聲援「七君子」的愛國行動，當「七君子」勝利出獄，祖母立即設宴招待他們。因此在祖母逝世後，「七君子」中還健在的史良同志聞訊立即發來唁電，悼念這位老友。

在蘇州辦學——「淑德揚風仰久長」

一九三四年，祖父在蘇州錦帆路購置了房屋，春天舉家遷住蘇州，但祖母的心裡時刻懷念著浙西的故鄉。雖然浙西在那時亦非一塊淨土，在她的詩裡依然充滿了對故鄉的熱愛，〈雜詩〉一首正是出自這種感情：

> 故鄉雖好不歸去，客里西風兩鬢秋，
> 不是陽澄湖蟹好，人生何必住蘇州！

祖父遷居蘇州後，辦了「章氏國學講習會」，參與發起的還有朱希祖、錢玄同、黃侃、汪東、吳承仕、馬裕藻等國內著名的學者，贊助人有段祺瑞、宋哲元、馬相伯、吳佩孚、李根源、馮玉祥、黃炎培等。祖母擔任了講習會教務長。講習會成立後，「各地學子，紛紛負笈來蘇，據學會中統計，學員年齡最高的為七十三歲，最幼的為十八歲，有曾任大學講師，中學國文教師的，以大學專科學生占大多數。籍貫有十九省之不同，住宿學會裡約有一百餘人。」（沈延國《記章太炎先生》）以後又辦了「章氏國學講習會預課班」，由祖母擔任總務長。講習會延請教師數十人，祖父亦親自主講，他系統地講了經學、小學、史學、諸子學、文學。又專門講解了《尚書》等古代文獻。為我國文化事業培養了一批學者專家，保存了民族文化的精華。並且用他熾熱的愛國主義精神薰陶了一批學生，有的後來走上了革命道路。祖父這些成就裡，也有祖母辛勤的汗水。她竭盡全力輔助祖父，她身為教務長，內內外外事情一肩挑，辛勤的操持，深得師生的愛戴。當年講習會學生湯炳正先生（今四川師範教授），在給我信中回憶道：「師母晚年，每遇諸生於堂前院落，輒喜小立敘談，其內容多為先師被袁世凱幽禁中之佚事。」又告訴我說：「每詣先師讀書樓問業，師母見之必殷勤為之先導，關懷後學，至情可感。」為此，湯炳正先生還特意寫了幾首詩來紀念我祖母。其中有「堂前小立見風骨，猶說先生革命時」，「愧我後生頻問學，殷勤引向小樓前」等句，正是記載了祖母當年的神韻。著名詩人和書法家蔣吟秋先生在先祖母謝世時，亦有過「大師講學稱賢助，淑德揚風仰久長」的輓聯，來讚美她在輔助我祖父培養國學人材上的貢獻。

「章氏國學講習會」開辦後不久，國民黨中央委員丁惟汾——祖父在同盟會時的老友，忽然來蘇州「代表中央」慰問我祖父，這是蔣介石故作姿態來拉攏我祖父，以收買人心。丁惟汾告別時，留下了一封信，內夾一萬元支票一張，說是「中央」給祖父療疾之用。面對蔣介石這一招，家裡一時亂了手腳，因為祖父絕不肯受蔣介石的錢，但公然拒之，必使蔣介石難堪，恐有災禍臨頭，怎麼辦呢？家人意見紛紛。這時祖母冷靜地說：「我看明天我們登個報，聲明將此款用於『國學講習會』作為助學金，豈非兩全其美？」祖父聽了拍案稱妙。第二天在報上聲明「中央」贈送的療疾費悉數充作講習會基金，凡經濟困難的學生均可享受免費教育。祖母的智慧，巧妙地對付了蔣介石。

祖父對祖母的才智，一直十分欽佩。祖父精研佛學經典，成《齊物論釋》，自稱「一字千金」，中國佛教會亦聘祖父為名譽會長。而祖母僅讀二年書，未能精研經典，卻與祖父談佛學，祖母說：「造物不仁，以萬物為芻狗，釋迦者不忍其酷，造說聚徒，而與之抗耳。」祖父聽了大異，躍然稱讚道：「知及乎此盡之矣！」在祖母詩作中有不少涉及佛學之處，很有她的見地。如〈與皇甫仲生談輪迴事有感〉：

為人已多事，有鬼更難休，
縱免沙蟲劫，能無猿鶴愁？
塵緣如可了，慧業不須修，
話到輪迴轉，愴然涕泗流。

後又有〈今自反之更得一律〉：

休道輪迴苦，人生實賴之，
世情常有憾，天道願無私。
因果若不爽，盛衰莫費辭，
何為求解脫，我佛亦頑癡。

為卜葬奔忙——「歸夢空隨一櫬還」

一九三六年六月，正當民族危機日趨惡化之際，祖父開始贊成建立抗日民族統一戰線主張，正欲促進國共第二次合作的時刻；疾病奪走了他的生命。這時五十四歲的祖母，毅然挑起了家庭和祖父遺業的兩副重擔。

在為祖父治喪時，按照浙江人的風俗，要在棺材內用綢覆蓋，並將綢子打成結，這叫「結爻」。一般「結爻」儀式是用一色的綢，但祖母買了紅、黃、藍、白、黑五種綢子，按五色國旗的順序排列在棺內，然後結爻以殮。當時在場的一些國民黨元老和學生，深恐此舉會觸犯當局，頗為擔心，因為當局正擬為先祖父舉行國葬，應用青天白日旗，現在用舊的五色旗深恐得罪蔣介石。祖母說：「五色旗孫中山先生也贊成過，為什麼不可用？太炎先生一生為辛亥革命勝利，為五色旗的誕生，出過力，坐過牢，而沒有為國民黨旗效過什麼勞，因而用五色綢為他結交，最為恰當，你們怕，責任由我負。」（見章導《憶辛亥革命前後先父章太炎若干事》）

大殮後，先祖父靈柩暫停於家中，祖母為了實現祖父死後傍葬於民族英雄張蒼水墓側的遺願，她邁著纏過的小腳，不知走了多少路，碰了多少壁。那時她寫下了一首詩，序云：「丙子夏四月，外子既歿，欲為卜葬西湖，攜奇兒（即我叔父章奇）冒暑去杭州，止於旅舍，萬感縈懷，有不能已於言者。」詩曰：

臨流清淚獨潸潸，逝水何心照舊顏。
慢說炎涼勞俯仰，卻看風月憶追攀。
攘夷已遂平生志，歸夢空隨一櫬還。
天與斯人埋骨地，故鄉猶有好湖山。

祖母為了繼承祖父遺業，首先把「章氏國學講習會」堅持辦下去，成立了「章氏國學講習會董事會」，自任董事長，並增聘了教員，使講習會維持下去。同時她主張「組織章門學術之團體」，擬將「寓址改為紀念堂」，建立「章氏藏書樓」，將所藏書籍陳列藏書樓以供後學參考（一九三六年六月十八日《蘇州明報》）。還積極將祖父遺著遺稿加以編纂，準備出版《章太炎全集》。

一九三七年秋，日寇入侵蘇州，「章氏國學講習會」被迫停辦，祖母率家流離，沿途備嘗艱辛，這期間她作有〈丁丑吟九首〉記載家中的浩劫，途中的艱苦。其中有一首描寫了蘇州遭日寇轟炸的慘景：

忽聞飛將下驚雷，畫棟雕梁付劫灰，
滿地江湖催客去，漫天烽火逼人來。
空城寂寞無雞犬，舊院淒涼盡草萊，
掩淚重尋池上路，清明於此記傳杯。

經過輾轉流離，終於到達上海，到上海後第一件事就是繼承祖父遺業，辦起了「太炎文學院」，校址設於五洲大藥房樓上。這時許多「章氏國學講習會」的教師與學生，以及滬上學子，聞訊紛紛入「章氏文學院」讀書，學生達百餘人。由祖母擔任了文學院院長，在研究我國古典文學和培養國學人材方面做出了積極貢獻。「太炎文學院」辦了一年多，太平洋戰爭爆發，上海淪於日寇之手，日寇在上海扶植了漢奸汪偽政府，要各學校向汪偽政府辦理註冊手續，祖母拒絕註冊，拒不承認漢奸政府，因而學校只得被迫停辦了。在深重的民族災難面前，在家庭和事業困危的情況下，她——一個孤弱的寡婦，不能不流下辛酸的淚，賦下了〈春草綠矣，感念外子〉：

春草發新綠，春禽囀清音，
念彼長眠人，黃土日以深。
黃土日以深，白髮日以短，
生死兩悠悠，淚盡肝腸斷。

峻拒一切引誘——「豈不慕高節，輝光仰日星」

在日偽統治時期，汪偽政府為了擴大它的影響，企圖利用我們家庭的聲望，拉祖母下水，派偽浙江省長傅式說（字築隱，是我家的一個親戚）出面遊說，先是誘我祖母出任偽職，繼又誘我父親出任浙江建設廳長，均被我祖母和父親嚴峻拒絕。他們又以關心祖父葬事為名，前來糾纏，說什麼日本天皇有國葬章太炎的意思，妄圖以此籠絡，均遭祖母堅決拒絕，祖母率全家遵循了祖父「設有異族入主中夏，世世子孫毋食其官祿」的遺囑，在漫漫長夜裡保持了民族氣節，維護了祖父的聲譽。〈五十八初度述懷〉正作於敵寇統治的長夜裡：

人生不滿百，忽焉周甲近；
少小已蹉跎，壯歲徒自奮。
富貴非所希，悠然懷高隱。

蒿目多喪亂，含志抱孤憤；
安得就林泉？天趣窺幽蘊；
雍容座吾歲，理亂勿聞問；
養親樂餘景，教子期窮經；
縱不為世用，先人有典型。
奈何丁世變，禹域皆膻腥；
田園既寥落，浮生若飄萍；
蒲柳悲早凋，松柏何青青！
豈不慕高節？輝光仰日星。

抗戰勝利，祖母熬到勝利之日，真是欣喜若狂，滿以為從此可以國泰民安，祖父的安葬和他的遺著出版都可以有指望了，可是現實使她很快失望。美帝國主義者取代了日本侵略者，內戰代替了和平，中國人民再度陷入水深火熱之中。祖父身後之事，當局達官貴人無一過問。絕望之中，有誰可以傾訴哀衷？何處可以尋求出路？四顧茫茫，只有痛號親人。〈重九追念外子二首〉，就是寫於此時，其一曰：

縱然碧落可攀登，欲叩天閽恐不應，
踏遍舊日黃葉路，西風眼淚欲成冰。

國民黨的倒行逆施迫使人民奮起反抗。「反內戰」、「反飢餓」、「反迫害」的呼聲響遍神州，祖母對這不義政府再也不抱任何幻想了，堅決不與這個獨裁政權合作。當時國民黨為了苟延殘喘，一會兒「大選」，一會兒「改組」，以裝飾門面，不斷變換欺騙民眾的手法。他們以「中央委員」為誘餌，企圖拉祖母加入國民黨，遭到了她的拒絕，他們又以「國大代表」來拉祖母出山，也遭到了她的拒絕。在國民黨逃亡臺灣前夕，他們還再三動員她一起到臺灣，甚至把我們一家飛機票也送來了。但祖母堅決不跟他們跑，她等待著光明，等待著一個新時代的降臨。

謳歌新中國——「長征萬里，煙雲盡掃」

「雄雞一聲天下白」，一九四九年五月二十四日，上海解放了，天終於亮了！那是一個雨天的清晨，六十七歲的祖母，牽著我的小手，走上街頭，她望著躺在潮濕街道上的人民子弟兵，她的眼睛濕潤了。

一九五〇年她回到蘇州，擔任了蘇南行政公署專員，一九五一年擔任了江蘇省和蘇州市首屆人民代表、江蘇省文史館員、蘇州市婦聯執行委員（以後歷屆均連任，直至去世後止）。一九五八年擔任了民革蘇州市副主委，一九六三年擔任了蘇州市政協委員；一九八〇年擔任了民革蘇州市主任委員。從新中國成立以來，她一直真誠擁護中國共產黨的領導，熱愛社會主義祖國，堅決走社會主義道路，積極參加各種社會活動，在黨的統一戰線政策的指引下，在團結民革成員及所聯繫的人士方面，發揮了積極作用。並經常寄情詩文，熱情歌頌偉大的祖國，以自己的切身體驗，宣傳只有社會主義能夠救中國的真理。詞〈滿江紅．祝建國十周年〉，正是她謳歌偉大的社會主義詩詞中的一首：

大業宏開，看祖國河山面貌，思往跡，長征萬里，煙雲盡掃。社鼠城狐都滅跡，民豐物阜人稱道。願蜉蝣，癡夢及時醒，回頭早。

東風勁，陽春到，紅旗展光明照。使歐非澳美，多來懷抱，截取崑崙均世界，滄波更抗狂瀾倒。祝萬方，歌舞慶和平，共產好。

一九五五年，祖母近二十年來的一個宿願——將先祖父太炎先生遺體安葬到西湖南屏山麓民族英雄張蒼水墓側——終於實現了。自祖父去世後，國民黨政府曾發布〈國葬章太炎令〉，卻成一紙空文，所以祖父靈柩一直暫厝於蘇州家的園子中。解放後，辛亥老人田桓將此事呈報周恩來總理，沒過多久，就得到周總理的親筆覆信，說：「你的提醒很好，這是件大事，我們一定要安排好。我已發函告訴江浙兩省隆重處理。」（冰夫、少沖〈我所認識的孫中山——田桓先生訪問記〉）周總理在信中還讚揚祖父「是一代儒宗、樸學大師，學問與革命業績赫然，是我們浙江人民的驕傲」等等，給了祖父很高的評價。於是祖父靈柩破例地得以安葬在西湖張蒼水墓側。該年的四月三日，在杭州舉行了隆重葬禮，數百名親友學生從四面八方趕來參加葬禮，所有費用都由國家負擔，這真是名副其實的國葬。這舊中國辦不到的事，新中國辦到了，這國民黨不願做的事，共產黨做成了。黨和人民的大恩大德，使祖母感慨不已，今昔對比，她用詩錘鍊出一句肺腑之言：「受恩容易報恩難」。

懷念臺灣親友——「何事有家歸未得」

祖母晚年，欣逢盛世，使她獲得了幸福的晚景。她的詩詞也一掃陰霾和憂鬱，她將自己的命運與欣欣向榮的祖國結合在一起，寫下了許多很有生氣的詩詞，今錄二首如後：

一

日上晴窗暖，開軒有好風，
鳥鳴深樹裡，人在百花中。
鴻潤思歸燕，雲高盼落鴻，
情懷何以遣？莫放酒杯空。

二

莫道春將去，郭原綠正肥，
滿園新竹子，一架晚薔薇，
生意且自得，行藏笑昨非，
漫勞車馬客，來款舊荊扉。

祖母晚年，極為關心臺灣回歸祖國，實行祖國統一大業，她深切懷念在臺灣的親友故舊，殷切希望他們為祖國統一做出貢獻。她經常撰寫對臺稿件，為臺灣回歸祖國，早日實現祖國統一的神聖事業做出了一定的貢獻。一九七三年九月二十三日她在給我信中附來了她生日之作：〈九十一歲初度，新知舊友同申祝賀，不禁遠念臺灣親友，慨然有作〉：

臺灣遙望路漫漫，故舊飄零亦老殘，
何事有家歸未得，魚書何以報平安？
祖國光輝舉世知，鄰邦節使競相馳，
輝煌奠定千秋業，半壁江山得幾時？
吾生九一今初度，閱盡滄桑幾度遷，
餘子紛紛零落盡，只留正氣在人間。

睦鄰愛國為天責，委婉依人性自羞，
功罪分明千古事，懸崖勒馬早回頭。

從〈五十八初度述懷〉到〈九十一歲初度有慨〉，歷史時針只走過了三十多年，但她從心裡感到是換了人間。面對海峽兩岸的分裂，她渴望祖國早日統一，也無時無刻不懷念遠在美國的兒子，盼望人為的分離早日結束，使骨肉團聚。〈望月有懷希墨〉，正是寄託了她這種願望：

淡淡明河影，橫斜一片秋，
誰將眉樣月，掛上柳梢頭？
旅雁應知候，啼蛩語自幽，
故園如可接，旦夕買歸舟。

在黨和國家的親切關懷下，祖母得享高壽，她九十四歲高齡還能作書，所作書件還參加中國書法家作品到日本展覽，九十六歲的書法作品，還在國內多處展覽，受到海內外好評，傳為佳話。她在高齡，還是耳聰目明，牙齒不落，尚能穿針引線，可以讀書作詩，還能嗑瓜子吃蟹，她參與國家政治活動，處處受到尊重，這樣的事只有在社會主義中國才有。她常常以自己豐富的經歷告誡我們說：「我經歷滿清、民國、洪憲、北洋、日偽、國民黨、共產黨，多少朝代，目睹先人夢寐以求的目標，在今天才得以實現，中國人已不再是東亞病夫，中國人不再受洋人凌辱，這說明共產黨偉大，社會主義好，你們要聽黨的話，走社會主義道路，這才不愧為章太炎的後代，這才是我的孝子賢孫。」

祖母為人慈祥正直，非常關心我們下一代的成長，經常用祖父的事蹟和新舊社會對比教育我們。她親自教我讀《古文觀止》和《唐詩》，我參加工作後，在她給我百餘封信中，無不充滿對我諄諄教導。

她常言人貴有志，「譬如作個曲，畫張畫，做首詩歌，要有群眾性、時代性、甚至要有世界性，要有將來性，那方始成功。這個談何容易，但立志的人，不是完全無望的，我們做不到，也要想得到，若使目光近視，只看眼前或一角，這是沒有前途了。」（祖母一九六三年三月七日家書）

她憎惡不學無術，告誡我說：「望你隨時接觸舊文學，益處甚多，到應用時，方信我言不虛也。……雖我們在新時代做人，似乎不必看重舊的，但是懂得舊，不難懂得新的。」（一九六三年五月四日家書）

在讀書內容上，她說：「你讀詩最好古體詩，勿讀近代的一些纏綿歌泣的作品，即使學到手，其格甚卑，而枉費精神。精神和光陰是人生最寶貴的，切不可浪費，幽思纏綿，是浪費精神的毒藥，一中此毒，良藥難治。」（一九七一年九月十二日家書）

祖母最重人的氣質，她說：「要把成敗看得輕……有些人稍為好一點，就得意洋洋，有點失意，就垂頭喪氣，此種人是最卑劣的。」（一九七二年三月二十三日家書）

當我向她請教做人的座右銘可選哪兩條，她毫不思索地回答道：「用耐苦耐煩和寵辱不驚，足矣！」

她最最討厭爾虞我詐，甚至對於我與我父親對弈，她也不喜歡，說：「何必父子勾心鬥角？」在她生命最後幾天，她對許多來探望她的人，一一翹起大拇指，屈動著表示謝意，而對一些一慣看風使舵的人，她一概不予答理。她不能寬恕狡詐。她也不能容忍坐享其成，曾作詩道：

偶步園林去，芳菲滿眼新，
始知看花者，不是種花人。

祖母不但是這樣教育我，也是這樣教育其他青年人。一九六四年，她已八十三歲，江蘇師範學院請她去講授唐詩，她欣然接受了，接連去講了多次。大學生們聽說一個八旬老婦登壇講學，紛紛爭來聽講，教室裡坐滿人，窗前也站滿了人。而祖母卻從容不迫，講解精闢，有條不紊，滔滔不絕，連稿子都不用，博得師生們一致好評。

一代女詩人——「吐盡絲還化蝶來」

祖母僅僅讀了兩年書，靠了她自己的勤奮，達到了較高的文化修養，在詩詞方面取得一定造詣，她不斷探索，積累兩千多首詩詞，這些詩詞，記載了一個世紀的時代變化，是很值得珍視的。祖母的詩詞，除解放前在雜誌上發表過一小部分和自印過《影觀詩稿》、《影觀詞稿》油印本外（這兩個油印本在今日已是難以覓得），大量作品未曾公開，所以對她詩詞上的成就，今人還較陌生，而在老一輩文人學者中已早有公論。如黃樸先生（黃侃先生的夫人）曾說：「先師（注：指我祖父）文高漢魏，詩尠近體，詞則絕不曾為，而大家（注：指我祖母）乃直己以陳，不屑師古，春風、紅豆、秋霞、明珠，觸目會心，都成絕唱。……體物緣情，彌臻佳妙，洵謂曠代清才，直與賀、柳並轡。」（黃樸〈影觀樓詞序〉）夏承燾先生說：「夫人詞婉約深厚，諷世移人，短章小令，胥有不盡之意，無不達之情。幾更喪亂，不以憂患紛其用志，取境且屢變而益上，其視太炎之治樸學，擇術雖殊，精詣蓋無二也。」（夏承燾〈章夫人詞集題辭〉）余岩先生在〈影觀詩集序〉中說：讀其詩集「如坐危岩臨絕澗而聆寒泉之咽，如入秋林而聽百蟲之號，如夜深山寂，杜鵑之啼月；如霜高風勁，孤雁之唳空。」鄭逸梅先生提到一件事：一九三四年春，蔣吟秋先生主持江蘇省圖書館事，館內有鐵骨紅梅一株，邀湯夫人往賞，「翌日，吟秋作了一詩，便通電話給湯夫人，且誦且作。湯夫人謂：電話稍緩掛斷，容我步韻一首。果然不數分鐘，步韻詩電傳吟秋，其敏捷有如此。」（鄭逸梅〈我與梅花共一家〉）步韻之詩錄如後：

東風消息故來遲，寒食梅花尚滿枝，
桃李相逢應有恨，輸他香雪獨矜持。
春衫初試越羅輕，南國東風正薄晴，
穠李夭桃齊妒煞，梅花香裡過清明。

對她詩詞上成就是否評價妥當，我想最好還是有待在不久的將來，她的詩詞稿得以付印後，由世人來評論吧！

粉碎「四人幫」後，祖母幾十年來另一個夙願——出版祖父全部著作，終於實現了。一九七九年，國家決定出版《章太炎全集》，出版社會同祖父學生和有關學者，專門來到蘇州，正式與祖母面洽了出版事宜，了結了祖母四十餘年來的一個最大心願，盡到了她對祖父的後死之責。多年來她為了保全祖父的遺稿，手跡、書籍、文物，不知花費了多少心血，誠如上海古籍出版社在她老人家去世後發來唁電所說：「太炎先生棄世後，湯先生為保護整理遺書，殫精竭力，夙為海內推重。」

一九八〇年二月和四月我回家時，她拉著我的手，還訴說自己再活一年要幹些什麼，能活二年要幹些什麼，倘活三年要幹些什麼；她還說：「你四十歲，我正好一百歲，我們合起來做個生日！」對生活她總充滿希望，正如她早歲之作〈春蠶〉所說：

春蠶不肯無情死，吐盡絲還化蝶來，
歷盡紅塵終不悟，此身只合化成灰。

一九八〇年七月，祖母因中暑，引起機體功能紊亂，致發肺炎，導致心力衰竭。一九八〇年七月二十七日清晨五時十分，她的心臟停止了跳動，在經歷了中國近代最動盪壯麗的九十八個春秋後，她靜靜地長眠了。

一九八三年七月
先祖母謝世三周年之際

我的父親

人人都有父親，哪怕是一個很不稱職的父親，畢竟也是父親，我血液中有著他的元素，有著跟他難以割捨的感情，從這一點講，人難逃出身的宿命，毛澤東時代執行的「成分論」也許是有它的道理。我一生跟誰都很少提及父親，彷彿我是從石頭中蹦出來的，天生沒有父親。我父親毫無疑問是我們章太炎家族的一個悲劇，也是我一生中的一個傷痛。

我父親是一九九〇年去世的，我與兄弟姊妹將他的遺物整理成二十八個包裹，由我作了分類登記，然後將他火化了，安葬了，鎖上了他臥室的門，我帶著這二十八包遺物登記簿，回到了自己上海的家。二十五年了，我再也沒有回過蘇州的家，當然也再也沒有踏進過他的臥室。對他來說，我不僅僅將他遺體安葬了，也將他在我心裡深深地埋葬了！我不想因為他再煩惱。現在我漸漸老了，過去發生的一切都歸於了平靜，而我父親這個名字，關於他的往事卻常常突然會跳到我的眼前……，我知道我無法完全忘記他，他畢竟是生我之父。

我父親是祖父的長子，生我父親的一年祖父已經五十一歲了，祖母也三十多歲了，而且是第一次生育，可謂老來得子，尤其金貴。何況祖父已顛沛了大半生，經歷了戊戌變法、辛亥革命、二次革命、護法運動，他作為這場資產階級革命的領袖，作為革命的宣傳家與代言人，聲望正隆，他又作為一名公認的國學大師，桃李滿天下，家中總是賓客盈門，車水馬龍。父親正是誕生於此，是在萬人愛寵之中成長起來的，從小享受著常人沒有的寵幸。祖父雖然沒有精力管教孩子，但心裡著實喜歡他，給我父親取名章導，字夷吾，小名阿導，希望他像王陽明一樣將來大有作為。而祖母則將父親寶貝得沒有了個辦法，含在嘴裡怕熱，吐出來怕冷。家裡大小傭人跟班，都是「大少爺」長、「小少爺」短，圍著他轉。

父親從小就不知道什麼叫苦，出門前呼後擁，吃穿精不厭精，親戚朋友流傳著一句俗語，叫「福如阿導」，即說人若有福，就像章導。當初我們家庭不算大富大貴，畢竟是文人，但家中當差與保母也有數十人。民國時期的文人，如祖父弟子朱逷先教授，可置房幾十間，藏書二三十萬冊；又如弟子魯迅，生活都不是貧困的，生活水準遠在一般人之上。而今人故意將祖父寫成貧困的，時常「繳不出房租」，別人送他一點「臭腐乳」就可以換他好幾張字……。這完全是以今人的眼光來醜化昨日的知識分子，把他們統統描寫成「窮、迂、醜」，其實民國時期大知識分子並不窮困。祖父晚年在蘇州置房二處，一處在侍其巷，一個大花園加大屋一幢，取名「雙木草堂」；另一處在錦帆路，二幢大洋房加一個大花園，又辦了「章氏國學講習會」，造教學樓一幢、宿舍樓一幢，招生七十多人，完全是私人辦學免費教學。父親就是在這樣環境下成長的。

父親從小養尊處優，但我們家庭畢竟是最有文化與教養家庭，是一個極講規矩的人家，祖父請了國學根底極好的孫世揚（鷹若）先生當他的啟蒙老師，給了他極正規的傳統教育。祖父本人雖然沒有多少時間教子，但祖父還親給父親教授了《新三字經》。《三字經》是傳統的歷史教材，但祖父認為它的內容太陳舊了，尤其經歷了辛亥革命，有了新歷史觀，應該重訂《三字經》，於是他親撰了《新三字經》，並親授父親，還讓父親當一回「責任編輯」，在出版《新三字經》時寫了「章太炎改編，章導校訂」。這是他們父子唯一的一次「學術合作」。在

「一．二八」以後，日寇侵華腳步加快，國有淪喪之虞，祖父憂文化滅頂，急於保存國學種子，用他最擅長和規範的小篆書寫了四冊《千字文》，並親授父親，讓子孫識字知史。五十年後，父親將這四冊《千字文》送上海書畫出版社印刷出版了。

祖父一九三六年去世，父親並沒有繼承他的國學，而是在上海大夏大學讀了土木工程學。畢業後，儘管在我們親友中不乏「高官」，有一位還是「浙江省長」，他們以「建設廳長」偽職誘父親投日，但父親恪守祖父遺訓，堅決不肯充任任何偽職。抗戰勝利後，他隨祖父一位弟子——國民黨工兵部長工作，在南京國防部任中校技正，從事築路修橋土木工程。一九四九年後，他先在鐵路局工作，後從事經商，結果資金被「朋友」騙走，進口的物資也被海關沒收，還被判刑十五年，從此被勞改，加上他的出身、經歷、社會關係，一直在服刑，使他一直被專政到「文革」結束後，雖一度假釋在家，就地接受改造，算起來先後被專政近三十年。

我自知事起，就知道我有一個被「專政」的父親，有一個與我母親離異與再婚的父親，他是一個不在我身邊的人，一個遙遠而陌生的父親。他帶給我的是沉重的家庭出身的包袱，而處處受到歧視；他帶給我的是一個「支離破碎」的家庭包袱，而備受心靈煎熬。

父親是一個「公子」，他長得氣度軒昂，高大挺拔，他從來不缺錢花，家裡有他變賣不盡的東西。他大度慷慨，即使他假釋在外，在街道接受就地改造，他幹的是最髒的活，拉的是最沉重的大板車，但他的同事與街坊每天都能抽到他派發的菸，而且還都是牡丹牌。他白天拚命改造，晚上回到家中，總不缺好飯好菜，不缺來蹭飯的狐朋狗友。他即便在逆境中，穿得再隨便，但還是鶴立雞群，顯得與眾不同，沒有一點落拓，沒有一點猥瑣。他花心，感情不專，為此母親與他分手，他風流，但並不下流。他年輕時割闌尾炎不淨，後又患膽囊病，從此依賴「度冷丁」，到了老年，近乎成癮，將家裡財產耗盡，說他是一個敗家子並不為過。

有人說，人就是神與鬼的化身，無我時是神，有我時會成鬼。父親有魔鬼附身的一面，但有時也有神似的一面。他很正直、忠厚，從不說謊，做事認真，他從小苦練「二王」字體，至老寫得一手好字，一字不苟。解除專政後，他在一個單位從事土木建築，從設計到施工，從不馬虎，這是有口皆碑的。不管勞教中還是工作中他做事從不馬虎，一點一畫，似乎忘了他是一個「有問題的人」。他極孝母親，每回家，必先到母親面前請安，早晨離家必向母親辭行，一切總先想到母親。母親去世了，他戴黑紗，整整三年，從未卸下過一天，可謂世無二人了。當時家中花園中栽著多株蠟梅，花店老闆想來剪枝，出價五千元，這數在八〇年代不菲，但他卻拒絕了，他說梅花是母親心愛之物，賣了母親魂歸無著了。他不支持我從事祖父的研究，生怕我搶了祖父餘蔭，而杭州要建立祖父紀念館，他卻將有關祖父的八千多件文物都捐贈了。祖父留有一批珍貴藏書，大多都有祖父眉批，有個大學圖書館多次來動員他捐贈，他禁不住人家爛纏，統統捐給了人家。祖父留下不少墨蹟，人家只要對他多講幾句好話，他都會慷慨相贈。他太需要被尊重了。晚年，他被解放了，在蘇州「民革」當秘書長，又當了蘇州市政協專職副秘書長。當時各單位大辦公司，他拿出了數萬元支持政協辦公司，這是大家都知道的事情，但他去世後，我們打開他辦公室抽屜，竟一分錢也沒有了，不知他的錢給誰用了，他也不講，這事也就不了了之。他臨終，統戰部讓他立個遺囑，他僅囑我們子女「要熱愛這個祖國」！說了他一生中最政治的一句話。

我們父子之間很少互動，甚至沒有說過一句推心置腹的話，儘管他多數時間處於失去自由的歲月，但我們父子之間仍保持著一種「父道尊嚴」。我們子女偶爾回家與他相見，他總會忙進忙出，去買許多好吃的東西招待我們，在我們身邊莫名地走來走去……，興奮之態溢於言表。

父親完全是他這時代的產物，既是舊社會的犧牲品，又是新社會的犧牲品，在他身上留下了舊社會、舊傳統、舊文化、舊道德的種種烙印，又帶有新社會鬥爭、改造、運動、株連、專政的斑斑傷痕，他半是人半是鬼的活了一世。這讓我想起另一個與他同時代很類似的人，這就是邵美洵。他倆都是大家子弟，同樣的貌美，同樣的豪爽，同樣的荒唐，同樣的認真，同樣的坎坷，同樣的不幸，同樣的不是一個壞人，他帶有太多舊社會的痕跡，又與新社會格格不入！這樣的人生，這樣的悲劇，也許同樣不屬於他們個人。

二〇一五年三月六日

先父誕辰九十六歲前夕

我的母親

一輩子寫了不少文章了，卻從來沒為母親寫過一丁文字，實因母親在我心目中太神聖太偉大了，我不知該怎麼去描繪她。

母親姓彭，望字輩，名湰。一九一八年十二月二十七日出身於蘇州葑門尚書第彭家，這是蘇州最大最老的望族之一。尚書第又叫尚書里，東起相王弄，西至葑門，磚橋西南，南至南園，十全街的整個南側，這麼偌大一個區域，都是彭氏祖產。歷史悠久的文化名城蘇州，一共出過二十二個狀元，而其中十三個就是出在葑門彭家，其中包括唯一一對祖孫同為狀元的「祖孫會狀」，也是出在彭家。清光緒皇帝的老師翁同龢也是出於彭蘊章大學士之門。因此彭家又被稱為「尚書第」，迄今這個門樓與匾額仍被作為文物保存如故，門樓左前方有座平橋，原是一座拱橋，人稱「磚橋」，在民國之前，任何文武百官到此，文官下橋，武官下馬，百姓繞行，以示對「尚書第」的敬重。母親就出身在這個官宦書香的家庭之中。

「尚書第」分舊宅與新宅兩大區域，「舊宅」又叫「旗杆里」，內有「味初堂」、方廳、祠堂、「環蔭廳」、住房、柴房、花園等。「新宅」有七進：第一進為偌大的門房，包括碼頭；第二進是轎廳，周圍豎著許多金字紅牌，叫「行牌」，有「祖孫會狀」、「兵部尚書」、「五子登科」……等，顯示家庭的榮耀與顯赫；第三進是大廳和一個三層的樓房；第四進是一座二層的樓房；第五進是一排叫「東井軒」的平房；第六進是一排叫「蘭陔堂」的平房；第七進是一個小廳，上面是佛樓。在這後面是後花園，有著許多果樹與假山。母親就是出身於斯，置身在寬暢、顯赫、書香、富有的大家庭之中，在這環境中嬉戲、薰陶、讀書、成長。

彭氏家屬以詩書禮儀傳家，清廉自守，除了尚書里一片住宅外，別無置業。到我母親這一代，家庭已中落，只好將不少房屋出租給外人居住了，但仍然辦著義校，叫「彭氏小學」，由我的外公彭元士當校長。外公是最後的舉人，一個正派的讀書人，後擔任雲南大學圖書館長，當時彭氏大家庭也是他主管。俗話說「腹有詩書氣自華」，母親就是在這樣環境下長大，故氣質自華，是標準的大家閨秀。

母親有兄弟姊妹七人，長兄早夭，中間是姊妹五人，最後還有一個小弟弟。「五姊妹」一個個天生麗質，一個比一個漂亮，我母親排行老三，人稱「五朵金花」，活潑可愛。尤其大姊二姊三姊，年齡相近，同在「彭氏小學」讀書，後又一起進「振華女中」讀書，她們同進同出，擠在家裡包車上，無憂無慮，一路歡聲笑語，引得街坊都投去了羨慕的眼光。有的鄰居為了一睹這「五朵金花」芳容，專門等在街上，看著她們走過。俞明先生曾書過一部專門敘述這五姊妹早年的生活傳記，叫《尚書第舊夢》，生動的描寫了這一段真實歷史，勾起人們無窮的憶舊。

如今尚書里已蕩然無存了，除了保留了一個「尚書第」的「古跡」門樓外，只剩下一些零星的太湖石散落在四處，已無舊跡可尋。我小時候曾跟母親去過尚書里省親，住在一個平房中，周圍有太多太多的大樹，有一天，風雨交加，雨點打在屋頂上，這聲音我迄今無法忘懷，我偎在母親懷裡，這一幕迄今如在眼前。

站在十全街看彭氏五姊妹的人群中，有一個住在「尚書第」隔壁的「李家花園」的主人，即北洋政府的「代總理」和「農商總長」、政學系領袖、雲南講武堂校長——朱德元帥和蔡鍔將軍的老師——李根源先生夫人，她實在喜歡這「三姊妹」，最後她實在忍不住了，親往「尚書里」彭宅提親，要求將三姊妹中任何一位嫁給她在黃埔軍校的兒子，這是一門門當戶對的婚姻，於是我母親的二姊嫁到了「李家花園」。我母親的大姊最後嫁給了雲南才子——龍雲的秘書，省議會議長。而我母親嫁給了「開國元勳」章太炎的兒子。我母親四妹嫁給了一個建築師又是銀樓的老闆。我母親的五妹嫁了一個民族企業家。蘇州彭家五姊妹的故事，一點不遜色於「合肥張家」四姊妹。

但這五姊妹以後的命運之坎坷，則勝過了「合肥張家」四姊妹了。我母親的大姊夫最後與龍雲在雲南和平起義，解放後任雲南省副省長，真誠擁護「新社會」，但一九五七年與龍雲一起被打成「龍龔反黨集團」，成為雲南最大「右派」，至死沒給「脫帽」。我母親的二姊夫，參加過援緬遠征軍，當過蔣介石的「少將侍從」，解放後作為「反動軍人」被看管。我父親解放後基本在「關押改造」。我母親的四妹夫一九五七年也成了「大右派」，嬌嫩的四妹在北京靠幫人洗衣為活。我母親的五妹夫，命運最好，雖歷屆運動不斷被批，只被打斷了三根肋骨而已，沒戴什麼致命「帽子」。母親這些婚前與婚後經歷，造就了她的性格、氣質、精神、思想。

母親在振華女校畢業後，與柴競雄等要好同學利用暑假常去錦帆路「章氏國學講習會」聽各種國學講座，同時也是仰慕章太炎的巨大名聲去一窺手采。母親很有文學天賦，會寫劇本，編詩詞，也寫得一手好字。這時我的父親在上海大夏大學讀書，暑期也回蘇州度假，也常會去講習會走走，他從人群中看中了氣質不凡才貌出眾的我的母親，於是要我的祖父與祖母去提親。祖父便託李根源先生去作媒。李根源先生對此事再高興不過了，因為這時我母親的二姊已成了李家媳婦，而且李根源與我祖父晚年義結盟兄，促成這樁婚姻也可親上加親了。於是，這樁婚姻事一拍即合，在一九三五年元旦就在蘇州辦了隆重婚禮。

母親與父親的婚事，成了祖父晚年最高興的事，從此他有了一個完整而平靜的家。祖父非常喜歡這賢淑的媳婦，他給我母親取了個新名，叫彭雪亞，意在不忘雪恥。母親就此用這名字，直至去世。祖父平時很少講話，也很少有笑容，但自從娶了這媳婦，他多了笑容也多了說話。祖父平時不輕易去兒媳的樓房，但每月的初一，他必親自去看兒媳一次，笑盈盈地送上十元零花錢，爾後又興沖沖地走了。他把這送「零花錢」看成是自己的一件愉快的工作，直至去世。

母親婚後不久懷孕，祖父更是高興，讓家裡人早早做好嬰兒四季衣被。次年春天，母親分娩，但嬰兒長得實在太大了，竟窒息而死，讓祖父感到非常惋惜。同年六月，祖父去世。母親與祖父一起生活了一年半，這段日子對母親來說，是最美好的光陰。祖父對母親來講是最敬重最親切其影響最大的一個人，深刻地影響了母親的一生，她一直以自己為太炎先生的兒媳為榮。所以她把自己生的第二個孩子，取名為章念祖，要我們永遠不要忘記自己可敬的祖父。哪怕以後祖父被醜化為「地主階級反滿派」、「資產階級祖師爺」，母親也不改對祖父的崇敬。

祖父去世後，蘇州也淪陷了，母親從此隨祖母流離到上海。這時我父親大學畢業後，尊祖父遺囑，不仕汪偽政府，去做生意，經營一家保險公司，從此結交了不少不三不四的三教九流，學會了應酬，母親對此很不高興。但我祖母很溺愛兒子，說兒子再荒唐，你總歸是明媒正娶的大老婆，而我母親卻不願當這樣的「大太太」。抗戰勝利後，父親去祖父的一個學生——當時國民黨工兵部長手下工作，當了一個「中校技正」，天天在南京國防部上班，這雖與他學的土木工程建築專業相合，但夫妻基本兩地分居了，父親則更沒人管束，風流傳聞不斷，母親更加壓抑。於是她決心走出去做職業婦女，要自力更生。我的外婆有個親戚正好在中國銀行工作，他就是張嘉璈，於是安排我母親去了他的銀行工作。

一九四九年大陸解放了，提倡男女平等，母親毅然決定與父親分手。在與我父親離婚不久，父親就進了監獄，一判就是十五年，母親隻身帶了我們四個子女成長，將我們一個個拉扯成人。

母親與父親離婚時，只有三十三歲，仍年輕美貌，很多人都來給我母親提親，她一概拒絕了，她怕我們孩子受委屈。「組織」上更是一再給我母親作媒，要她嫁給「某領導」、「某上級」，母親更是一概拒絕。拖了多年，母親不堪其擾，找了一個最最普通的同事結婚，這個同事連自己住房也沒有，還要住到我們家中，母親卻認為這樣的人比較老實聽話，不致對我們有什麼不利。以後我又有了一個弟弟。

解放後，中國銀行不斷地調整，將成分不好的，社會關係複雜的，統統清出銀行系統。母親原在中國銀行上海分行人事部工作，後被「請」出了銀行，將她分配到淮海路上一個著名的「老松盛」飯店當「中方副經理」。說是「副經理」，幹的工作與服務員沒有任何區別，天天給顧客送菜、端飯、抹桌、掃地，成了一個標標準準的飯店服務員。但母親總是努力工作，逆來順受，居然年年被評上先進，甚至還當上過上海市「三八紅旗手」。這對一個「尚書第」彭家的小姐，一個「國學大師」章家的兒媳，真是脫胎換骨的。

母親在這個崗位上一直工作到退休。

母親坎坷經歷，但她始終堅強面對。她沒有變得庸俗，沒有變得低人一等，自暴自棄，低三下四，她的工作是低等的，內心是充實而高等的。母親總是把家庭搞得像模像樣，星期天還總歸不忘買幾枝鮮花。

她要拉扯我們這麼多子女長大，她幾乎沒有給她自己添像樣的衣服，而我們始終有像樣的衣穿。母親那怕用一塊最普通布做成的衣服，穿在她身上總是特別好看。吃飯時，她總說自己有很多東西不愛吃，吃雞時，她總說她只愛吃頭頸，其實她是省給我們吃。三年自然災害時，她把飯店給她的一份菜，總是帶回來給我們吃，我是吃著她省下的「黃豆骨頭湯」走出了災年，而她始終與其他服務員一起吃著顧客剩菜而過來的。

母親她什麼苦都吃得起，樣樣苦活重活都會搶了幹，許多親朋好友到「老松盛」吃飯，見到我母親在當服務員，都異常驚訝，說：「這不是三小姐嗎？」但母親卻不卑不亢，大家都誇獎她是一個「有城府的人」，一個「有資格的人」。

母親除了堅強以外，就是善良。不管別人怎麼對她，她總以德報怨，從來沒有見她與人吵架過，更沒有聽她議論過別人的不是。古人說：「小人常戚戚，君子坦蕩蕩」，她從來是坦蕩的，她的出身與經歷，決定了她的胸襟，所以貴族氣質絕不是可以冒充出來的。

我結婚後與母親生活在一起，母親與我內人相處了二十多年，竟從來沒有紅過臉，更不要說吵架了，這在「新社會」是十分罕見的。為此街道準備上報，評我們家為「靜安區婆媳和睦的好家庭」，母親認為這一切都是平平常常的，是應該的，沒必要參加評選。

每逢寒暑假，她總會給我們錢，讓我們回蘇州看祖母與父親，而我們都知道他們是有負於她的，但她不記恨。「文革」結束了，我沒了「家庭出身成分」等包袱，可以自己選擇人生了，有好幾個工作在歡迎我去從事，包括去社科院歷史研究所從事祖父《全集》的整理出版，這是一項無比艱難的工作，我又沒有學歷，到一堆高學歷的專家之中，我會很吃力。但母親認為家裡沒有一個人從事祖父學說研究，我應該去彌補這缺憾，所以鼓勵我去從事這項工作。她是一個多麼識大體的人。

母親無微不至的照顧了我一輩子。我從小體弱，又沒機會讀大學，開始只是做一個民辦小學教師，後來教中學，收入極低，地位更低。「文革」後進社科院，為職稱與學歷，我幾乎沒有好好休息過一天。所以她作為五個孩子的母親，要一顆心掰成五份，但她對我的照顧總要比別人多一點，她對我的喜歡也總比對別的兄弟姊妹要更多一點，因為她相信我是最棒的。我確實也沒有辜負她，從來沒有讓她為我汗顏。我從一個小學教員成為一個三級教授，我從一個「黑五類」子弟成為市政協常委、市政府參事，成為中央多個部門諮詢專家或顧問，這都是母親教誨的結果呀！

母親從小耐心教育我，給我朗讀各種故事，她生動的朗讀讓我記憶至今，她讓我學做一個勇敢的人，一個善良的人，一個以祖父為榮的人。我每取得一份成功，她都會為我由衷高興，這種高興就是一種巨大的鼓勵。而她從不鼓勵我們子女有任何非法所得，她讚美誠實的勞動。我不會忘記她燒給我吃的每一道菜，尤其我不會忘記我小時候最愛她燒的「蓋澆飯」。母親養育了我，培養教導了我，讓我知道堅強與善良，讓我受益終身。

母親沒有其他嗜好，她只喜歡抽菸，悄悄排泄她心底的煩悶，她會在無人的時候，點上一支菸，慢慢地優雅享受，所以她的心血管受到了影響。二〇〇九年十一月一日的清晨，她照例早早起床上洗手間，然後再回床躺上一回。但這天她睡下後，再也沒有起來，她突感不適，大聲呼喚著我的小名：「小午，小午！」然後再也沒有說過話。我弟弟聞聲跑到她面前，她已昏迷不醒，我趕到後，將她送醫，終因小腦大面積溢血，於當天不治。

母親臨終的最後呼喚仍然是我，可見我在她心目中的位置。我不知慈母最終呼喚我，要告訴我什麼，或要叫我做什麼？我一直在想這問題。母親，無論您要告訴我什麼，無論您要我做什麼，我都會無愧於您！

當我邁入老齡，寫下我的祖父，我的一家，將這段真實的歷史告訴後人，讓天下正氣，永存天下。我就是不想辜負母親對我的期望！請允許我將這一本書獻給天上的您——我最愛的母親！

二〇一五年九月二十六日

章氏家族譜系

十四世

章曉湖（鑒）[1]

十五世

1825-1890

章輪香（濬）[2]

朱氏

十六世

章炳森（籛）椿伯

孟氏

1865-1930

章炳業（箴）仲銘

仲 氏

1896.1.12-1936.6.14

章炳麟（枚叔）太炎

王氏 1892-1903

湯國梨 1883.9.25-1980.7.27

章炳芹 1903-1980

張蔭椿

十八世

章慰祖 1928-
何麗珍
梁　氏

十七世

1909-1985
章恆年
許玉輝

章述祖

章僅祖

章炳森（鑀）椿伯[3]
孟氏

1897-1992
章叒（棣棠）[4]
關浩然

1928-
關壯濤

1903-1980
章炳芹[5]
張蔭椿[7]

1903-1980
張大壯[6]（養初）

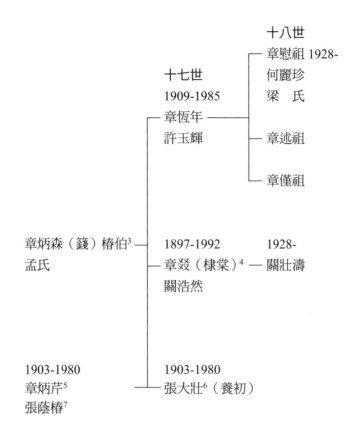

1865-1930
章炳業（箴）仲銘
仲　氏

鄒氏
鄒××
鄒明達

十七世

- 章恆年（過繼給大伯父）
- 1907-1977
  章鼎（錄君）
  傅式說（築隱）[8]
  -1946
  - 傅德候 1932-
  - 1930-
    傅元朔
    唐佩弦
    1930-
    - 唐　東
    - 唐　方
    - 唐　紅
- 1904-1960
  章頤年（仲子）
  沈昭華
  1907-1987

十八世

- 1930-
  章希博
  呂夙琴
  1934-
  - 1957-
    章為民
    1958-
    渠建華
    - 1986-
      章程建
  - 1963-
    章為真
    1963-
    寧兆田
    - 1991-
      寧馨兒
- 1932-
  章希健
  鄧慧芳
  1937-
  - 章勤良 1961-
  - 章勤新 1966-
  - 章震宇 1969-
- 1934-
  章希知
  1930-
  唐　湖
  - 唐慧敏
    1964-
    1965-
    鄧東升
    - 1993-
      鄧佳昕
- 1937-
  章希平
  陳祖烈
  1935-
  - 1970-
    陳　准
  - 陳　捷
    1974

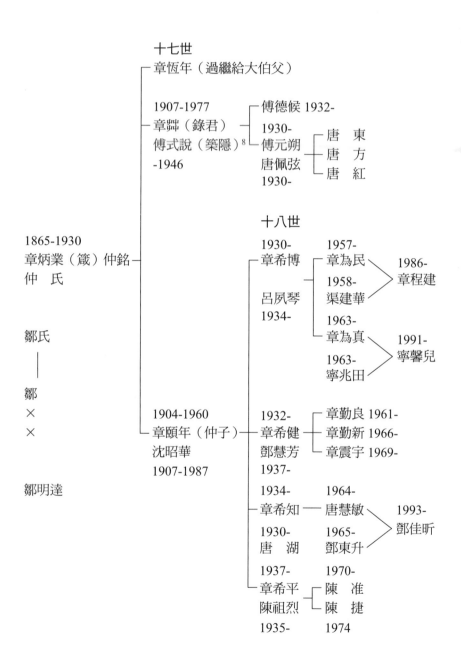

十六世

王氏 1892-1903

1896-1936
章炳麟（枚叔）太炎

1883-1980
湯國棃

十七世

1893-1915
章㸚（蘊來）[9] —— 無後
龔寶銓（未生）[10] 1886-1922

章叕（過繼給大伯父）—— 關壯濤（養子）
關浩然

1899-1973
章㠭（穆君）[11] —— 1925-1948 朱振玉（貝貝）[12] —— 1947- 鄒立人
朱鏡宙（鐸民）[13] —— 鄒國靖[14] -1946

1890-1985
薛 氏 —— 朱維城

1924
章 奇（子抗）大可[15] —— 無後

彭望湰
章 導 —— 章念祖、章念輝、章念馳、章念靖

魏憶玉 —— 章念翔

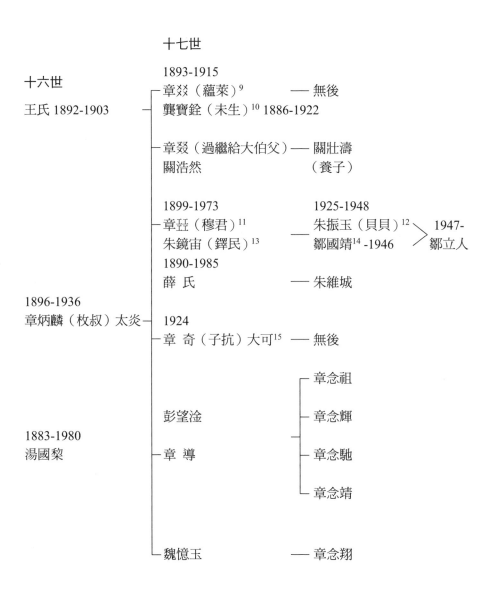

十八世　十九世　二十世

- 1883- 湯國梨（志瑩）影觀
  - 彭望淦（雪亞）[16] 1918-1998
  - 1917-1990 章　導[17]（夷吾）大可
    - 1938- 章念祖（阿難）／ 曾玉清 1935-
      - 1964- 章明昭／謝　惲 1965-
        - 賈雨濤 1989-
        - 謝章乾 1997-
      - 章明傑 1966-／于艷艷 1974-
    - 1940- 章念輝（阿月）／ 陳光耀 1934-2008
      - 陳松雲／陳建軍 1959-
        - 陳雪倫 2003-
      - 1970- 陳松偉／王冬梅 1972-
        - 陳凡欣 1995-
    - 1942- 章念馳（小午）／ 周錫瑛1941-
      - 1974- 章明徠／周國榮 1972-
        - 周睿章 2007-
    - 1945- 章念靖（靖靖）／ 孫大裕1946-
      - 1971- 孫　煦／顧燕萍 1971-
        - 孫育雷 1998-
      - 孫　昉 1978-
  - 魏憶玉 1919-1986
    - 章念翔 1953-／樊水華 1956-
      - 章明珠 1979-

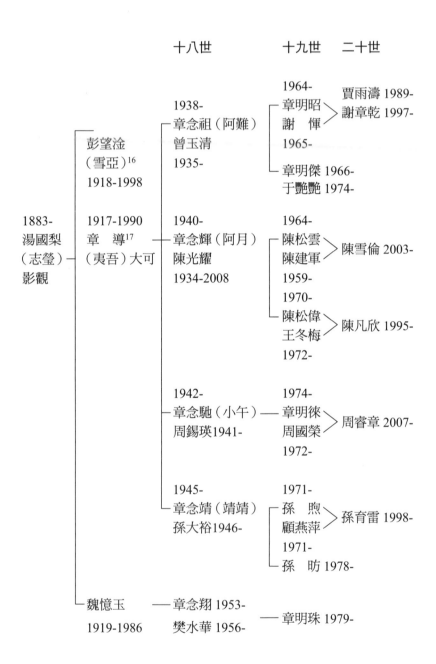

注

1 章太炎祖父，章氏第十四世，家有六兄弟，排行老六，故人稱「老六房」，國子監生，「蓄宋、元、明舊版本至百千卷，日督子弟講誦」，「以妻病誤於醫，遍購古今醫家書，研究三十年。初僅為親屬治病，輒效」，太平軍起，戰火至家衰，「行醫為活」，「藥不過三、四味，曰少則專，多則牽制也」。清同治二年卒，年六十二。

2 章太炎父親，章氏第十五世。弟兄四人，僅存活他。廩生。「家多藏書，得恣誦習」，但財產已無多，「獨田一頃在耳」，曾在杭州府知府譚鍾麟處作幕僚。「晚歲里居」，親教太炎及章箴讀書。「平生長於醫，為人治病輒效」。他立《家訓》，囑「妄自卑賤，足恭諂笑，為人類中最庸下者」，要子女不得對清廷卑躬相事。他臨終囑死後入斂，只准穿漢、唐、宋、明相沿的「深衣」斂，不得穿清服，謂「吾家入清已七八世，歿皆用深衣斂，吾雖得職事官，未嘗詣吏部，吾即死，不敢違家教」。清緒十六年卒，年六十六。

3 章籛，章太炎長兄，清光緒壬寅浙江鄉試舉人，曾輔導過章箴和章太炎兩弟讀書，由於沒有生育，所以將章箴兒子章恆年，以及章太炎的女兒章叕，過繼給他作為子女。章恆年與章叕隨大伯父生活。

4 章叕與關浩然也沒有生育，領養一孩子叫關壯濤，關壯濤一九四九年隨國民黨去臺灣，據說曾任台中海軍司令。

5 章炳芹，章太炎胞妹，生卒年份不詳，僅在祖父〈先曾祖訓導先祖國子君先考知縣君事略〉一文中有一小段文字記錄：「次炳芹，女，適同邑張蔭椿，清光緒癸卯進士，鑯分度支部福建司主事」，後在上海愛儷園工作，任抄寫工。

6 張大壯，我祖父唯一外甥，上海畫院畫師，著名花鳥畫家，詳見拙作〈章太炎和張大壯〉。

7 民國期間在愛儷園工作，後失業，生活靠我祖父等接濟。

8 傅築隱，曾任偽日浙江省省長等，一九四六年被鎮壓。

9 章太炎長女，曾隨父親流亡日本，辛亥革命後，父親被袁世凱囚於北京，入京伴父，對生活過於失望，自盡。

10 章太炎女婿，浙江秀水人（今嘉興），一九〇〇年肄業於秀水學堂，因反對美國傳教士而罷課退學，一九〇二年留學日本，一九〇三年與黃興、陶成章等成立拒俄義勇隊，一九〇四年發起組織暗殺團，參與光復會建立，一九〇五年加入同盟會，一九〇六年娶章太炎大女兒章叕為妻，一九一二年陶成章被暗殺後，棄政習佛，後任浙江圖書館長，浙江省議會副議長。

11 章太炎三女兒，曾就讀南京金陵大學，畢業前一年（一九二四），與朱鏡宙結婚，一九四〇年攜女隨夫去重慶，復入金陵大學，卒業，抗戰勝利後回滬。

12 章太炎外甥女，任「空中小姐」，一九四八年空中失事亡。

13 章太炎女婿，浙江樂清人。先後參加辛亥革命、反袁鬥爭、護法運動，任廣東軍政府參議，北伐期間任總司令部軍需處副處長，後任甘肅省財政廳長、陝西省財政廳長、川康區稅務局長。曾參與辦報，先後任杭州《自由報》、《民鐸報》、《天鐘報》、《天聲報》、《民信報》等編輯，新加坡《國民日報》總編。一九二四年三月，與章太炎女兒章㠭結婚，一九四九年隨國民黨去臺灣，被聘為光復大陸設計委員會委員。不久棄政從事佛教研究，成立臺灣印經處，參與《中華大藏經》修訂。著有《詠義堂全集》，內包括《五乘佛法與中國文化》、《八大人覺經述記》、《論地藏經是佛對在家弟子的遺教》、《維摩室譽語》、《詠義堂文錄》、《思過齋叢話》，回憶錄《夢痕記》上下冊。

14 章太炎外甥女婿，參加空軍，一九四六年空中失事亡。

15 章太炎次子，少年聰慧著稱，先就讀家塾，由祖父弟子海寧孫世揚（鷹若）執教，一九三九—一九四〇年，就讀上海「太炎文學院」，一九四一至一九四四年上海南洋模範畢業，一九四四年七月入學上海交通大學，一九四七年入美國麻省理工學院，一九四九年畢業，後入美國明尼蘇達大學，一九五八年分析化學博士，一九五九年入3M公司，任技術研究工作，一九八八年退休，迄今沒入美國籍，也沒有去臺灣，也沒有回過大陸，獨身。二〇一五年十月六日去世。

16 章太炎長媳，筆者母親，詳見〈我的母親〉。

17 章太炎長子，筆者父親，詳見〈我的父親〉。

二〇一五年七月十九日

章太炎遺囑**

* 本文發表於《學術集林》第一卷（上海遠東出版社，一九九四・八），頁一——一二。

** 章念馳注釋。

章太炎先生逝後，未見有遺囑傳世。但他是留下了遺囑的，只因種種原因未公諸於世。今年（一九九四）是太炎先生誕辰一百二十五周年，也是他立寫遺囑五十九周年，一個甲子將逝，是該向世人公布這份遺囑的時候了。時適《學術集林》創刊之際，元化前輩囑我發表一些先祖父太炎先生資料，以饗讀者，我想也許〈章太炎遺囑〉最為合宜。為了世人便讀，我逐段作了一些釋解。

余自六十七歲以來，精力頓減，自分不過三年，便當長別，故書此遺命，以付兒輩。

〈章太炎遺囑〉係太炎先生親撰，並經公證，故貼有當時印花稅票十一枚。

一九三四年秋太炎先生自上海遷居蘇州，時年六十七歲。他在蘇州創辦「章氏國學講習會」及《制言》雜誌社，頃全力講學和辦國學雜誌。這時，他膽病時發，鼻衄常犯，上課時還昏厥一次，身體明顯感到蒼老，自度存日無多，遂有安排後事之意。立下〈遺囑〉的第二年（一九三六年六月），太炎先生便與世長辭。

太炎先生青年時代就有反清言行，加上自幼有癲癇病（成年以後癒），二十五歲，無女願嫁他，故他母親便將自己陪嫁丫頭王氏許配給太炎先生，因這種婚姻沒有當時的媒聘婚禮，故不能算正式結婚，只能算「納妾」。因此太炎先生在〈自定年譜〉「一八九二年二十五歲」一條中，只稱「納妾王氏」。但是他們尚屬恩愛，王氏也一直支持太炎先生從事革命，還為太炎先生生了三個女兒。長女章㸚（一八九三—一九一五），一九〇八年嫁光復會的一個領導人龔寶銓（未生），一九一五年憤世自盡於袁世凱囚禁太炎先生的錢糧胡同，身後無子。次女章叕（一八九七—一九九二），一八九三年因「伯兄（章籛）年四十七，無所出，撫叕為己女以歸」[1]，從此隨太炎先生長兄生活。幼女章㠭（一八九九—一九七三），一九二三年嫁朱鐸民（鏡宙），生有一女，一九四八年去世，遺有一子。王氏一九〇三年去世，幾個孩子「喪母後均依其伯父居」[2]。辛亥革命勝利後第二年（一九一三），在孫中山先生等關心下，太炎先生與湯國梨成婚。湯國梨（一八八三—一九八〇）生有二子。長子章導（一九一七—一九九〇），有婚生子女五人。次子章奇（一九二四—），一九四七年赴美留學，迄今未歸，亦未成婚。

太炎先生的遺囑從廣義上說，是對五個子女而言，而對遺產分配，實際是對章㠭、章導、章奇而言，因該時章㸚夫婦均亡，章叕已過繼伯父。

凡人總以立身為貴，學問尚是其次，不得因富貴而驕矜，因貧困而屈節。其或出洋遊學，俱有資本者皆可為之，何足矜異，若因此養成傲誕，非吾子也。入官尤須清慎。若異族入主，務須潔身。

1　章太炎，《自定年譜》，一九二八。
2　湯國梨，《章太炎先生家書・敘言》，一九六一。

太炎先生遺囑的第一部分是交代兒輩做人的原則。內容可分四個方面。

第一，他強調人應「立身為貴」，他雖是舉國公認的「國學大師」，但他囑咐子孫不是學問第一，而是立身第一，即立德為先。早在一九〇六年，他即強調「優於私德者，亦必優於公德，薄於私德者，亦必薄於公德，而無道德者之不能革命」[3]，從而提倡「知恥、重厚、耿介、必信」。他一生剛正不阿，從無媚骨，晚年更是主張「應以范文正、顧亭林兩位先生作為立身、行己、為學、做事的標準」[4]，他指出當時社會「道德敗壞，一天進一天。……有用言語去奉承人，有用金錢去討好人，有用身體去伺候人，甚至謂他人為父，賣了自家的祖宗。……殺人放火做強盜，雖是惡人，可是還不算喪了人格，這樣的人回轉心來，盡有成就志士仁人英雄豪傑的，只有喪了廉恥，就算把人格消磨乾淨了」[5]。他在晚年多次書寫他父親章濬遺訓[6]，稱之為〈家訓〉，要兒輩毋忘。〈家訓〉說：「妄自卑賤，足恭諂笑，為人類中最庸下者」；「人心妒忌常不能絕，上者忌功害能，其次以貧賤富貴相較，常生忮心，甚乃聞人喪敗，喜諡眉宇，幸災樂禍，禍亦隨之」……等等，都是教子孫如何立身做人。

第二，他強調子孫如留學歸來不得傲誕。太炎先生晚年，目睹不少留學回來的人，「養成傲誕」。他說：「吾觀鄉邑子弟，負笈城市，見其物質文明遠勝故鄉，歸則親戚故舊，無一可以入目。又上之則入都出洋，視域既廣，氣矜愈隆，總覺以前所歷，無足稱道，以前所親，無足愛慕」[7]，這些人「曰『發展個性也』，曰『打倒偶像也』。發展個性，則所趣止於聲、色、貨、利，而禮、義、廉、恥，一切可以不顧。打倒偶像者，凡一切有名無形者，皆以偶像觀之，若國家、若政治、若法律、若道德，無往而非偶像者，亦無往而不可打倒者」[8]，他囑子孫萬萬不可因出洋學成，無視我固有文化與傳統，如不然則「非吾子也」。

第三，太炎先生對子孫為官一方的囑咐。他一生幾乎沒有當過官，僅擔任過「東三省籌邊使」，也不過三個月，一生幾乎沒有領過官俸，他嚴囑子孫，倘若要做官，「尤須清慎」。

第四，太炎先生對子孫民族氣節的囑咐。他立遺囑時，東三省和華北大部均已淪陷，中國有淪喪之危，他以六十多歲之軀奔走呼號全民抗日，但仍無法抑止民族危亡，所以他在遺囑中告誡子孫，「若異族入主，務須潔身」，要保持民族氣節。

太炎先生最重民族氣節，從小接受了夷夏之辨的思想，又潛心從事民族革命與弘揚民族文化，他一直牢記〈家訓〉「吾先輩皆以深衣斂，吾死弗襲清時衣帽」。他父親章濬曾對他說：「吾家入清已七八世，歿皆用深衣斂，吾雖得職事官，未嘗詣吏部，吾即死，不敢違家教，無

3 章太炎，〈革命道德說〉，一九〇六。
4 章太炎，〈經義與治事〉，一九三二。
5 章太炎，〈說我〉，一九二九。
6 詳見拙編，《章太炎先生學術論著手跡選》，頁二四〇——二四九，及《章太炎先生自定年譜》附錄，均有〈家訓〉，但文字並不盡同，可見是太炎先生據父言行而錄寫。
7 章太炎，〈論讀經有利而無弊〉，一九三五。
8 同注7。

如清時章服」[9]，要求仍以明代葬儀入土，這使太炎先生感動不已。這種根深柢固的民族主義思想，極大地影響了太炎先生的一生，同樣，他也如此要求他的子孫。

過去曾有傳說：太炎先生「之未病也，曾草遺囑，其言曰：『設有異族入主中夏，世世子孫毋食其官祿』，遺囑止此二語，而語不及私」[10]。太炎先生有遺囑之說不虛，但因沒有正式公布，或許僅風聞遺囑有保持民族氣節之說，教導子女不能與入侵者同流合污，於是「異族入主，務須潔身」之囑，成了「設有異族入主中夏，世世子孫毋食其官祿」之說。至於「遺囑止此二語，而語不及私」，則是臆測，太炎先生遺囑的後面七個部分，都是身後私事的交代，而中國人習慣隱私不宣，尤其涉及財產等問題，更少公開，儘管這中間並沒有見不得人的隱私，仍使這遺囑在半個多世紀後才得以問世。

余所有書籍，雖未精美，亦略足備用，其中明版書十餘部，且弗輕視，兩男能讀則讀之，不能讀，亦不可任其蠹壞，當知此在今日，不過值數千金，待子孫欲得是書，雖揮斥萬金而不足矣。

太炎先生遺囑的第二部分是對自己藏書的處置，在他眼裡，這是僅次於教導子孫如何立身的大事。

太炎先生一生收藏了不少書，珍本雖然不多，但也「略足備用」，並有「明版書十餘部」，也彌足珍貴。太炎先生於一九三四年遷居蘇州錦帆路五十號，這是由前後二幢樓組成的花園住宅，太炎先生住第一幢樓，在左側又造了一座小樓，即藏書樓。太炎先生有多少藏書，從無記載。太炎先生學生陳存仁先生，一九三〇年曾到太炎先生滬寓說：「家具極少，但有木版書近八千冊」[11]，太炎先生藏書多是他的批本、點本，筆者將另行撰文詳述。太炎先生希望兒輩能珍惜他的藏書，如自己不能讀，也應很好地傳給後代讀。但是他的兒輩乃至孫輩，都辜負了他的希望！

余所自著書，《章氏叢書》連史、官堆各一部，《續叢書》凡十餘部，《清建國別記》亦尚存三四部，宜葆藏之勿失。

《章氏叢書》有兩種版本，其一，一九一五年上海右文社鉛字排印本（共兩函，二十四冊）。其二，一九一九年浙江圖書館木刻本（共三函，三十二冊）。右文版排字本未經太炎先生手訂，失誤較多。浙圖版刻本經太炎先生手訂，並增加了《齊物論釋重定本》、《太炎文錄

9　章太炎，〈先曾祖訓導君先祖國子君先考知縣君事略〉，一九二〇。
10　繆篆，〈弔餘杭先生文〉，一九三六。
11　陳存仁，〈憶我的老師章太炎〉，一九五三。

補編》、《葑漢微言》三種，分成連史紙、官堆紙幾種紙本，刻工講究，價值較高，基本上將一九一九年前主要著作都收錄了。

《章氏叢書續編》，一九三三年由弟子錢玄同、吳承仕、許壽裳等於北京刻成，共四冊，收錄了一九一九—一九三二年間的主要著作，包括《廣論語騈枝》一卷，《體撰錄》一卷，《太史公古文尚書說》一卷，《古文尚書拾遺》二卷，《春秋左氏疑義答問》五卷，《新出三體石經考》一卷，《葑漢昌言》六卷。一九四四年成都薛氏崇禮堂有木刻再版本傳世。

《清建國別記》，撰於一九二四年，全文僅二萬字，太炎先生「自覺精當」，一九二四年冬用「聚珍仿宋本印」，自成一冊，《叢書續編》未錄。

以上三種著作，仍收藏於蘇州章氏寓所。

余所有勳位證書二件及勳位金章二件，於祭祀時列於祭（祀）器之上，不可遺棄。

太炎先生為推翻清皇朝建立中華民國，做出了傑出貢獻，但袁世凱政府僅授予他「勳二位」，他對此很不滿，「自謂於民國無負」，至少應與孫中山、黃興、孫武、段祺瑞、汪精衛、黎元洪同授「勳一位」，曾寫信給負責稽勳局的王揖唐說：「二等勳位，弟必不受」[12]，但一九一三年五月他還是去北京接受了「二等勳」。他去京受勳時曾當面質詢袁世凱是否有稱帝之念，袁世凱悻然不對。一個月後，他參加反袁的「二次革命」，後更「以大勳章為扇墜」大鬧總統府，為世人稱道。

太炎先生參加「二次革命」和反袁，被囚幽三載，袁死後，他又參加「護法革命」，為此，黎元洪總統於一九二二年八月授他「勳一位」，太炎先生於上海南洋橋裕福里寓所鄭重的接受了「勳一位」，還請了軍樂隊來迎接授勳官。

張菊生先生曾稱太炎先生：「無意求官，問天下英雄能不入彀者有幾輩？以身試法，為我國言論力爭自由之第一人」，但從他的遺囑來看，太炎先生對自己的勳位及勳章與證書是很看重的，因為這畢竟是對他經歷的肯定，而且他始終認為自己是「中華民國遺民」或「中華民國老人」，不承認自己是「青天白日南京政府」的順民，他自詡有功於中華民國，認為勳章及勳位證書，是有功於中華民國的證據，故很珍惜。

余所有現款在上海者，及銀行股本在上海者，皆預用導、奇兩男名字，此後按名分之可也。喪葬費當以存上海儲蓄銀行之萬二千圓供之（其中有二千圓，當取以償鐸民）。另以存浙江興業銀行之萬圓用方定氏名者分與㠭女。其餘杭泰昌有股本八百圓，既署匡記，即歸導有之。

12 章太炎一九二二年十二月二十三日〈致王揖唐信〉。

太炎先生著書、賣文、鬻字、教書，至晚年薄有積蓄。他深知身後遺產糾紛之弊，故須將遺產分割妥當。立遺囑時，大女兒已去世，二女兒歸於伯兄，三女兒已成家，大兒子剛十八歲，小兒子才十一歲，因此他把較多遺產分給兩個未成家的兒子。首先他對存款作了交代。他將部分現款分給了三女兒章㠭、朱鐸民夫婦（浙江興業銀行用方定氏名存的一萬圓及上海儲蓄銀行之二千圓）。其餘分給兩個兒子，而且早就用他們名字存入上海銀行，「此後按名分之可也」，「餘杭泰昌有股本八百圓」，「歸導有之」，因為是以章導號孟匡之「匡記」，所以歸於大兒子章導。最後還剩一萬圓，作為自己喪葬費，安排得非常細緻。可見太炎先生並不像當年謠傳所說是一個不識錢不懂理財的書呆子。

余房屋在蘇州者，王廢基一宅，導、奇兩男共之。其侍其巷宅，可即出賣，未出賣前，亦由導、奇兩男共之。

太炎先生共有二處房產，一處是蘇州飲馬橋錦帆路五十號二幢樓房，原是王宮廢基，人們慣稱王廢基。太炎先生將這二樓分別給予大兒子章導與小兒子章奇，章導繼承了第一幢樓，即太炎先生居住的一宅，章奇繼承了第二宅樓。五〇年代初，章導將樓售給國家，章奇的一幢樓後被公私合營。以後這兩幢樓做過蘇州市地委和蘇州市老幹部局；如今在第一幢樓開闢了「章太炎紀念室」。

太炎先生另一處房產在侍其巷，他生前並沒有去住過，曾接名醫惲鐵樵在此養疴，惲去世後，作過「章氏國學講習會」預科班，抗戰期間被日寇飛機炸毀，其地產章氏家屬在解放後捐獻給國家，如今是一所學校的操場。

余田產在餘杭者，不過三十畝，導、奇兩男共之。

太炎先生沒有置過田產，曾繼承過三十畝田。太炎先生出身於破落的地主家庭，曾祖「資產至百萬」，到父親一代已衰落，加上太平天國戰燹影響，已「家無餘財，獨田一頃在耳」。湯志鈞《章太炎年譜長編》稱：「章氏曾籍遺產土地三十畝」，其依據是太炎先生致女婿龔未生信稱：「㕛籍遺產三十畝，聊供饘粥入學之資。」

太炎先生將繼承的三十畝田傳給了兩個兒子，後因抗日戰爭、解放戰爭，兩個兒子也沒有去過故鄉餘杭，更沒有經營過土地，解放後土改後歸公。

余於器玩素不屬意。銅器惟秦權一枚，虎鯨一具為佳，別有秦詔版一具，秦鐵權三具，詔版所信為真耳。瓷器皆平常玩物，惟明製黃地藍花小瓶，乃徐仲蓀所贈，明製佛像，乃楊昌白所贈，視之差有古意。玉器存者雖多，惟二琮最佳，又其一圜者，乃瑗之類，亦是漢以上物，螭虎一具，乃唐物也。古錢亦頗叢雜，惟王莽六泉、十布，差足矜貴，在川曾得小泉一挂，約

六十枚，此亦以多為佳耳。端硯今僅存一方。其餘器，不足縷述。以上諸物，兩男擇其所愛可也。惟龍泉窯一盤，以是窯係宋時章氏所營，宜歸之祭器。

民國廿四年七月，太炎記、時年六十八。

（蓋印）章炳麟太炎（對章）

太炎先生生前沒有收集器玩嗜好，但也有一定收藏。他把這些東西交章導、章奇繼承。其中特別交代了秦權一枚，虎鯨一具，秦詔版一具，秦鐵權三具，以上青銅器，除虎鯨太大，沒有收藏到上海銀行保險箱內，於抗戰間被人劫走，餘物下落，下文一併交代。

太炎先生的瓷器，除先祖龍泉窯盤藏入保險箱內，餘均陳設於家中。抗日戰爭闔家逃離蘇州，家中遭洗劫；瓷器在「文革」中，遭造反派「破四舊」，當場砸碎數十只花瓶，徐仲蓀、楊昌白贈的小瓶及佛像，已無蹤影。

玉器中太炎先生特別珍愛的是「二琮」及「璃虎一具」，均為漢唐之上的古玉。這些玉器都收藏於上海保險箱內，今日之下落，也容下文作覆。

太炎先生收藏的古幣有早年收集的，如護法運動時在四川曾得小泉一拄，約六十枚。也有晚年收集的，如上海圖書館保存他致鄧秋枚九封信，都是託鄧代為收購古錢的信。晚年著有〈三十六國錢幣〉、〈布泉識語〉等文。一九三二年，他為弟子潘景鄭的祖父作〈清故翰林院庶吉士潘君墓誌銘〉，潘家為蘇州望族大家，為酬太炎先生作墓誌銘，特以數千元高價收購的

「王莽六泉、十布」二枚極罕見的古幣*，贈太炎先生作為筆潤。太炎先生收集的錢幣在他死後，也一直保存於上海銀行的保險箱內。

太炎先生文房用具中有宋代端硯一方，為他特別所愛，他特為這方硯題了「石不久臥，墨不久濡，鬼神泣之心不渝」幾字，請人勒於硯後。

太炎先生早在生前就租下上海寧波路上海銀行保險箱一只，存放重要物品，「後改租上海浙江興業銀行之保管箱存放，解放後因浙江興業銀行停業，改租上海滇池路中國銀行保管箱（戶名為湯國梨，箱號似為丙種一七七〇號）」[13]。遺囑中大部分物品均收藏於此。「文革」中被凍結，一九七四年始可開啟，湯國梨夫人欲取走一點首飾以貼家用，便由章導夫婦向蘇州市統戰部請開證明。據章導說：「當時統戰部係由李軍代表負責，李軍代表聽後，即對我愛人嚴加指斥，甚至認為租用保管箱是違法行為」，「還向我母提出這批文物要上交國家，並指定由博物館接收」[14]。「在這種壓力之下，唯有遵照辦理。當時由李軍代表派了工作同志會同我愛人去上海辦理開箱及取回箱內文物。在提取時，發現箱子早被保管庫方面單獨先期開啟」[15]

---

* 潘景鄭將此事以親筆書告本人，筆據今尚存。（本文作者注）

13 章導一九八三年十月十八日〈致上海市政協落實政策調查組報告〉（複印本）。

14 章導一九八三年九月二十三日及十月十四日〈致江蘇省落實政策調查組報告〉（複印本）。

15 同注14。

（完全不按開啟保險箱的有關規定），「箱內物品，已被銀行包好，放於另一箱內，……當時我愛人曾問到為什麼箱已開啟，但銀行中人未予解述」[16]。「點查之下，缺少黑色鐵『秦權』五只，其餘箱內物件，全部帶回蘇州。由博物館邀同文物商店張同志，帶了收據，李軍代表派了工作同志參加下，來家當面點清交去，除秦權等五件年代待研究外，其餘張同志鑒定真品無誤」[17]，而且是「帶有參考書印證」，於是「開具收據，硬性認為捐獻」[18]。「該批文物取去後不久，博物館突聲稱所有古錢幣中，一部分非真品。我母認為，當我先父收藏該批錢幣時，是經過考證鑒定……，我母表示，如是偽品，要求退回，但博物館並不退回，而請我市謝孝思同志送來所謂獎金五百元。……（我母）仍請退還原物，以達到先父所囑由後人保留紀念，而不接受獎金。但在謝孝思同志曉以利害及勸說之下，我家無奈被迫受下」[19]。直到粉碎「四人幫」後，一九八六年才將這批文物發還，共一千五百多件，但勳章已被博物館「遺失」，錢幣中「王莽六泉十布」也不見了，還有不少物品也被調換。

為了使太炎先生遺物不再有失，章導於一九八六年將這批發還的文物及家中其他收藏，共一千多樣，八千多件，全部捐贈給國家文化部。一九八七年五月，中共中央及國務院在中南海為章氏家屬舉行了隆重頒獎儀式，對章氏家屬的愛國義舉頒發了二十萬元獎金，並在杭州建造了「章太炎紀念館」，來收藏這批文物，供後代瞻仰。這批文物中有袁世凱簽署的「勳二位」及黎元洪簽署的「勳一位」證書；有青銅銘文的「秦權」一雙、秦詔版一塊、秦方量一只等八件；有「二琮」（黑色玉素琢琮及白色玉花琢琮）、黃玉佛手花插、舊玉素璧，「螭虎」（玉鵝）

等十六件；有「小泉」二十枚、布泉、五銖、半量。蟻鼻等一千一百二十三件；有宋「端硯」一方；有「龍泉窯盤」一只；有田黃雙獅鈕文章、甘黃浮雕梅花天然章等二十二方……等等。這些太炎先生的愛物，在經歷了半個多世紀風雨劫難後，終於回到了他的故鄉，由家鄉人民世代保存，這可以說是他的〈遺囑〉最美滿的結局。

一九九四年四月十六日

16　同注13。
17　同注14。
18　同注14。
19　同注14。

章太炎營葬始末*

*本文發表於《文史資料選輯》一九八二年第二輯，總第三十九輯（上海人民出版社，一九八二・五），頁七三—八四。

在一九八一年辛亥革命七十周年之際，我祖父章太炎先生的墓在杭州南屏山荔枝峰下修復了。我應浙江省之邀，前往參加了祭掃。當我闊別了十六載後，看到修葺一新的墓地，看到墓碑上「章太炎之墓」五個大字，往事湧現，感慨無限。祭掃時，很多人問起太炎先生墓的建造經過，問起為什麼太炎先生要自書墓碑，為什麼要選擇此地建墓，等等。今據家藏材料和見聞所得，草此短文，以作答覆。

墓碑來歷

要講太炎先生墓，應該從這墓碑說起，因為這墓碑與眾不同，是他自己生前就給寫好的。為什麼他要自書墓碑「念念趣死」呢？這有一段異乎尋常的經歷。

辛亥革命後，袁世凱上臺不久，便推翻臨時約法，暗殺宋教仁，發動對南方的戰爭，大肆鎮壓革命黨人，這使曾對袁世凱有過幻想的章太炎震醒了。一九一三年秋，他冒危入京師，面斥袁世凱的包藏禍心。到京不久，就遭袁世凱羈禁。袁軟硬兼施，章誓不屈服。一九一四年，他曾以絕食抗議。一九一五年夏，袁的帝制活動加緊，對章的迫害也隨之加深，這時章的心情極為悲憤，在致我祖母湯國梨信中謂：「不死於清庭購捕之時，而死於民國告成之後，又何言哉！」這時他感到如不屈從，無疑如服無期徒刑，生還無望，於是決心速死，作為抗議。當時他以七尺宣紙篆書「速死」二字，懸於壁上，並自跋云：「含識之類，動止則息，苟念念趣死，死則自至，故書此二字，在自觀省，不必為士燮之禱也。乙卯孟秋，章炳麟識」。並寫下了〈終制〉一文，預籌後事。他寫信給浙江青田人杜志遠，託杜和劉伯溫的後裔商量，要求死後葬在劉伯溫墓側。他認為劉「是攘夷匡夏之人」，自己也致力推翻清朝封建統治，志行一致，願意地下為鄰，以示景仰。信的原文是：

昨微生（注：即龔未生，章太炎長婿）以紙來，為書數行。聞君著籍青田，故誠意伯劉公（注：即劉伯溫）則鄉之令望，而中國之元勳也，平生慕之久矣。雖才非先哲，而事業志行，彷彿二三，見賢思齊，亦我素志。人壽幾何，墓木將拱，欲速營葬地，與劉公塚墓相連，以申九原之慕，亦猶張蒼水從鄂王而葬也。君既生長其鄉，願為我求一地，不論風水，但願地稍高敞，近於劉氏之兆而已。今先別書紙一幅，求刻之劉公墓前，以志景仰。微聞清人入關以來，劉氏子孫雖微賤，其族尚盛，並願以此告之。章炳麟白。

這封信慷慨激昂，悲憤填膺，文字又很高雅，當時曾為人們傳頌。去年我在浙期間，沙孟海先生告訴我，他年輕時也能全文背誦此信。信中「書紙一幅，求刻之劉公墓前」，即太炎先生為劉伯溫撰寫的碑文，原文如下：

民國四年，鄉有下武，曰章炳麟。瞻仰括蒼，弔文成君。于鑠先生，功除羯戎。嚴以疾

> 惡，剛以制中。如何明哲，而不考終。去之五百，景行相從。千秋萬歲，同此塚。

不久，杜志遠得到劉伯溫後裔劉祝群（曜東）的覆信，同意了章太炎的請求，覆信是，

> 誦手書，並示章子太炎撰先文成墓誌碑文，珍重珍重。如碑字已書成，願郵以畀。凡購石刻畫之需，曜東任之。先文成墓在鄉之夏山，明代碑刻今無存者，聞於靖難時毀滅，可慨也。周墓之旁半里許，族中有樵蘇禁，無有拊者，去此則山水秀美，卜兆皆吉。買山之錢約數十千，曜東亦當商之族人，可不取直。劉曜東覆。

章太炎先生聞知葬地既已解決，就自書墓碑，寄給杜志遠，借此向袁世凱表示寧死不屈的氣概。墓碑極簡，僅「章太炎之墓」五字，寫的小篆體，是他最擅長的書體。由於他大義凜然，所以這五個字寫得舒展有勁，極有氣魄。不久袁世凱因稱帝失敗，憂忿而死，章太炎則絕路逢生，再獲自由。這樣，墓碑的手跡也就一直保存在杜志遠的家中。

所謂「國葬」

一九三六年，正當民族危機日趨嚴重之際，太炎先生「憂心國事，觸發舊疾」[1]，而於六

月十四日逝世，時年六十九歲。噩耗傳出，「全國朝野表示驚悼」[2]，當時的國民黨政府撥款三千元治喪，我祖母湯國梨為太炎先生選購了一口沙方棺材作靈櫬，費資九百九十九元，「棺內用五色綢帶，將屍蓋沒」[3]，此為結爻儀式，藉以表示太炎先生一生有功於五色國旗，忠於共和國體。「喪禮不從清代舊儀」，決定「採用民國元年規定之大禮帽，仿宋教仁殮」[4]。祖父的生前友好紛至弔唁，大家提出要求政府予章太炎以國葬，以表彰他生前功績。於是由張繼、居正、李根源、丁維汾、程潛、謝武剛、陳石遺等出面，提請國民黨政府討論。在一九三六年七月一日的國民黨中央政治委員會第十七次會議上，做出了「章炳麟應予國葬，並受國民政府褒恤」的決定[5]。在同年七月十日，南京《中央日報》正式公布了〈國葬令〉，全文如下：

宿儒章炳麟，性行耿介，學問淹通。早歲以文字提倡民族革命，身遭幽系，義無屈撓。嗣後抗拒帝制，奔走擁法，備嘗艱險，彌著堅貞。居恆研精經術，抉奧鉤玄，究其詣極，有逾往哲，所至以講學為重。茲聞溘逝，軫惜實深，應即依照國葬法，特予國葬。生平事

1《新聞報》，一九三六年六月十五日。
2《早報》，一九三六年六月十六日。
3《蘇州明報》，一九三六年六月十六日。
4 同注3。
5《朝報》，一九三六年七月二日。

蹟存備宣付史館，用示國家崇禮耆宿之至意。此令。

關於「國葬」的地點，按其生前願望。晚年的太炎先生見抗戰已興，但未見到戰爭的勝利，故有死後傍葬民族英雄張蒼水墓側之囑，地下為鄰，共迎勝利，因此決定選葬於杭州西湖之畔張蒼水墓旁。

大殮畢，我祖父靈柩暫停於家中靈堂內，祖母便開始多方奔走，為他營葬事。當時祖母年已五十七，又是一雙小腳，我父親年方二十，我叔父亦僅十四歲，寡婦幼子，為了安葬祖父，真是歷盡艱辛。當年盛夏，我祖母攜我叔父赴杭州，購下了張蒼水墓側一片土地，準備作墓地。那時，祖母寫了一首詩，序云：「丙子夏四月外子既歿，欲為卜葬西湖，攜奇兒（注：即我叔父章奇）冒暑去杭州，止於旅舍，萬感縈懷，有不能已於言者。」詩曰：

臨流清淚獨潸潸，逝水何心照舊顏。
慢說炎涼勞俯仰，卻看風月憶追攀。
攘夷已遂平生志，歸夢空隨一櫬還。
天與斯人埋骨地，故鄉猶有好湖山。

另外又寫過一詩〈為外子卜葬西湖蒼水公墓右首〉：

南屏山下舊祠堂，欝欝佳城草木香。
異代蕭條同此志，相逢應共說興亡。

祖母的兩首詩表達了章太炎葬身張蒼水墓側的心願。經過祖母一年多奔走，「國葬」並未得以實施。這時抗日戰爭的炮火已逼近蘇州，敵機常來空襲，為安全計，只得將祖父靈柩移到家中地下室內。但形勢一天比一天惡化，國民黨大員早已捲資潛逃，市民也紛紛避難，而祖父的靈柩還擱在家中沒處入土，一家急得直發愁，於是決定暫時將祖父靈柩葬於蘇州家中後園內。園內有口魚池，闔家偷偷將水抽乾，砌成墓穴，把靈柩暫厝。這是一九三七年六月的事。

敵偽時期

一九三七年七月，我們全家忍痛離開了蘇州，家內僅留老家人顏伯熊照料。同年十一月，蘇州淪陷，日軍闖到我家，肆意掠奪，他們看到後園內有一新墓，懷疑內埋財寶，一定要挖墓，老家人苦苦勸止，遭到毒打。正在這時，有個日本軍官聞訊親來查問，當他了解到這是章太炎先生的墳墓時，喝退了日軍。過了幾天，居然還親自祭奠了一番，從此再也沒有日本兵來侵擾，太炎先生遺體總算保存了下來。

祖母率全家從江蘇流離到浙江，又轉輾到溫州，經水路到達上海，避難於租界，但一家人的心都惦念著祖父的後事。祖母當時寫下了一首詩〈仲弟葬滬郊中國公墓，外子厝於蘇寓園中，今二地相繼失陷，拜掃無由，詩以志恨〉：

芳草淒淒綠接天，陌頭花落柳吹綿。
經年不夢吳門路，何日招魂歇浦邊。
藉地血飛寒食雨，連郊烽火急狼煙。
榆錢飄盡春無主，野哭無人冷墓田。

次年，戰局更加惡化，祖母又賦詩〈春草綠矣，感念外子〉：

春草發新綠，春禽囀清音。
念彼長眠人，黃土日以深。
黃土日以深，白髮日以短。
生死兩悠悠，淚盡肝腸斷。

民族災難深重，家景艱辛，祖父的營葬更是渺無希望。

不久，上海淪陷，汪偽政權為了擴大它的影響，企圖利用我們的家庭聲望，拉祖母下水，叫偽浙江省長傅式說（字築隱，我家的一個親戚）出面遊說，先來誘我祖母出任偽職，後又誘我父親出任浙江建設廳長，遭到我祖母和父親的堅決拒絕。他們又以關心祖父葬事為名，前來糾纏，說什麼日本天皇有國葬章太炎的意思，妄圖以此籠絡。於是祖母寫了封信託他轉致日本當局，謝絕了一切，信謂：「太炎葬事，準備戰事結束之後再講，至於我們婦嬰之輩，僅知家務而已。」此後汪偽之流再也沒來糾纏。

抗戰勝利，祖母滿心高興，以為祖父的「國葬」總可以解決了，誰知國民黨的達官顯宦熱中奪利，忙於攘權，急於內戰，早把此事置於腦後，祖母東奔西走，毫無結果。一九四六年六月十一日邱漢生在〈太炎大師之遺稿及其他〉一文中，曾有記述：「自太炎之歿，政府議國葬，設國葬委員會董其事，會抗戰軍興，事尋寢。十載以還，委員七人，泰半零落，目前張溥泉先生謂委員會將更組，別委人選，擴為九人。國葬之舉行，會當稍緩耳。抑今日物價湧貴，數千元國葬費，固亦無所用之。」這記述尚真實，然所謂「更組」、「稍緩」之詞，其實是推託。年復一年的敷衍，一直到國民黨垮臺，〈國葬令〉依然是一紙空文，太炎先生遺體也一直默默地躺在蘇州舊寓的後園，始終未能正式安葬，只是在他暫時安息的地方，加了一塊石碑。這塊石碑和章太炎曾安息過的這個地方，迄今仍存在家園內，作了太炎先生的衣冠墓。這塊石碑是李根源先生在太炎先生逝世後託蘇州集寶齋為太炎先生鐫的一幅肖像，畫像出自大畫家張善子、張大千兄弟之手，並有馬相伯先生題字。不久因戰事起，這石碑沒有豎立。戰後發現仍在集寶齋，李根源先生便取出送往我家，植於太炎先生葬地，代替了墓碑，其實此碑並非墓碑。

解放以後

解放後，人民政府初建，國家百廢待興，但對章太炎墓葬這樣小事，人民政府和許多黨內外人士卻沒有忘記，至今家中還保存了上百件有關祖父營葬的各種公函和書信，今選擇一二，以示一斑。如一九五一年，葉芳炎同志（當時上海人民法院副院長）幫助我祖母去浙江人民政府聯繫營葬，結果浙江省人民政府辦公廳發出代電：

上海市人民法院葉副院長：

前接你函，介紹章夫人湯國梨女士來杭洽商營葬章太炎先生西湖墓地事，當以章先生身前為一代國學大師，且係先進民主人士，允宜酌情照顧。經轉交杭州市建設局西湖園林管理處與章夫人數度面洽，並會同前往墓地查勘，除已由雙方勘定適當土地留作墳穴外，並徵得章夫人同意，在章先生未營葬前，其墓穴空地可暫仍由西湖園林處用作南屏苗圃之需，俟營葬墓穴需用時立予收回，雙方約有成議在案。茲以章夫人返里已有數月，營葬尚無定期，特將經過情形函知你處，請即就近轉告章夫人為荷。

浙江省人民政府辦公廳秘卯

一九五一年六月十六日

代電所說「湯國梨女士來杭洽商營葬」，我是隨祖母一起去的。民主人士沈鈞儒（當時任最高人民法院院長）、馬敘倫（當時任高等教育部部長）先生，也很關心祖父的葬事，曾函請浙江省長譚震林同志，要求免徵太炎先生墓地地價稅，以減輕我家負擔，得到譚震林同志覆信：

鈞儒院長、敘倫部長賜鑒：

接奉一月十二日函示，暨湯國梨女士抄函，均悉。承囑免徵反帝哲人章太炎先生墓地地價稅一節，已轉飭杭州府酌情予以照顧。特此函覆，並盼轉告為荷。

此致

敬禮

譚震林

一月十九日

太炎先生生前友好田桓先生，為太炎先生營葬事，亦曾函呈政務院周恩來總理。這件事在最近港刊《廣角鏡》上也有記載[6]，在此節錄原文如下：

6〈我所認識的孫中山——田桓先生訪問記〉，《廣角鏡》，一〇九期。

解放後不久，章師母跟我說這件事，我寫了一封信直接寄給周恩來總理，告訴他太炎先生的靈柩埋在蘇州章氏寓所的房子底下，當時是怕日本侵略者破壞靈柩。我在信上說：太炎先生辭世時，國民黨政府曾揚言要舉行國葬，但是不久他們就逃難去了。抗日戰爭勝利後，國民政府還都南京了，可是他們又忙著打內戰，忘了這件事。現在解放了，人民政府絕不會忘記這件事。我還告訴周總理，太炎先生的遺願是把他的靈柩葬在杭州張蒼水墓隔壁。

沒過多久，周總理回覆我一封親筆信。總理說：「你的提醒很好。這是件大事，我們一定要安排好。我已發函告訴江浙兩省隆重處理。」後來我被邀往參加了江蘇省為章太炎組織的送葬委員會，又參加浙江省的治喪委員會。人民的政府把太炎先生的遺體在杭州隆重安葬。

田老也曾多次跟我談起這段歷史，每次總要稱頌周總理是無愧於人民的好總理。田老還告訴我說：周總理在信中還說了太炎先生是一代儒宗、樸學大師，學問與革命業績赫然，是我們浙江人民的驕傲等等，可惜這封珍貴的信在「四人幫」作亂時被抄失了。

在周恩來總理直接關懷下，章太炎的靈柩破例地得以在杭州的風景區安葬。葬禮非常隆重，據當時報載轉錄一二：

章太炎先生治葬委員會啟事

茲定三月三十日自蘇州恭迎章太炎先生靈柩遷葬於杭州南屏山北麓（張蒼水墓東南）。四月三日（星期日）上午十時在墓場舉行公祭，祭畢安葬，特此公告。

（《浙江日報》，一九五五年三月三十日）

章太炎先生靈柩遷葬杭州

章太炎先生的靈櫬，在昨由本市將運往杭州安葬。章太炎先生治葬委員會蘇州辦事處特於昨天（廿九日）上午在錦帆路八號舉行公祭，下午，並護送章先生靈櫬至蘇州車站，今日運至杭州，安葬南屏山麓。章先生家屬及治葬委員會等二十餘人隨往參加葬禮。

（《新蘇州報》，一九五五年三月三十日）

一九五五年四月三日，章太炎先生遺體在他逝世十九年後，在中國共產黨領導下，人民政府給予隆重安葬，並滿足了他生前傍張蒼水墓而葬的願望，安葬的全部費用悉由國家承擔，連四面八方趕來參加葬禮的人，也是國家招待，這真是名副其實的國葬。

葬禮由馬一浮先生主持，全國政協和江、浙兩省黨政機關都送了花圈，邵裴子、范煙橋、宋雲彬、田桓、汪東分別致了悼詞，沈鈞儒、黃炎培、馬敘倫等發來唁電。很多人致送了輓詩輓聯，其中張松身先生的輓詩和周瘦鵑先生的輓聯，對營葬事發出了深切的感慨，為一時所傳誦。張松身先生詩云：「一代宗師傳樸學，憖遺天忍喪斯文。救時論在昌言報，痛逝書焚革命軍。生慕伯鸞充大隱，歿依蒼水峙高墳。首丘歸正清明近，鬱鬱南屏護白雲。」周瘦鵑先生聯云：「吳其沼乎，昔誦遺言慚後死。國已興矣，今將喜訊告先生。」我祖母在追悼會上致了答詞，對黨和人民政府與人民團體的關懷深表感謝[7]。

祖父的墓建在張蒼水墓東南約五十公尺處，墓是用青石砌成的圓形拱墓，墓廓前有石祭桌一張，左右有石凳各一條，墓台周圍龍柏成行，墓後修竹相映，一切顯得古雅、樸實、莊重。墓碑有一人高，上面刻著「章太炎之墓」五個大字，這幾個字就是當年由杜志遠先生保存的太炎先生的親筆。五十年後，杜志遠先生的兒子杜威長老（當時杭州佛教會長）聽說營建太炎先生墓時，獻出了這張保存多年的手跡，製成了墓碑。這就是太炎先生墓地、墓碑的來歷。

墓落成後，浙江省人民政府把太炎先生的墓列為省重點文物，予以保護，並將墓碑的真跡交省博物館珍藏。

「文革」期間

〈章太炎營葬始末〉本可束筆了，然而「文化大革命」十年內亂中，死了多年的章太炎也遭到株連，墓地荒蕪，野草蔓生，最終也未能倖免浩劫。當時他的墓地被圍入部隊的駐地內，劃為禁區。但是還有人懷念他，周建人副委員長就在一九七一年初春途經南屏山時，請司機在太炎先生墓前停車，走到墓前，久久佇立，沉默不言，老淚潸然，良久才說了一句：「我相信，我們的民族一定會好起來的。」

「文化大革命」期間，章太炎在當了一陣「尊孔派」後，忽然又被捧為「法家」，「四人幫」把他當作民主革命的「旗手」，去攻擊革命的先行者孫中山先生，攻擊老一輩無產階級革命家。但他們一方面大吹大捧，另一方面卻在一九七四年把章太炎先生的墓夷為平地，改為菜圃，墓碑也不知去向了。太炎先生遺體被棄之野地，棺槨被周圍農人拆了用於家用，最後有一農人不忍見太炎先生遺體暴日於天下，於將太炎先生草草掩埋於一小溝之中。而此時全國正轟轟烈烈在「學習中國十大法家」之中，太炎先生還被毛澤東親定為「十大法家」之一，但他的墓正於此時被挖掉了。

重建陵墓

林彪、江青一夥的倒行逆施，並沒能使歷史改變進程，周建人副委員長預言的一天終於來到了。在粉碎「四人幫」後，黨和政府對章太炎作了實事求是的評價，稱他是中國歷史上傑出

7〈章太炎先生靈柩昨日安葬南屏山北麓〉，《浙江日報》，一九五五年四月四日。

的愛國主義者[8]。胡耀邦同志在紀念辛亥革命七十周年的講話裡，也肯定了章太炎的歷史功績。國家在國民經濟遭受林彪、江青一夥的嚴重破壞，財政困難和出版緊張的情況下，仍然抓緊整理出版章太炎的全部著作，並撥出專款修復墓地。駐在墓地的部隊也騰出了墓區，還拆除了造在墓前的部分房屋。太炎先生遺骸在多方尋找之後，終於找到了當年草埋太炎先生的農人，在他指點下，找到了遺骸，但只剩下幾個大骨頭了，經法醫鑒定，認為應是太炎先生遺體，於是被收入一甏之中，被安葬於墓穴之中。

一九八一年十月十二日，浙江省黨政領導鐵瑛、薛駒、毛齊華同志等數百人，冒雨參加了修復太炎先生墓地的竣工典禮，人們聞訊，紛紛從四面八方前往憑弔瞻仰。浙江省人民政府一九八一年三十八號檔再一次宣布將太炎先生墓列入省文物保護單位，加以精心保護（二〇〇六年又被國家列入全國文物保護單位）。這一切，先人如果死而有知，應當含笑於九泉了。

一九八二年一月

8《人民日報》，一九八一年三月十八日。

章太炎和張大壯*

*本文發表於《人民政協報》，二〇一〇年四月八日。

一

張大壯先生是近代滬上知名畫家，是上海中國畫院四個創始人之一，是海派花鳥畫的「四大名旦」之一，但今人知道他的人已不多了，至於他有個舅舅是太炎先生，知道這層關係的更是寥寥無幾了。

先祖父太炎先生有兄弟四人和妹妹一個，妹妹叫章炳芹。關於她的記載幾乎沒有，在太炎先生浩瀚的文字中，只有簡單的幾個字記載過他的妹妹：「次炳芹，女，適同邑張蔭椿，清光緒癸卯進士，鐵分度支部福建司主事」[1]，餘無相關文字了，連他妹妹與妹婿生卒也無法考證。

我打算完成一部《我所知道的太炎先生》，因而想弄清先祖父與他妹妹的關係，惜我晚生，幾乎無法從上輩人處得以考證，僅有一包張大壯先生逝後留給我的資料，從這雪泥鴻爪中我尋覓到一些資訊。

我從小就知道有一個畫家的親戚，但從未見他上過門，「文革」了，我家屢遭衝擊，父親等都被「隔離」了，我們這些「殺關管子女」，不許亂說亂動，無所事事，百無聊賴，於是以作畫為樂，便想到去拜訪這位我應該稱之伯父的畫家親戚。

當時張大壯先生住在西門路沿街的一個石庫門的底層，我好像是帶了先祖母信去看他。敲門進去一看讓我大吃一驚，一是住得極寒酸，僅一個房間，後半部睡覺，前半部吃飯與作畫，幾乎沒有一件像樣的家具，且光線暗極，真可謂暗無天日，僅靠大門與天井上的天窗透來一點點的光；二來伯父長得極瘦，瘦弱得幾可被風吹倒，清臞的臉倒極和善，慈眉善目，耳大至肩，說話帶著重重杭州鄉音。當時我家家境雖已中道，但仍有獨幢住宅和花園，用於藏書房間還有四、五間，而張大壯先生家真可謂窮了，讓我第一次知道我家還有這麼窮的窮親戚。

從此我經常去看他，他家裡倒客人不斷，有求畫的學畫的閒聊的……，他善於應付，隨便客人坐，隨便客人聊，他偶插插話，他總獨自忙著煮飯、燒菜、煎藥、泡茶、作畫，他五十一歲才結婚，夫人人倒和藹，但終日頭疼而躺在後邊床上。

我知道先祖父僅有這麼一個外甥，他妹妹炳芹是婚後很久才生了孩子，所以取名叫「養初」，希望以後再能多添幾個孩子，以後張大壯先生將小名改成號，叫「養盧」。但養初從小體弱，五歲就吐血，一直吐到七十多歲，居然活了一世，為了治吐血病，醫生用了鴉片，從此讓他染了惡疾，到解放後才戒了煙，這在我們家族中是很看不起的事。戒煙後他嗜好茶與火腿，餘無奢習。

因吐血，他常去醫院輸血。一九八〇年秋，他去醫院輸血，對家裡說，二三天後就回來，不必告知旁人，可以通知我一聲，因為通過多年往來他與我已稔熟了。誰知他這一去再無返回。據他學生說，去醫院後醫生停用了他慣服的藥，頓時心臟病發，一時無救。他的單位上海畫院領導知道後，第一樁事就是趕往他住地，用他床單將他畫稿筆硯圖章……統統捲去，說是

1　章太炎，〈先曾祖訓導先祖國子君先考知縣君事略〉。

為了「保存」與「研究」。後經他學生向畫院再三陳述，才把一包他生前一直說要交給我的東西，交還了我。

這包東西中有我先祖父書法作品二幅，他臨我先祖父字多幅，先祖父題詩古畫一幅，先祖父致他母親信一封，先祖母致他母親函二札，他父親致我先祖父函一封，岑春煊函一件，羅迦陵函一件，姬覺彌函一件。張大壯先生生前曾多次說這些東西與我家有關，應「物歸原主」。

從這些遺物中，讓我知道了一些他父母的事。首先是張大壯先生父親張蔭椿給我先祖父信是託我先祖父向岑春煊求情，請他要求哈同夫人羅迦陵不要解雇他，因為七年前也是岑春煊向羅迦陵推薦張蔭椿到了哈同花園（又稱「愛儷園」）工作，當時哈同在園內辦了「明智大學」，一九一六年又辦了「廣倉學會」和「廣倉學宭」，廣羅人才，編印文獻，張大壯先生父親就到了「廣倉學宭」工作，但一九二二年，受到「五四運動」影響，「鬧起學潮」，「校長派的徐州幫和教務長派的四川幫，聯合起來，反對本地幫。徐州幫後又和四川幫自相交訌」，[2]鬧得成為社會醜聞。於是羅迦陵決心停辦學校。張蔭椿與岑春煊應該是舊識，因為岑原是清廷重臣，辛亥革命後又任過福建宣慰使，是個實力人物，張蔭椿當時在福建任過小官，應該認識，但交情不深，故託先祖父求情。

愛儷園是哈同夫婦發家後精心打造的一個私家花園，它的歷史也如同一部紅樓夢興衰史。我找到了當年長期在愛儷園工作的李恩績寫的回憶錄——《愛儷園夢影錄》[3]，他的回憶錄寫道：「廣倉學宭的主要組成人員，除了鄒景叔之外，還有一位為學術界所熟知的王靜安先生，此外是張硯孫、李漢青、費恕皆……還有幾個小職員。」[4]這裡說的張硯孫即是張大壯先生父親張蔭椿，硯孫是他的號。「張硯孫是擔任寫字的工作的，除了抄寫有旁的人，其餘無論什麼匾對大字，他都得寫。」李恩績的一部長長的回憶錄對張蔭椿記述僅僅這幾個字，但這讓我了解了張大壯先生父親在辛亥革命後的職業。從姬覺彌給張蔭椿的信也可證，信稱「張先生硯孫」，可見張硯孫與張蔭椿是同一人。張蔭椿進士出身，應該有一手好字，從張大壯先生留下的他先父給太炎先生信來看，確是寫得一手好字。

張蔭椿給太炎先生信共二頁，敘述了他近得大病，病後又遭解雇，頗受打擊，他說：「自十月間，倉校風潮，以後迦陵夫人以為將錢買憔悴不如已之，遂決定明歲男校一律停辦，凡教員及學生紛紛解散，因之不在校中之人亦遭波及。」因此希望太炎先生出面向羅迦陵和岑春煊求情挽留。從留下的遺物可知，太炎先生是向岑春煊寫過信，所以有岑給太炎先生覆箋一封及羅迦陵回岑的函一件。羅迦陵稱學校結束，「園中實無事可為」，勢難再挽。而姬覺彌隨信送上十一月月薪五十元，又奉上十二月薪五十元作為解雇金。這事就此結束了。而張大壯先生一直珍藏了這些信件，又將這些信件轉交給我，讓我知道他們始終沒忘先祖父的幫助。

2　李恩績，《愛儷園夢影錄》，頁七八。
3　三聯書店，一九八四。
4　李恩績，《愛儷園夢影錄》，頁二七二。

失業後的張蔭椿一家如何生活，我不得而知，但從他留下我先祖父先祖母給他母親的幾封信可知他們的生活是窘困的。先祖父致他母親信除問候等日常語，隨函送去「本票洋念圓（即二十元）聊備一時之用」。先祖母二函均係贈送衣被事，「送被褥不知尺寸，望示知以備做好帶去」。可見他們生活不裕，而先祖父和先祖母對他們時時有所接濟。張大壯先生也將這些信珍藏不忘，反映了他的為人是受人點滴之恩而終身不忘。

二

作為上海國畫院的四個創始人之一的張大壯先生的記載非常少見，作為海上花鳥國畫的四大名旦之一的張大壯先生，作品流傳也非常罕見，這並不是他的作品品質不好，相反他是上海眾多藝術家中列為作品限止出境的少數畫家之一，他的作品很長時期被國家領導人作為「國禮」相送，他作品罕見主要是他處世太淡泊，為人太低調，作畫太謹慎，他所處的年代又太壓抑，當時畫是不受尊重和不值錢的，他作為畫院畫師，每月八十元工資，每月必須交四幅畫，數十年不變，因此他黯然對我說：「我每張畫只值二十元，我活著的價值也只有這點，每想到此，有何心境作畫，如果有一天我的畫值錢了，我也看不到了，每念及此，更不欲作畫了。」在這藝術品沒有尊嚴的時代，他憤少作畫，竭力去維持人的尊嚴，因此張大壯先生作品流傳很少。

張大壯先生生於一九〇三年，「早期從汪洛年習畫，後又入商務印書館當美工」[5]，「十幾歲就在繪畫上嶄露頭角，二十歲就被大收藏家龐萊臣賞識，聘入龐家做書畫管理」[6]，讓他得以盡睹繪畫之秘笈。龐萊臣是著名收藏家，他係南潯「四象」之一的後代，財力厚實，收藏歷代名畫無數，僅他編印的《虛齋啟畫錄》，即收錄他家藏名畫五百三十八件，「其中任何一件都堪稱中國美術史上的佳構」。[7]後又編過《虛齋名畫續錄》，他每收錄一幅佳作，必讓張大壯先生臨摹一遍，然後再重新裱過收藏。龐萊臣親教張大壯先生「什麼朝代、用什麼紙、什麼絹、用什麼墨、什麼研色，是工筆、是寫意，弄明白了你才能臨摹」，他又開導張大壯先生，「鑒畫是綜合性的學問，從紙張、絹素、題句、款識、印記、畫風、筆法等缺一不可」，經多年磨練，「大壯先生集繪畫、書法、篆刻、鑒定、修復古舊名畫於一身」，[8]「集六絕於一身了。但先生為人一向低調，從不張揚，只有幾位知己才知道」。[9]

張大壯先生「一生與世無爭，但對藝術的追求卻有過人的傲骨，他常說：『嘴上要讓人，

5 陳克濤，《海上畫派》。
6 王人梁，〈三家花鳥〉。
7 鄭重，《海上收藏世家》。
8 張大根，〈憶恩師——一身六絕張大壯〉。
9 張大根，〈憶恩師——一身六絕張大壯〉。

筆頭上不要認人』」[10]，「文革」中不准畫山水花鳥，他便改畫蔬菜魚蝦，他善於觀察生活，善於從生活中提煉作品。「七〇年代初作品《新豆湧到》，畫江南夏初蠶豆上市，視角獨到，手法新穎，在全國美術作品展覽問世後，備受南北花鳥畫名家激賞，被稱為『前無古人，來者難追』。」[11]「他常用沒骨法畫水果蔬菜，能無骨而立，不用線條卻使畫面更加生動、耐看。」[12]他善於深入觀察生活，他受過嚴格的傳統薰陶，但又能變法求新，形成自己獨特風格。

他擁有修復古畫絕技，他幫助博物館與畫院修復過許多殘破古畫，早年他有過許多大幅作品，可惜我見得不多。晚年因健康關係，作品多小幅，寸方中間趣意盎然。他的對蝦出神入化，獨具神韻，他贈我的對蝦，更是用倒畫手法，他說是與眾不同的。他送我女兒的蔬果圖，可與真實蔬果比鮮。至於他送我的牡丹、魚戲、山水……可以說件件都為絕品，顯示了對親情的鍾愛。中國畫講究的是筆墨，他是很講究筆墨的，他說作畫與寫文章一樣，每一筆都要有章法，要繼承，但又要創新，他送我的作品每一筆都可以說有出點。我收藏他的作品中，最好的一幅是山水扇面，當時反對資產階級閒情趣味，大批八大山人虛無縹緲的畫風，但他對我說，他最崇八大畫風，以及八大風骨，所以他仿八大山人筆法繪了一幅山水送我，讓我看到一個真正的有血有肉的大家風範。

「文革」中我一度浸於繪畫，喜作油畫風景，我想跟他學點國畫，甚至想以繪畫為生，他嚴肅地拒絕了。他說：「你不要學畫，要看遠點，還是要多讀書，要相信這一天總會結束，學問總會派上用處。我苦了一輩子，難道你還要走我們老路嗎？」果如所說，「文革」終於結束了，我立即進入了社會科學院工作，他非常為我高興。他突然的去世讓我非常悲慟，我想為他整理舊稿，出一本畫冊紀念他，無奈他的所有作品連同紙片都給畫院拿走了，畫院領導我對說：「章念馳若要還也可以，老夫人後輩子讓他包了。」我只好無言以對。

聽說先伯父張大壯先生生前曾加入過農工民主黨，於是我請農工黨主委周谷城先生為他書寫了墓碑，他的學生將他安葬在他的家鄉杭州。

二〇〇九年十二月八日

10 王人梁，〈三家花鳥〉。

11 懷菊山民，〈婉約清雋，風貌獨具——管窺張大壯畫藝〉。

12 王人梁，〈三家花鳥〉。

章太炎紀念館、故居及全集

這裡想說說祖父身後三件事：紀念館、故居、《全集》。

章太炎紀念館

「文革」結束後，祖父的墓首先得以修復，接著，被抄去的文物陸續被發還。儘管不少精品並沒有發還，但發還的文物依然數量眾多，面對這些失而復得的文物，我們仍忐忑不安，不知能否守住這些東西，一旦缺失一二件，我們豈非又會成為罪人。

有三件事讓我們深感不安：在上海人民出版社與有關專家來我家整理資料，準備出版《章太炎全集》過程中，一大包祖父研究佛學的手稿不翼而飛了；在一次舉家去杭州掃墓時，祖父的一枚大勳章，父親用膠帶小心地黏在大櫥底下，然後鎖上房門外出了。然而掃墓歸來，大勳章竟不翼而飛了；祖父的另一枚大勳章，借給江蘇省博物館展出，竟也不翼而飛了。怎麼守住祖母禪精竭慮保存下來的祖父留下的有關文物，讓我們後人深感焦慮。

一九八一年，在辛亥革命七十周年之際，祖父墓地首先得以修復，我與念祖哥應邀參加了浙江省修復典禮及有關活動，以後我又應浙江省政協邀請，參與紀念祖父逝世五十周年紀念會及國際學術研討會籌備工作，認識了浙江省政協主席王家揚、省文化廳長毛昭晰、省文物局長葉遐修、市園林局副局長陳文錦、省外辦主任王力夫等領導，開始跟他們探討建立「章太炎紀念館」的可能性，地址就選擇在祖父墓前——南屏山下荔枝峰山麓。這片土地原是我們家屬在祖父去世後購下的一片墓地。我們希望紀念館能成為祖父生平事蹟的展覽中心、學術研究中心、文物收藏中心，同時也允許祖母能傍祖父安葬。如能成願，我們願將家中一切收藏悉數捐給國家，交杭州園文局收藏。這樣既可了卻我們後人的憂慮，又能為杭州山湖增光增色。

我們的建議受到了這些領導的高度重視，我不能不說這是我遇見的最懂文化最有歷史責任感的人，經過我與他反覆醞釀，逐步形成了文物捐獻與紀念館成立的藍圖。為此我們幾度赴北京，去蘇州，到上海，抵杭州，反覆協商，最後我設法去說服家父和兄弟姊妹，好在父親絲毫沒有反對之意，很順利地促成了此事。

一九八六年我們正式向國家辦理了文物捐獻的手續，捐贈的文物共八千多件，我的姊夫陳光耀用了數月時間，幫助作了文物登記。內有手稿三百七十多種，他的著作原稿一百一十四種，重要文稿數百件，還有許多政治上電文宣言等。僅書法作品八十三幅，私章二十多枚，藏書一大批（內有鄒容《革命軍》原版本等重要書籍，又如朱梅邨全部手稿等等），碑帖數百幅（許多皆絕版精品，如原刻四駿圖、洛陽出土三體石經原拓本十冊等等），古錢幣一整套（均為祖父精心收集，按年次排序，內有許多珍貴精品。其中有一枚係王莽十布，是祖父為潘景鄭父親作壽序，潘家花數百銀元購得作為筆潤送祖父的），以及玉器、銅器、古玩及生活用品（包括秦代有銘文的度量衡數種，等等），我們甚至將「抄家清單」，連同發還的全部抄家物品，統統捐獻給了國家。當時主持中央工作的胡耀邦聞訊後，在文件上批示稱：「如今偷國家文物的有，倒賣國家文物的也有，將這麼多文物捐給國家的人沒有，這證明章太炎先生是愛國的，章氏後人也是愛國的。」

於是中央決定邀請我父親及兄弟姊妹去中南海參加捐贈的頒獎儀式，並將這些文物在國家歷史博物館公開展出。可惜舉行這些儀式時，胡耀邦卻下臺了，由薄一波與鄧力群主持了儀式。這批文物最後交杭州市園文局收藏。

因此杭州市政府特別撥款在西子湖畔，在祖父墓地前空地上，建造了「章太炎紀念館」。在一九八八年一月十二日，祖父誕辰一百十九周年之際，紀念館正式落成。這是一個仿古式園林建築，占地約二千平方公尺，庭中大廳為陳列館，左右兩側也是兩個陳列廳。這是一座小巧恬靜的收藏豐富的歷史名人紀念館。展覽廳左側，又有一個小庭園，圍了一個小池，築有庫房、辦公室、會議室、小賣部等附屬建築，各種功能一應齊全，加上電子的遙控，先進又安全，這是祖父的最好歸宿，也是他的文物最好的歸宿，也了卻了我們後人的心願。這些年來，紀念館辦過多次研討會和紀念會，辦過多次巡展，出版過多種書籍，也接待了國內外許多參觀者，成了一個愛國主義教育的基地。

杭州園文局也撥款三十萬元，專門獎勵我們家屬，他們先給了我父親二十萬元，準備我們今後再捐贈時，再獎勵十萬。在三十年前，這筆獎金，雖與文物價值不可相比，但也價值不菲。父親拿了這錢，幫單位「辦公司」，這是大家都知道的事。四年後，他去世了，「組織」上說，不知道有這回事！於是這筆錢也不知所終了。但好在祖父的大部分文物都保存了下來，紀念館也成了美麗杭州的一個景點，它們會比我們這一代人，比錢，更長久長久地流傳下去。

紀念館落成，當時的全國人大常委會副委員長周谷城先生為紀念館題寫了匾額，懸於大門口的門框之上。全國古籍整理出版小組組長、原中聯部部長李一氓來電，稱：「太炎先生是中國近代史上著名的革命家，又是在學術思想上做出巨大貢獻的學者，杭州為其原籍，建館紀念，實有重大意義，特此電賀。」姬鵬飛國務委員為紀念館題寫了「近代英傑」四個大字。全國人大常委會副委員長楚圖南題寫了「先哲精神，後生楷範」八個大字。全國人大常委會副委員長朱學範題了「一代文風」四個大字。全國政協副主席屈武題寫了「革命前驅，文章泰斗，紀念先賢，湖山不朽」十六個大字。沙孟海先生寫了巨幅楹聯：「葑漢昌言是舊民主革命健將，泌丘高致推本世紀國學宗師」。這一切與紀念館都成了永久的紀念。

章太炎故居

祖父是餘杭人，他出生在杭嘉湖平原的西南盡頭的倉前鎮，這是京杭大運河的南端塘河畔的一個富饒的鄉鎮，沿著塘河有著一條古老的街道，長一千五百公尺，舊稱三里街，當年是江南水鄉的一條繁榮古鎮，這裡盛產大米，又交通發達，南宋在老街北側建了著名的臨安糧倉，倉前即以此聞名於世。老街中段，即是祖父的故居，他出身於斯，生長於斯，早年在此奠定了他的人生觀與文化觀，二十二歲後才離開家鄉。這片土地與這個家庭，孕育了一個傑出的愛國主義者——中國最了不起的國學大師。

清後此鎮逐漸衰弱，尤經太平天國戰亂，幾度遭戰火凌蝕，由盛而衰。一九四九年後，它僅僅作為一個農業縣，發展緩慢，猶世外桃源，僅僅是杭州市的一個郊縣，去一次倉前，十分不便。故居在解放後被國家財稅部門接管，故居內居民與單位雜居，已完全沒有了當年模樣。其實，早在一九二七至一九二九年，國民黨定都南京後，就兩次將祖父定為「反動派」，將他在倉前的一點薄產，都作為「逆產」而沒收了。可見「抄家」、「沒收」古而有之，是我們國家有特色的「國粹」。

我第一次去故鄉倉前是一九八六年，「文革」後的第十年，我已是四十四歲的一個中年人了。這一年是祖父逝世五十周年，紀念他的國際學術研討會在杭州舉辦，於是餘杭第一次修復了他的故居，組織所有與會代表瞻仰了他的故居。這是我第一次踏上故鄉的這片土地。這裡除了有一個水泥廠外，絲毫沒有一點點現代化可言。

一九八五年故居作了第二次修葺。一九八六年被列為縣文保單位。一九九七年被列為省文保單位。二〇〇六年被國家列為全國文物重點保護單位。二〇〇八至二〇一〇年，餘杭政府再一次撥專款加以修葺。在二〇一二年一月十二日，在祖父誕辰一百四十二周年之際，故居重新開放參觀，以全新姿態向世人展現了祖父青少年時代的風貌，完全令人刮目相看了。

故居是坐北朝南的一座三間四進的木結構建築，面積有八百一十一平方公尺，由轎廳、正廳、臥室、書房、廚房等組成，反映了當時章家由祖產與三代醫術構成的較溫馨悠閒的知識分子家庭生活面貌，以及祖父讀書成長的環境。第四進則是展覽廳，分成四個展廳，反映了祖父的主要成就。展覽以漆畫、浮雕、圓雕、油畫、多媒體等方式，展現了祖父波瀾壯闊的一生，反映了這片土地如何養育了這個民族的驕傲。

在辛亥革命一百周年之際，故居與老街都列入了餘杭區「文化名區」戰略的「十大文化工程」之中，在故居旁，設立了「國學講堂」以及會議室等附屬建築，構成了一個完整的整體，搞了許多以文化為主題的公益活動，讓祖父的故鄉重煥文化活力。二〇〇八年，倉前竟召開了「太炎精神」研討會，邀請了許多學術界重量級人物與會，一個原來經濟文化都很落後的地方，竟問鼎起學術文化，家鄉的變化真太大了。餘杭從以前的農業縣，一變為多種經濟的集聚地，它的產值與經濟排名竟排到全國最富裕縣的前三位，這真是翻天覆地的巨變。

令人完全沒有想到的是，古老的老街對面，與塘河一河之隔的對岸，幾千年來的一片稻田，竟出現了一個龐大的現代化的科創中心——中國最有希望的四個科創基地之一，吸引了成千上萬科創人員在這裡創新，魔術般地樹起了一個現代化的創新城市：形成了以杭州師範大學為代表的高校學術文化圈；以未來科技城海創園的高層次人才的「海歸」文化圈；以阿里巴巴為代表的「夢想小鎮」為代表的「創客」文化圈。其規模與氣勢可以說超過了上海的浦東開發區。連浙江省黨校也搬到了倉前，給倉前帶來了一大批高閱歷的鄰居。將現代文明與古代文明和諧地結合在一起，一邊代表現代、未來、創新、高科技……；一邊代表傳統、人文、學術、文化……。我相信，故居、國學、小鎮、傳統文化，一定能與「創客」產生共鳴，相互滋潤，形成新的文化，帶了餘杭、帶了倉前起飛，寫出新的歷史篇章。

章太炎全集

出版祖父的全集，一直是他的家屬、弟子和學術文化界的宿願，這願望直到「文革」結束的一九七八年，一個萬物初醒的年代，一些懂文化有歷史使命感的人走上了領導崗位，他們迫不及待地要給十個歷史人物先出版全集，祖父也是其中一位。

按照國務院古籍整理領導小組意見，祖父的全集由上海人民出版社出版，於是祖父的弟子王仲犖先生發動祖父弟子分別承擔了整理工作。全集沒有設主編，但王仲犖先生實際起到了主編的作用。我代表家屬參加到全集整理出版之中。一九七九年我由上海人民出版社借調到上海社科院歷史所工作。一九八一年我正式調入上海社科院歷史所，在近代史室工作。

從一九七九年《章太炎全集》正式啟動，到二〇〇九年，三十年中，僅出版了八集。而其他歷史人物的全集至少已出版了上百種了，這原因是多種的。首先是出版業長期不景氣，這種學術書市場小，成本高，編寫難，生僻字多，僅校讀，就需讀五次校樣；其次，有資格參加全集工作的學者，好不容易迎來學術繁榮的春天，忙於自己的學術都來不及，為他人作嫁裝的事，自然少人問津了；最後，整理章太炎著作工作屬於學術難度最高的工作，勝任這工作的整理者越來越少，缺乏參與者。

二〇〇八年我在參加餘杭倉前「太炎精神研討會」時，講了出版全集的重要性與遇到的困難，引起了家鄉領導的重視。於是會後我們一次又一次地探討此事，並設法讓餘杭與上海人民出版社接洽，於二〇一二年逐步形成共識，決定餘杭出資金，人民出版社組織力量，重新開動全集出版工作。二〇一三年四月，上海人民出版社在上海召開了全集編纂專題會，五月，餘杭召開了《章太炎全集》編纂工作研討會，《全集》終於重新啟動了。

二〇一四年六月，餘杭又召開了「紀念章太炎先生誕辰一百四十五周年暨《章太炎全集》（第一輯）出版座談會」，原全國人大常委會副委員長許嘉璐（也是《全集》主編），專門來參加了會議。第一輯是將原組八冊重版，由直排繁體，改為橫排簡體。

全集出版情況如下——

已經出版的：

卷一《膏蘭室札記》三冊　沈延國點校（章門弟子）

《詁經札記》

《七略別錄佚文徵》湯志鈞　點校

卷二《春秋左傳讀》　姜義華　點校

《春秋左傳讀序錄》

《駁箴膏肓評》

卷三《訄書》初刻本　朱維錚　點校

《訄書》重訂本

《檢論》

卷四《太炎文錄初編》共五卷　徐復總校　具體參加點校的還有：錢玄、張芷、祁龍威、程敦復、王子慧、湯炳正（均為章門弟子）

卷五《太炎文錄續編》共七卷　黃耀生總校　具體參加點校的有：饒欽農、賀庸（均為章門弟子）

卷六《齊物論釋》　王仲犖　點校

《齊物論釋定本》

《莊子解故》　朱季海　點校

《管子餘義》　沈延國　點校

《廣論語駢枝》　陳行素　點校

《體撰錄》　沈延國　點校

《春秋左氏疑義答問》　姜亮夫、崔富章點校（均為章門弟子）

卷七《新方言》　蔣禮鴻　點校

《嶺外三冊語》

《文始》　殷孟倫　點校

《小學答問》　殷煥先點校（均為章門弟子）

《說文部首均語》

《新出三體石經考》

卷八《醫論集》　章念馳編訂　潘文奎、陳熠、張仁、宋知行、宋光飛點校

即將出版的：

卷九《演講集》上——《章太炎說文解字授課筆記》王寧編訂並率眾弟子點校

《演講集》下　章念馳編訂　點校

卷十《書信集》上　馬勇編訂　點校

《書信集》中

《書信集》下

卷十一《眉批集》羅志歡編訂　王彥坤、李恩慶、易淑瓊點校

卷十二《國故論衡》

《古文尚書拾遺》

《太史公古文尚書說》

《古文尚書拾遺定本》

《劉子政左氏說》

《清建國別記》

《自定年譜》

卷十三《葑漢閣筆記》虞雲國點校

《菿漢微言》
《菿漢昌言》
《新編三字經》
《自述學術治第》
卷十四《訄書外編》民國四年前發表在《蘇報》及《民報》等處的文章，《章氏叢書》未錄的最革命的文章
卷十五《太炎文錄》外的佚文，包括詩稿、連語等
卷十六《佛學集》
卷十七《譯文錄》
卷十八《韻文集》
卷十九《電文集》

祖父《全集》的整理出版工作，工程浩大，大約可出近二十種，約二十三集，其中大部分校點工作是不需要編訂的，只要將現成的文章加以編輯，歸成一集即可，但《醫論集》、《演講集》、《書信集》、《電文集》、《佚文集》是需要從散落在各處的報刊雜誌加以逐一收集。我一九七九年借調到上海人民出版社在社科院歷史所從事的就是這項工作，當時我一無學術根底，充其量只是比較熟悉祖父經歷，於是我選擇《醫論集》與《演講集》作為自己的目標，開始按祖父每年每月每天的經歷，去搜尋他的醫學經歷與著述，去搜尋他的行跡與演說，在一無

指點，二無依靠的情況下，編出了《章太炎醫論集》，共輯得醫論一百三十多篇，先後花了八年時間，但點校只能請上海中醫文獻館協助；同時，用了十多年時間，編出了《章太炎演講集》上下集，共輯得演說稿一百四十七篇（有七篇為上海人民出版社提供），並勉力完成了點校。終於完成了祖母和章門子弟信託，盡了「後死之責」。

說實話，我曾很後悔去從事這項工作，這工作太尖端，難度太高了，我身處知識私有的高等學術機構中，是孤立無助的，是無法偷懶取巧的，讓我活得很累很累。我曾很恨飽學之士的吝嗇，讓我在學術的海洋中自生自滅。於是我只好一天天地去勤讀勤學，但是，我終於完成了我的承諾。可是，我今天已無怨無悔了，我反而要感謝這嚴酷的工作和感激這嚴厲的環境，這畢竟逼了我學了許多，也懂了許多，還讓我兼事了兩岸關係研究，獲得了各方的肯定。這一切好像是命中注定的，在我已七十四歲之際，我除了感謝命運之外，還是要感謝上蒼的恩賜，讓我們渡過了苦海！

二〇一五年八月二十九日

章太炎與孫中山*

*本文發表於浙江文史資料選輯第三十二輯《孫中山與浙江》（浙江人民出版社，一九八六・八），頁三一—五二。

今年是孫中山先生誕生一百二十周年，又正值先祖父章太炎先生逝世五十周年。

中山先生和太炎先生，作為同時代的兩個歷史人物，並肩戰鬥了幾十年，對中國近代歷史的進程產生過重大的影響。他倆的政治主張，在大的方面多半是一致的，而又有差異之處；他倆的關係總的是親密的，而又有矛盾之時。這給歷史研究者帶來種種迷霧。中山先生和太炎先生的真實關係究竟如何？是人們一直關切的問題。

作為一個歷史人物的後裔，評價自己的先人，向為大忌。因為歷史科學應「斷感情，汰華詞」，而這是後裔往往難以做到的。但是許多前輩和同仁一再鼓勵我撰文。我當力求忠實於歷史，不為親者諱、尊者諱。至於如尚有感情用事之處和華詞未汰之辭，希望給予批評和指正。

一、從戊戌變法到辛亥革命

太炎先生在投身革命之前，原是一個學者，曾從俞曲園大師研讀經書，深受傳統文化薰陶，在民族危機刺激之下，遂走出書齋，始贊和維新，繼投身革命，欲以一介書生顛覆滿清三百年帝業，曾被人目為「瘋子」。當一八九七年中山先生因從事反清革命鬥爭被英國清使館幽禁於倫敦引起海內外譁然時，太炎先生閱西報得悉其事，「問梁啟超：『孫逸仙如何人？』梁云，『此人蓄志傾覆滿洲政府』。」先祖父聽了，「心甚壯之。」暗暗引為同志，說：「竊幸吾道不孤！」[1]這就是太炎先生對中山先生的最初印象。

太炎先生投身救國洪流初期，曾是維新變法的擁護者。戊戌變法失敗，六君子遭戮，先祖父也遭緝捕，被迫避地臺灣，後又轉赴日本，於一八九九年六月，在橫濱梁啟超家中，第一次見到中山先生。這次會面是短暫的，但他們卻「相與談論排滿方略，極為相得」[2]。中山先生說：排滿「即浴血之意」，太炎先生聞之極為讚賞，認為「可謂卓識」[3]，但又認為中山先生「非有實際，蓋不能與張角、王仙芝者也」[4]。這種一面之交的印象往往是粗淺的，太炎先生事後也承認這一點。在他撰寫《自定年譜》時，他說在橫濱雖然見到中山先生，但尚「未相知也」。不過這次見面，他對中山先生關於排滿就是流血革命之說，深深印入心中。

戊戌變法、義和團運動相繼慘敗，使太炎先生認識到清政府就是國家衰敗的根源。要救國，變法維新的路是走不通的，只有革命，推翻清政府，方能振興中華。因此，當他從日本返國後，適逢唐才常在上海組織「國會」，鼓吹「一面排滿，一面勤王」，太炎先生大為反感，認為革命不能「首鼠兩端」，於是自剪髮辮，表示了與改良派的決裂，同時撰寫了〈請嚴拒滿蒙人入國會狀〉和〈解辮髮說〉，對改良派進行了批判，他將這兩篇文章寄給了中山先生，並

1　章太炎，〈致陶亞魂柳亞廬書〉。
2　馮自由，《中華民國開國前革命史．壬寅支那亡國紀念會》。
3　章太炎，〈致汪康年信〉。
4　同注3。

給中山先生寫去一封充滿革命激情的信。信中說：「數年以來，聞先生名，乃知海外自有夷吾，廓清華夏，非斯莫屬。」並希望中山先生「為四萬萬人珍攝」。中山先生對太炎先生的革命豪舉，極為欣賞，特囑香港《中國旬報》全文刊載太炎先生的兩篇文章和給他的信，並加〈後記〉一篇。〈後記〉說：「章君炳麟，餘杭人也，蘊結孤憤，發為罪言，霹靂半天，壯者失色，長槍大戟，一往無前，有清以來，士氣大壯，文字之痛，當推此次為第一。」這樁逸事，發生在辛亥革命勝利前的十年。

唐才常「勤王」很快兵敗身死，太炎先生避於蘇州一所教會學校——東吳大學，一面教書，一面宣傳革命。不久，又一次遭到通緝，他被迫再次流亡日本。

一九〇二年春，太炎先生抵達日本，在那裡再次見到了中山先生。當時中山先生住在橫濱，太炎先生住在東京。太炎先生「常自東京至橫濱，中山亦常由橫濱至東京，互相往來」[5]。中山先生對太炎先生「陳義斬斬，相與語，歡甚」[6]。由於彼此對革命方略和形勢的看法一致，志同道合，大有相見恨晚之感。在中山先生啟迪之下，太炎先生「援引義法，折其非違，而視聽始變」；太炎先生的淵博學問和錚錚骨氣，也使中山先生大為折服。於是，中山先生集興中會同志百餘人，在中和堂設宴，用會黨內部結盟的儀式，導太炎先生「入中和堂，奏軍樂，延義從百餘人會飲，酬酢極樂」[7]，兩人正式定交。席間每人都向太炎先生敬酒一杯，他暢飲七十餘杯而不覺其醉，傳為佳話。從此孫、章結下了深厚友誼。

中山先生與太炎先生定交，也影響了當時一大批留日愛國者對中山先生的看法。當時中山先生在日本「交遊素寡，自從會見定交後，先生介紹英俊留學生之往謁者始漸次多，群士輻湊，陣容益壯，種族大義始震播於學校之間。」[8]於是，在中山先生周圍形成了一個革命群體。

從此，他倆經常在東京對陽館相晤，頻頻商討革命大計。「孫公於開國典制，多與先生相商榷」[9]。他倆一起討論了革命勝利後如何改革土地制度和賦稅制度，提出了「耕者有其田」的主張。太炎先生根據中山先生的設想，制定了一個平均地權的具體方案，即《均田法》，這雖然不是一個十全十美的土地綱領，但卻是中國近代第一個較為完整的資產階級土地革命方案。同時，他倆還一起討論了開國後的建都問題等大事，太炎先生提出「今後建都，謀本部則武昌，謀藩服則西安，謀大洲則伊犁。孫公雅相推重，先生亦服孫公善經畫」[10]。這些重要的討論，為推翻清政府以後建立一個什麼樣的資產階級共和國，描繪了輪廓。

太炎先生在中山先生的啟迪下，進一步清算了自己改良主義的思想，堅定了革命的意志，修訂了自己的著作《訄書》，終於以一個堅定無畏的革命者的姿態出現在革命舞臺上。多少年

5 朱希祖，〈本師章太炎先生口授少年事蹟筆記〉。
6 章太炎，〈秦力山傳〉。
7 章太炎，〈自定年譜〉。
8 許壽裳，〈國父中山先生和章太炎先生——兩位成功的開國元勳〉。
9 但燾，〈章先生別傳〉。
10 同注9。

後，太炎先生也不能忘記他與中山先生定交時的一段交往，他說：「同盟之好，未之敢忘，昔在對陽，相知最夙」，乃中山先生也。而中山先生一直珍惜著這種友情，並將他們共同研討的開國典制，融化到他的學說和著作中去。

定交後不久，正值清軍入關明末崇禎皇帝身亡二百四十二周年，太炎先生與秦力山、馮自由、馬君武等提議東京舉行一次「支那亡國二百四十二周年紀念會」，以啟發留日學生的民族意識，進行革命鼓動。太炎先生特將這個打算寫信告訴中山先生。中山先生得訊後極表支持，覆信說他願作為大會的「贊成人」。太炎先生為大會撰寫了〈宣言書〉，他以深沉感人的文筆，飽蘸民族主義激情，歷數了清政府的野蠻、殘暴和無能，號召：「願吾滇人，無忘李定國，願吾閩人，無忘鄭成功；願吾越人，無忘張煌言；願吾桂人，無忘瞿式耜；願吾楚人，無忘何騰蛟；願吾遼人，無忘李成梁。」要求繼承抗清志士的愛國精神，推翻賣國的清政府。

清政府駐日公使獲悉太炎先生等將舉行支那亡國紀念會，驚恐萬狀，於是勾結日本政府強令取消這次集會，並傳訊了太炎先生。可是原定舉行紀念會的那一天，東京上百名留學生還是來到了上野精養軒，準備參加紀念會，「孫中山亦自橫濱帶領華僑十餘人來會」[11]。但遭到日本政府派出軍警的干涉，致使會議無法進行。於是中山先生提議把紀念會改在橫濱永樂酒樓舉行。是日下午，太炎先生和中山先生等六十多人，來到橫濱，在永樂酒樓以聚餐形式舉行了「支那亡國二百四十二周年紀念會」。會議由中山先生主持儀式，由太炎先生宣讀〈宣言書〉。整個會議禮隆典重，氣氛莊穆，使民族主義的思想深深感染了每一個到會者。「是晚，興中會仍在此樓公宴太炎等，凡八九桌，異常歡洽。總理（即中山先生）倡言各敬章先生一杯，凡七十餘杯殆盡，太炎是夕竟醉不能歸東京」[12]。由於中山先生在橫濱補行了紀念會，並將會議的報導及〈宣言書〉，及時刊於革命機關報《中國日報》，使香港等地革命知識分子大為振奮，紛紛響應，也舉行了類似的集會，使海內外反清鬥志為之一振。這次紀念活動是我國留日學生在海外第一次有組織的反清革命行動，也是中山先生與太炎先生親密合作的產物。

隨著形勢的發展，先前一部分維新人士，認識到改良主義是沒有出路的，遂摒棄了原來改良道路轉入革命的行列；有一部分人則認為維新失敗，罪在慈禧太后身上，光緒皇帝還是「聖明」的，因此他們把希望放在君主立憲上，康有為和梁啟超是這些人的代表。梁啟超把當時國家積弱的根源，說成是由於慈禧的獨裁和全體國民的「奴性、愚昧、為我、怯懦、無動」六大弱點，造成了中國的落後，如果光緒的新政沒有這些阻撓，中國早就可以與各國列強並駕齊驅了，所以中國的出路，在於推翻慈禧，讓光緒重新執掌朝政。康有為則鼓吹「中國只可能行立憲，不可行革命」，說什麼革命將「血流成河，死人如麻」，並胡說什麼滿漢早已平等，反對種族革命。這些保皇派的理論，在當時，特別在海外華僑中間頗為得勢，華僑們紛紛解囊支持保皇派，而中山先生的興中會的影響還遠不及保皇派。這嚴重地阻礙了資產階級革命的發展。

---

11 同注2。

12 馮自由，《華僑革命開國史．橫濱支那亡國紀念會》。

中山先生與太炎先生深刻地認識到要革命成功，只有廓清芟言。中山先生後來回顧說：「我們提倡民族主義。那時候駁我們民族主義的人，便說滿洲種族入主中華，我們不算是亡國，……這些人不獨是用口頭去擁護滿洲，還要結合一個團體叫做保皇黨，專保護大清皇帝，來消滅漢人的民族思想的。」當時，太炎先生奮筆撰寫了〈正仇滿論〉，肯定了光緒百日維新的功績，但又指出新法斷不可能實現，因為整個滿族統治集團絕不會自動放棄他們的利益，而絕不是慈禧一人反對而已，況且光緒一旦得政，也必然沿用舊法自保利益。因此中國出路，唯有革命。不經革命，立憲就是空話。整個滿清統治階級的所作所為，已「無一事不足以喪吾大陸」。這篇文章，是中國近代史上第一篇公開駁斥保皇派言論的文章，也是第一篇公然批判滿清王朝和光緒皇帝的文章，使保皇派的言論頓失光彩。從此揭開了革命派與保皇派的大論戰。以後，太炎先生又撰寫了〈駁康有為論革命書〉，駁斥了他們吹捧光緒所謂「聖仁英武」的讕言，直斥光緒為「載湉小丑，不辨菽麥」，並熱情謳歌了革命，他說：「公理之未明，即以革命明之，舊俗之俱在，即以革命去之。革命非天雄、大黃之猛劑，而實補瀉兼備之良藥矣！」在黑暗的封建皇權絕對統治下的中國，太炎先生敢於直斥神聖不可侵犯的皇帝為「小丑」，又以革命的真理，把君主立憲的謬論駁得體無完膚，這是需要很大的膽識的。故舉國為之大震，連當時一些封建老儒也欽佩文章之鋒利，使海外華僑紛紛由保皇轉為擁護革命，從而大大動搖了清政府賴以維繫其統治的理論基礎。

太炎先生的革命言論，導致了清政府對他的進一步迫害。一九〇三年，清政府勾結帝國主義，在上海將太炎先生和鄒容逮捕入獄，這就是震驚中外的「蘇報案」。清政府本欲以滬寧鐵路主權為交換，引渡太炎先生和鄒容，後又準備派兵劫牢，必欲殺太炎先生而後快。不料清政府的鎮壓，反而激發了人們對革命的同情，促進了革命浪潮的高漲。在中外公正輿論壓力之下，太炎先生由「終身監禁」改判為「服刑三年」。中山先生對「蘇報案」深為關切，並給予了高度評價，說：「蘇報一案，章太炎、鄒容以個人和清政府對訟」，「於是民氣為之大壯」。

太炎先生在獄中非常懷念中山先生等戰友，特致書中山先生，請張繼帶往日本。信上尊稱中山先生為「總統」，希望他不僅要注重領導華僑和會黨，還要注重對留日學生和知識分子的領導。在中山先生就任臨時政府大總統的前九年，即稱中山先生為「總統」，可見當時他對中山先生的愛戴，並寄予厚望。

正當太炎先生囚於西牢之際，章士釗根據宮崎寅藏的《三十三年落花夢》，編寫了一本《孫逸仙》的書，介紹革命家中山先生。太炎先生欣然為該書題辭道：

> 索虜昌狂泯禹績，有赤帝子斷其嗌；
> 揜跡鄭洪為民辟，四百兆人視茲冊。

當時在國內，很多人對於中山先生還不夠了解，正如章士釗所述：「其時天下固懵然不知孫氏為何人也」[13]，所以《孫逸仙》一書出版，大大有助於人們對中山先生的了解。「蘇報案」的結果，與清政府的初願完全相反，大大激發了人民反清的情緒。不久，華興會成立於湖南，光復會誕生於上海。一九〇五年八月二十日，興中會、華興會並聯合光復會，在日本東京成立了中國資產階級的第一個政黨——同盟會。中山先生就任了同盟會的總理，並通過了「驅除韃虜，恢復中華，建立民國，平均地權」的政治綱領。從此革命進入了一個新階段。

一九〇六年六月二十九日，太炎先生刑滿釋放，中山先生特地派龔煉百、時功玖、胡國梁、仇亮等人專程從日本到滬，迎接太炎先生出獄。當天，蔡元培、于右任、柳亞子、朱少屏、劉道一、熊克武、但燾等十餘人，也一起趕來迎接他出獄。當太炎先生走出牢門，大家鼓掌歡迎，一齊乘馬車至吳淞中國公學。當時熊克武問太炎先生：「你準備去哪裡？」太炎先生說：「中山在哪裡，我就去哪裡。」同盟會總部代表即代表中山先生邀請先祖父赴日本，太炎先行馬上表示：「孫逸仙與吾輩同氣，允宜合作。」當晚就隨同盟會代表東渡日本去了。

太炎先生抵達日本後，即由中山先生主盟，正式加入了同盟會，並擔任了同盟會機關報《民報》的總編輯和發行人，成為革命黨的發言人。當時《民報》正與梁啟超為首的保皇黨機關報《新民叢報》繼續大論戰，論戰的焦點是要不要進行暴力革命，要不要建立資產階級共和國，要不要進行土地問題為核心的社會革命。太炎先生以他滿腔的熱情，淵博的學識，犀利的文筆，投入了戰鬥，發表了〈討滿洲檄〉、〈定復仇之是非〉、〈排滿平議〉、〈中華民國解〉等一系列戰鬥的文章，並就革命黨的自身建設，革命者的道德，國家政權的理論，以及資產階級革命中的哲學和理論體系問題，發表了大量文章。正如魯迅先生所說：真是「所向披靡、令人神旺」，駁得保皇派敗下陣來。《新民叢報》從此一蹶不振，只好關門停辦，使革命黨取得了大論戰的勝利。中山先生曾高度評價太炎先生主《民報》筆政的貢獻，說，「《民報》鼓吹三民主義，遂使革命思潮彌漫全國，自有雜誌以來，可謂成功最著者。」

在《民報》創辦一周年之際，中山先生在東京錦輝館召開了慶祝會，六、七千留日學生參加了這次集會。這是辛亥革命前留日學生與革命黨人在東京召開的最盛大的一次集會。會議從上午八時開到下午二時。會上，中山先生發表了著名的民族主義、民權主義、民生主義的「三民主義」重要演說，太炎先生宣讀了〈民報一周年紀念會祝辭〉，並針對當時有些革命者的思想發表演說，指出革命者必須把「依賴督撫的一念，早早打消」。這兩個演說，受到與會者的極大歡迎。

太炎先生這時是第三次流亡日本。在他主持《民報》期間，就住宿在《民報》社，即東京牛込區新小川町二丁目八番地，而中山先生的住址就在牛込區築士八幡町二十一番，相隔不遠。這時太炎先生幾乎每天要步行到中山先生住所，與中山先生一起商討革命大計，黃興先生也幾乎每天前來參加討論。他們一起就推翻清政府的方針和策略，作了詳盡的討論，共同制訂了《革命方略》，其中包括〈軍政府宣言〉、〈軍政府與各處民軍之關係條件〉、〈軍隊之編

13 章士釗，《孤桐雜記》。

制〉、〈將官之等級〉、〈軍餉〉、〈戰士賞恤〉、〈軍律〉、〈略地規則〉、〈因糧規則〉、〈安民布告〉、〈對外宣言〉、〈招降滿洲將士布告〉、〈掃除滿洲租稅釐捐布告〉等十四個重要文件，其中有些還是太炎先生執筆成文的。這些文件，是孫、章、黃合作的結晶。當時人們往往把「孫、章、黃」並稱。中山先生作為大革命家，黃興先生作為軍事家，太炎先生作為宣傳家，是一個不可分割的整體。

但是，太炎先生與中山先生的關係，也並非萬里無雲，而是有過陰影和波折，而且還出現過多次。對於他倆的矛盾與分歧，人們議論紛紛。其實，革命過程中同志間出現一些矛盾和分歧，本是很難避免的。例如太炎先生與中山先生曾為《民報》經費的分配、《民報》的停刊與復刊、起義的地點和革命的策略，以至武器的選購等問題上，都發生過分歧。重要的是，太炎先生與中山先生在推翻滿清、建立民國的大宗旨上是完全一致的。只是由於中國的資產階級革命派先天不足，從一開始就帶著明顯的脆弱性和動搖性，使正常的爭論夾雜了宗派的觀念和地方主義，也就使正常之爭變得不夠正常了，導致了同盟會領導者之間的隔閡，以及同盟會與光復會的矛盾等等。太炎先生與中山先生的分歧，個人應負的主要責任是，在爭論中夾雜了個人的意氣，在敵人的挑撥、內奸的煽動下，又把個人意氣變為個人攻擊，甚至是人身攻擊，鑄成親痛仇快的事情。至於太炎先生和中山先生各應承擔多少個人責任，我認為沒有必要去劃分。如果一定要分的話，我以為先祖父太炎先生應承擔多一些。因為先祖父稟性耿直，脾氣倔強，書生意氣，容易衝動。這種性格，在對敵鬥爭中，可以成為一往無前的氣概；在同志間的矛盾和誤會中，也會變得易挫傷同志。

總的來說，我們沒有必要糾纏這些個人的責任，因為太炎先生和中山先生事後都深為這些風波感到後悔。從家裡迄今保存的先祖父太炎先生的遺物中，還有當年他發表在〈日華新報〉上的〈偽《民報》檢舉狀〉原件，但文中有涉及中山先生等人的地方，他於事後都用濃墨一一塗去了。中山先生也是如此，在辛亥革命勝利後，他在回答蔡元培誰可以入閣的問題時，談到一度與他關係鬧得很僵的太炎先生，他說：「至於太炎君等，則不過偶於友誼小嫌，絕不能與反對民國者作比例。」指出太炎先生「可以入閣」，而康有為、梁啟超則「不能入閣」。他指明了爭吵的性質，充分顯示了中山先生寬闊的胸懷。中山先生在給陳炯明電報中，更是重申了同盟會和光復會的關係，指出「同盟、光復二會，在昔同為革命黨的團體」，「兩會欣戴宗國，同仇建虜，非只良友，有如弟昆。縱前茲一二首領政見稍殊，初無關於全體。」這裡，中山先生清清楚楚地指出了問題的實質。這一切正如吳玉章前輩所說：「我覺得孫中山既無過錯，而章太炎也可以原諒。」所以，一切人為地誇大這些矛盾與分歧，都是沒有意義的。縱觀他倆一生交往，陰影只是暫時的和次要的，合作和友誼是主要的和始終的。尤其在革命的緊要關頭，他倆總是站在一起的，這才是主流，這才是本質。

二、從辛亥勝利到「二次革命」

辛亥革命的驟然獲勝，使同盟會的領導人欣喜若狂，他們紛紛登程回國參加建設新政府。太炎先生從報上獲悉中山先生即將從美國回來，也十分高興。他主動捐棄前嫌，特電滬軍都督陳其美，說：「探悉大革命家孫君逸仙已於前日乘輪回國，不日即可抵埠，請貴處派員妥為招待，以便與之協商北伐攻寧之策，俾得早定大局，以蘇民困。」在革命的關鍵時刻，他還是以大局為重，尊奉中山先生，以維護革命黨內的團結。

中山先生更豁達大度，在他就任臨時大總統後，在擬定各部部長名單時，曾親筆將太炎先生提名為教育部長，但因同盟會中某些成員的反對而未果。以後，中山先生又親自委任太炎先生為總統府樞密顧問，太炎先生接受聘請，於一九一二年二月七日抵南京，與中山先生相晤，談「組織政黨事，甚歡洽」。太炎先生向中山先生提出：「各省雖已先後獨立，但同時也形成了各自為政的局面，情況十分複雜，需要有一個聯合的組織，把各地的革命力量團結起來，才能對付袁世凱。」[14]

作為中山先生的顧問，太炎先生在許多問題上敢於直言，以國家與人民的最高利益為重。例如，當時臨時政府財政竭蹶，軍費無著，中山先生非常焦急，於是打算與日本合資經營中國最大的漢冶萍煤鐵公司，換取日方巨額貸款，以緩臨時政府之眉急。太炎先生獲悉，感到此事事關國家主權，不應貿然簽約，因此反覆致書中山先生，竭力反對，直至中山先生取消了已簽的草約。又如，在定都問題上，中山先生等主張建都南京，促袁世凱南下就職，以俾控制。但太炎先生認為北方清帝餘孽未盡，沙俄正在策畫外蒙「獨立」，又在內蒙與新疆製造混亂，日本又在東北施展陰謀，如果建都南京，則國家的「威力必不能及長城之外」，並不利於北方文化發展，所以建議建都北京。再如，中山先生宣布取消清朝紀年，採用西曆，這本是無可非議的，但太炎先生卻認為在手續上未經國民公選，法律手續未全，作為民主共和國，要處處尊重法制。又如，辛亥勝利後，革命派內出現排斥光復會和殺害光復會領導人物的種種事件，太炎先生上書中山先生，呼籲制止殘殺。太炎先生的耿耿直言，雖然有些「逆耳」，但中山先生從革命利益著想，大部予以採納了。可是有些人卻認為太炎先生存心處處與中山先生「作對」，有些心胸狹隘的革命黨人更是把太炎先生視為「叛逆」和「異端」，加以種種非難，以至國民黨執政後，更是把他視為「異端」，排除於他們的「國史」之外。

革命勝利後，正當革命黨人應該攜手建立新國家時，發生了光復會重要幹部許雪秋、陳芸生被陳炯明殺害事件；繼之又發生了光復會副會長陶成章被陳其美殺害的事件。陳其美和陳炯明當時都是中山先生的追隨者，這激起了太炎先生的憤慨。中山先生雖然也很震驚，電令緝凶，並囑陳其美「要設法保護章太炎君為幸」。但太炎先生對中山先生終於產生了新的芥蒂。

一九一三年三月，袁世凱暗殺宋教仁的一聲槍聲，血的教訓和嚴峻的現實，使中山先生和

14 王紹鏊，〈辛亥革命時期政黨活動的點滴回憶〉。

太炎先生看清了袁世凱的面目，認識到革命沒有成功，必須進行二次革命，捍衛共和成果。於是他倆又攜起手來了，開始共同反袁。

太炎先生從長春回到上海，受到中山先生的熱忱歡迎，特於國民黨總部舉行了全體職員歡迎會。會上，陳其美代表中山先生致詞，說：「太炎先生鼓吹革命，本吾國先覺，學問道德皆高尚純潔，四萬萬人仰為泰山北斗。此次由北南來，適值『宋案』發生，先生為民國主張公理人道代表，必有名言偉論，解決民國根本問題。」因這時太炎先生已從血的教訓中認識到革命黨人「不應互相猜忌，爭先利用不良政府，使彼得乘機利用政黨」，才毅然辭去東三省籌邊使，回到上海，投入了「二次革命」。他與中山先生等一起策畫了討袁事宜，參與議定了〈討袁檄文〉。太炎先生還公開致書袁世凱，把他的幫凶梁士詒、陳宧、段祺瑞、趙秉鈞直斥為「四凶」，公開要求懲處；並駁斥了袁世凱對中山先生的誣陷，指出袁世凱之「報紙對於孫、黃及國民黨恰如仇敵、如蛇蠍，將種種之事，捏造成文，或曰逆賊，或曰暴民，顛倒是非，毫無正鵠」；還連發〈宣言〉兩次，歷數袁世凱罪行。太炎先生再次用他銳不可擋和震聾發聵之筆，與中山先生一起投入了反袁革命。

這時，太炎先生個人生活也發生一個重大變化。一九一三年六月，由中山先生秘書長張通典先生作媒，介紹與我先祖母湯國梨在上海結婚。婚禮是由蔡元培先生任主婚人，中山先生、黃興、陳其美等革命黨人都親臨祝賀。這次婚禮，表現出太炎先生與中山先生政治上的重新一致，又反映了他倆感情上的癒合。婚禮上，中山先生還贈送先祖父銀具一套。這珍貴的禮品，經過多次動亂，至解放時，只剩下一只銀盃，我一直置於案頭，時刻緬懷。可惜在十年動亂中，這只銀盃也失去了。

「二次革命」由於事起倉促，力量對比也懸殊過大，不久被袁世凱鎮壓下去了。中山先生和黃興等，不得不再次流亡海外，勸太炎先生也同行，太炎先生以「中國既光復，猶求庇異邦，我不欲為」而謝絕了，反而決定冒危入京，他有詩道：「時危挺劍入長安，流血先爭五步看！」以準備「五步流血」與逆同歸於盡來表示討袁決心。結果被袁世凱幽囚，直至袁世凱自斃為止，整整被囚三年。這期間，太炎先生抗拒種種威脅利誘，寧死不屈，以怒罵和絕食，堅持反袁，保持了革命者的崇高氣節，正如魯迅先生所說：「以大勳章作扇墜，臨總統府之門，大詬袁世凱之包藏禍心，並世無第二人。……這才是先哲的精神，後生的楷模。」他的不屈鬥爭，大大鼓舞了革命派的鬥志。與此同時，中山先生在海外也堅持了反袁革命，重組了中華革命黨，最後經過「護國運動」，終於粉碎了袁世凱的皇帝夢。整個反袁鬥爭，中山先生和太炎先生雖然不在一起，而目標也始終是一致的。

反袁勝利後，一次，太炎先生在總結辛亥以來革命教訓時，痛念前塵，說：「當危難之際，彼此尚能同德同心，以至事稍有成，於是萌攘奪權利之念，而互相嫉視，……凡此皆取敗之道也。」說到這裡，太炎先生為革命隊伍內過去種種紛爭和因此付出的重大代價，傷心得失聲痛哭起來。以後他在〈告癸丑以來死義諸君文〉中，自承其責，說自己作為革命領導人，輕信袁氏，鬧同志意氣，「亦與有罪」。

不久，太炎先生出遊南洋。這時，國史館館長王闓運去世，中山先生即致電黎元洪總統，推舉太炎先生任國史館館長，電文說：「以文所見，則章君太炎碩學卓識，不畏強禦，古之良史，無以過之，為事擇人，竊謂最當。」但是當時之北洋政府害怕太炎先生稟性剛直，說話無忌，故未批准。

這期間，太炎先生言行大致與中山先生相合。他與中山先生共同發起舉行追悼「二次革命」以來的烈士，並親撰祭文；黃興先生逝世，他與中山先生等同撰悼文，由太炎先生執筆而成；他與中山先生一起參加陳其美歸葬弔唁；當段祺瑞步袁世凱之後，操縱「公民請願團」，製造事端，他與中山先生等聯名發出〈請嚴懲偽公民電〉；又與中山先生等聯名致電黎元洪〈請嚴懲暴徒主名〉；並且與中山先生聯名發出〈嚴斥中立電〉、〈主張徹底澄清電〉、〈致陳競存電〉、〈請大總統勿受調和電〉等等重要電文，目的都在抑制北洋軍閥背離《約法》和國會的舉動。

三、從「護法運動」到「國共合作」

袁世凱斃命後，段祺瑞步其後塵，毀棄《臨時約法》，拒絕召開國會，仍是一個「謀危民國者」。中山先生與太炎先生等天天集議於孫邸，商討對策，太炎先生連家也不回，經過三天三夜的討論，決定擁護共和，捍衛《臨時約法》，出師討逆。這就是辛亥革命勝利後，繼「二次革命」和「護國運動」後的又一個重要革命鬥爭——「護法運動」。

一九一七年七月六日，太炎先生不辭而別了家小，隨中山先生南下廣州，組織護法軍政府。在廣州，太炎先生回答記者問時說：「余此次與孫中山來粵，即欲切實結合多數有力者，大起護法之師，掃蕩群逆。凡亂法者必誅，違法者必逐。然後真正共和之國家，始得成立。」不久，護法軍政府成立，中山先生就任大元帥，任命太炎先生為護法軍秘書長。太炎先生為中山先生撰寫了〈代擬大元帥就職宣言〉，號召「天下共擊破壞共和者」，全文詞嚴義正，對破壞共和的北洋軍閥大施撻伐。在中國革命的又一緊要關頭，中山先生與太炎先生再度合作，共挽共和。

護法運動從一開始就把希望寄託在西南各省的「有力者」，即一批地方軍閥身上。而這些軍閥只不過利用中山先生和太炎先生等聲望，與北方軍閥討價還價而已。太炎先生以秘書長的身分，風塵僕僕，往返於滇、黔、川、鄂各省之間，聯絡「有力者」參加護法；後又受命為中山先生的總代表，渡南海，取道越南，赴昆明，勸說雲南軍閥唐繼堯接受軍政府元帥印章，共同護法。在這期間，他與中山先生不斷書電往來：討論護法方略，他努力貫徹中山先生意圖，竭盡全力，勸說群閥出兵護法。但是，任憑他唇焦舌敝，軍閥們表面上擁護護法，事實上他們借護法以擴充自己勢力，最後他們與北方軍閥勾結起來，把中山先生擠出廣州，護法終於失敗了。太炎先生也險些葬身西南，還是化裝後才跑回了上海。整個「護法運動」歷時一年零三個月，太炎先生跋涉一萬四千餘里，結果還是失敗了。這慘痛的教訓，使他認識到「廣西（軍閥）不過欲得湖南，雲南（軍閥）不過欲得四川，借護法之虛名，以收蠶食鷹攫之實效」。護法運動的失敗，使中山先生與太炎先生共同認識到一點——南北軍閥本是一丘之貉。軍閥是依靠不得了，革命應該怎麼進行下去呢？中國的出路又在哪裡呢？作為舊民主主義革命的代表人物，中山先生和太炎先生都不知如何回答這些問題，他們都深深陷入絕望和徬徨之中。

中山先生經過護法的失敗，儘管痛苦和失望，但沒有停止奮鬥。他一面總結教訓，一面將中華革命黨改造為中國國民黨。但是他還是把希望寄託在重建國會上。這時，北洋政府為了分化瓦解革命力量，又提出南北議和。中山先生周圍的一些人也頗有議和之意。太炎先生堅決反對與北洋軍閥議和，組織了「擴法後援會」加以反對，議和終於未能成功。

一九二〇年十月，陳炯明趕走廣州桂軍。陳為了壯大自己的勢力，請中山先生再次回廣州。中山先生抵廣州後，重組軍政府，發起第二次護法運動。一九二一年四月七日，廣東國會開會。五月五日，中山先生就任非常大總統。這時中山先生特致書太炎先生說：「粵局略定，西南聯絡，尚待進行。民生憔悴，如何蘇息。千端未竟，豈一手一足之烈所能為計？急願賢哲南來，匡我未逮。」中山先生異常情真意切地希望太炎先生再次去粵，共謀第二次護法。

但是，這一次太炎先生卻沒有回應中山先生的召喚。原因是，一九一八年護法失敗後，太炎先生如墜五里雲霧之中，一時不知所措，回家後，竟發憤杜門，五十多日「未嘗浪發一言」。他苦苦思索，卻無法回答。他回顧辛亥革命後無數失敗，目睹現狀，中華民國僅剩名號，人民依然在苦難之中。他為之拚搏、坐牢、流亡、流血所換來的，只是新老軍閥的苛徵暴斂。他深深失望了，由失望變得遲鈍。其實，時代還是在發展，作為舊民主主義革命是已經完成了，而進一步的新民主主義革命的任務已經提出，需要一個革命者敏銳地跟上時代。但太炎先生開始蒼老和遲鈍了，加上一場大病，臥床半年之久，竟沒有注意到「五四」運動後的新思潮、新文化、新學說的出現，沒有注意到俄國十月革命對中國的巨大影響，沒有認識到科學社會主義在中國的傳播，沒有感覺到新興的中國共產黨已經登上歷史舞臺，而他的目光還是在「有力者」身上，注意力還是在國會、《約法》上面，他雖然在繼續奮鬥，頑強掙扎，卻只是在舊民主主義革命的範圍內尋找出路。他當時也為中國尋出了一帖「妙藥」，即「省治—省憲—聯省自治」的政治主張，他以為這樣就可以削弱南北軍閥的統治，從中找到出路。他的這個政治主張，在一定程度上反映了人民的願望，作為一種政治思潮，曾鼓譟一時。他成為這樣一個思潮和政治勢力的代表者，有三四年之久。這個政治口號，當時也曾吸引過一些人，中山先生曾贊成過，連早年的毛澤東也曾是「自治」的熱心鼓吹者，胡適、梁啟超也支持過，至於地方軍閥，更是別具用心地接過了這個口號。當時各省軍閥為了抵制中央軍閥和外省軍閥侵占自己的地盤，達到自保的目的，極力擁護「省治」或「聯省自治」。湖南省軍閥譚延闓曾第一個回應「省治」，提出「湘人治湘」，使太炎先生聞之驚喜不已，竟從病中「躍起」。以後，浙江省還制訂過「省憲」，孫傳芳還當過「五省聯軍總司令」。但太炎先生這種政治主張，畢竟沒有代表時代的要求，沒有從根本上提出推翻武人官僚宰割的政局。「省治—聯省自治」只能是高妙的幻想，實際上只是軍閥和總司令之「聯」，只有藩鎮或封建式的「治」，只能被軍閥利用作割據和擴大地盤的藉口。因此，人民大眾對他隔膜了，青年人對他陌生了，各種官僚政客和封建勢力卻盡力來包圍他。儘管他們都不喜歡他，因為他們的劣跡隨時隨地都會遭到太炎先生無情的謾罵，但他們為了利用他的主張和聲望，卻紛紛來討好他。所以中山先生在廣州準備第二次護法，邀請他前往時，他正熱中於「聯省自治」，其主張與中山先生的「第二次護法」，意趣大相逕庭了。自然沒有前去回應，只是寫了封信去，「以聯省自治不可反對為獻」[15]。

雖然太炎先生由於厭惡南北軍閥政府，有時連南方的革命軍政府也當作一盆髒水被潑了出去，但他對於中山先生的事業，總的來說是尊重的和支持的。一九二二年五月，是中山先生就任非常大總統一周年，國民黨機關報《民國日報》闢專欄加以慶祝，太炎先生特撰〈孫大總統被選就職一周祝辭〉。這篇祝辭，無論在太炎先生已出的文集中，或海內外各種有關他的書籍文章中，都未見載錄。但這卻是一篇不容忽視的文章，從中既可窺見他倆的關係，又可了解太炎先生當時的政治態度。今特將此文錄之於後：

〈孫大總統被選就職一周祝辭〉

民國十一年五月五日，孫大總統被選就職，歲時一周，同志慶祝，禮也。往者軍府解散，民無所託。大總統以奧（粵）主之資，採納群議，渙汗大號，事既猝成，度越常軌，守文之士，或滋異言。既而湘鄂相鑒，川軍踵下，大義衄折，崩角相求。於是廣州政府，巋然為南方鬥極焉。改歲以來，將士用命，人有奮心，軍鑒攜貳，應時摧伏，威信允箸，關外慕義。大總統將於旬日之內，誓師北征，揚旍度嶺，肇造區夏。在此時也，惟願廓清江流，先建根本；激揚義勝，示之軌物；旁攬英俊，唯善是親；武義直方，覃及燕薊。使我南方倡義之區，咸睹興復，勝國餘孽，蕩無孑遺，以成真正共和，以雪壬子小成之恥。群倫延頸，屬望在茲。豈日歲時更新，循例頌禱而已哉。此祝！

這篇祝辭，表達了對非常大總統中山先生的祝願，以及對北伐的殷切期望，而不是像有些文章所稱辛亥革命之後他倆就分道揚鑣了，或謂他始終反對孫中山云云。

正當中山先生準備北伐之際，北洋軍閥又把黎元洪抬了出來，「恢復」總統，「恢復」法統，企圖使北伐師出無名，達到破壞第二次護法運動的目的。這時，蔡元培先生等人也致電孫中山先生，要求停止北伐。太炎先生對蔡先生此舉深為不滿，公電蔡先生，責備他道：「身食其祿，身事偽廷」，「欲為北軍遊說，是何肺腸」[16]。他又專電向蔡元培先生陳述了中山先生北伐大義，說：「此次北伐，乃南方自爭生存，原動不在一人，舉事不關護法。」[17]太炎先生與蔡元培先生原是好朋友，但為了革命，在原則問題上，他卻甘願冒犯朋友了。

15 同注7。
16 章太炎，〈致蔡元培電〉，一九二二年六月六日。
17 同注6。

中山先生的第二次護法和北伐，遭到北洋軍閥的破壞和陳炯明的反叛，又一次失敗了。但是中山先生仍不氣餒，他開始改組國民黨，「歡迎俄國人對中國人的幫助，歡迎中國共產黨同他合作。」（毛澤東〈論人民民主專政〉）首先接受了共產國際馬林和中共李大釗加入國民黨，接著又與蘇聯特使越飛簽署了〈孫文越飛宣言〉。

一九二四年一月，中山先生在廣州召開了國民黨第一次全國代表大會，會上提出了新三民主義，確立了「聯俄、聯共，扶助農工」的三大政策，建立了廣東革命根據地，實行了第一次國共合作，為勝利北伐奠定了基礎，掀起了國民革命的熱潮。中山先生終於認清了時代的潮流，適應了歷史的轉折，從舊民主主義革命步入了新民主主義革命行列，跟上了時代的步伐。

跟中山先生的飛躍相比，太炎先生卻始終還停留在舊民主主義革命的階段，跟中山先生距離漸漸拉大。在中山先生主持國民黨「一大」，確立新三民主義和國共合作，太炎先生便不能理解了。他從狹隘的民族主義出發，和新思潮新事物格格不入，竟提出「反對借俄人勢力來壓迫中華民族的共產黨」，對中山先生聯俄聯共政策表示不滿，把蘇聯共產黨的國際援助與帝國主義的侵略、滲透相提並論，思想日見落伍。

太炎先生的落伍，卻受到了國民黨右派的歡迎，他們很快地把他包圍起來，拖他去做反共的炮手，公推他領銜發出所謂〈護黨救國公函〉，又讓他出面組織「辛亥同志俱樂部」，來反對新三民主義。至於大小地方軍閥，則更是爭相利用他「省治」這塊金字招牌，頌揚他、包圍他、利用他，形成了一堵厚厚的牆，把他與民眾和時代相隔絕。可悲的是，他並不認識到自己的落伍，還以為自己是辛辛苦苦地在拉車。然而正如魯迅先生所說：「拉還是在拉，然而是拉車屁股向後。」

四、從中山先生病重到逝世

一九二四年十一月，中山先生北上參加「善後會議」，十七日途經上海，太炎先生特地前去看望，「入謁為別」。經過二十多年共同奮鬥，他們都已垂老，這次相見，彼此感慨無限，依依不捨。這時，中山先生健康已經不佳，太炎先生感到特別不放心，再三囑中山先生要多多珍重。想不到這次見面竟成了他倆的最後訣別。

中山先生抵達天津，病勢已沉重，到北京後竟病不能起。太炎先生聞訊，焦慮萬分，特親疏醫方，囑但燾先生送至北京，希望中山先生能夠康復。太炎先生對於中醫是深有研究的，一生中寫過不少醫論專著，也當過好幾個醫學院院長，但他卻無法使中山先生康復了。中山先生經歷了中國歷史上前所未有的，波瀾壯闊的三十多年艱苦卓絕的奮鬥，積勞成疾，終於結束了他五十九個春秋的壯麗歷程。

一九二五年三月十二日，中山先生逝世噩耗傳來，太炎先生悲慟不已。他懷著沉痛的心情，當即前往上海國民黨總部參加了討論籌備中山先生追悼事宜的會議，成立了中山先生治喪事務所，由太炎先生和唐少川「擔任追悼會籌備處幹事員，指示一切」，負責上海一切治喪活動。

四月十二日，上海各界人士數萬人，在西門公共體育場開了追悼大會。先祖父撰聯敬輓，聯云：

孫郎使天下三分，當魏德萌芽，江表豈曾忘襲許；
南國本吾家舊物，怨靈修浩蕩，武關無故入盟秦。

另撰的一條輓聯是：

洪以甲乙滅，公以乙丑殂，六十年間成敗異；
生襲中山稱，死傍孝陵葬，一匡天下古今同。

這輓聯，太炎先生總結了從太平天國到辛亥革命、從洪秀全到中山先生這六十年前赴後繼的革命，把中山先生比喻為明太祖，稱其功績是承前啟後和永垂史冊的。太炎先生當時又發表了講話，稱中山「先生做事，抱定奮鬥精神，堅苦卓絕，確為吾黨健者。深願大家竟先生未竟之功，努力救國」[18]。

太炎先生懷著悲憤的心情悼念自己的老友，撰寫了〈祭孫公文〉，給中山先生一生作了公正的和高度的評價，字裡行間，滿溢著他倆深深的情誼，感人催淚。今據家藏原稿，製版發表在這裡。

中山先生逝世後，決定安葬南京中山陵。作為一代偉人之陵園，墓誌銘在當時是例不可缺的，太炎先生曾很自信地表示：「論與中山先生交誼之密，互知之深，其墓誌銘唯我能勝，亦只有我有資格寫。我欲為中山先生作墓誌。」[19]當時很多人也認為中山先生之尊，墓誌銘唯有太炎先生大手筆始克勝任。但由於他與當權者蔣介石等不和，他們不請他撰墓誌銘，故今日中山陵只有碑亭，獨缺墓誌銘。這使太炎先生引以為平生憾事。

太炎先生與中山先生之情誼，以及他倆共同奮鬥的史實，昭昭在目，人世共知。可是，一些別有用心的人，卻故意偽造太炎先生輓中山先生對聯，說什麼「舉國盡蘇聯，赤化不如陳獨秀；滿朝皆義子，碧雲應繼魏忠賢。」極盡誣衊、挑撥之能事。曾經有人提議將南京城改為中山城，太炎先生表示，作為一個民主國家，「不應以一人名號，變國家都邑之正稱」，這樣做也有違中山先生原意。有人就說，中山先生死了，太炎先生仍與他「作對」。這種種流言蜚語，因種種原因，迄今未能澄清，不能不使人深以為憾。

中山先生有四部重要著作如《赤十字章程》等，均請太炎先生作序，這種隆禮中山先生一生無有第二例；最權威的中山先生畫冊——《孫中山先生誕辰一百三十周年紀念集》，內錄中山先生與太炎先生一起合影四幀，每幀合影均是太炎先生居首位而中山先生居次，這樣隆禮在

18《中山叢書》附志，〈中山逝世後中外各界評論〉。

19 章導，〈憶辛亥革命前先父章太炎若干事〉。

中山先生一生中也無第二例，這才是他們倆真正情義的寫照，而以後的政治人物千方百計抹殺這一點，將太炎先生應中山先生之請作的序言一一抹掉，而把自己寫成是中山先生的忠實信徒，從國民黨或共產黨處分一杯之羹，這種對歷史的歪曲，終畢徒勞！

綜觀中山先生與太炎先生一生的交往，為推翻帝制，創建共和，涉險履危，同謀匡濟，凡二十餘年。他倆是中國近代追求民主共和的第一代人，也是民主共和的熱烈的追求者，他們也是反對封建專制最堅決者。因此孫中山自己本人對章太炎提出的不同意見，是有雅量包容的。章太炎則始終站在民主監督立場，敢於提出不同意見。章太炎對孫中山說，政府好比一幢樓房，人民敢於向政府提意見，政府這幢樓才不至於壞塌。孫中山非常認同這觀點。孫中山與章太炎的關係，是民初民主政治的縮影，所以孫中山始終尊重章太炎，請他入閣，請他任顧問，請他任秘書長，三次推薦他出任國史館長，請他為自己著作做序言……，這顯示出孫中山民主的素養。而孫中山的黨徒，則沒有這樣的民主素養了，他們把與孫中山提意見，跟國民黨提意見，統統看成「作對」，視為「反動派」，他們口頭擁護共和，擁護民主，實質追求的是專制與獨裁。這是我們這個民族的悲哀。他倆襟懷坦白，竭誠相待，縱有不同意見，而私誼始終親如手足，應列為近代革命史上最美好的篇章之一，我相信，他們之間的千秋佳話將一直傳至後世。

一九八六年二月二十七日

章太炎與魯迅（上）*

*本文發表於《中華文史論叢》第五〇輯（上海古籍出版社，一九九二・十二），頁二六三－三〇一。

章太炎先生與魯迅先生的師徒之誼，人皆知之。郭沫若曾說：「太炎先生早年的革命精神和治學態度，無疑是給了魯迅先生以深厚的影響。」[1]這真是知者之言。魯迅於一九〇八年從師章太炎，距今八十餘年，關於他倆交往，記載甚多，但錯訛不少；至於思想上學術上政治上的相互影響，論者語焉未詳。也許是這個題目過於複雜，這兩位文化巨匠，是近代中國第一代與第二代知識分子的代表，學術上精深博大，思想上體系異常龐雜，想把握二人的思想與學術，誠非易事，作一比較研究，更是困難。但這是一個不應該迴避的課題。我不揣淺陋，試作議論，就章太炎與魯迅早年交往以及對魯迅思想與學術產生的影響，闡述一己之見，求教於學界諸公。

一、章太炎與魯迅的早年交往

章太炎與魯迅真正相交始於一九〇六年，在這之前只神交而已。

章太炎長魯迅十二歲，都是浙江人，都出身於破落的書香門第。太炎祖籍汾水後遷至紹興府道墟鎮，最後移居餘杭縣倉前鎮，因此他們還算有點鄉誼。

太炎與魯迅都出生於晚清時代，目睹國事日非，風雨飄搖，都曾寄望於變法維新。太炎因年長於魯迅先生，得以親與戊戌變法，成宣傳改良的論集《訄書》，至遭追捕。變法失敗後，太炎領悟到滿洲政權必須推翻，否則無以拯救中國，乃剪髮示決，發起「支那亡國二百四十二年紀念會」，撰〈正仇滿論〉，序《革命軍》，作〈駁康有為論革命書〉，昌言革命，導致「蘇報案」，慷慨入獄，大大激發了民眾反清情緒，表現了中國資產階級初登歷史舞臺時的英雄氣概。魯迅知道章太炎的名字，即始於此時，他說：「我的知道中國有太炎先生，並非因為他的經學和小學，是為了他駁斥康有為和鄒容的〈革命軍序〉，竟被監禁於上海西牢。」[2]這對當時在黑暗中尋找光明的魯迅，衝擊自然很大，他到日本去留學恐怕這也是原因之一。因此，日本著名學者島田虔次教授稱太炎是魯迅「思想上第一個革命的師」。

魯迅到日本後，在革命空氣十分濃厚的留學生中，精神更為振奮，一有功夫，「就赴會館，跑書店，往集會，聽講演」[3]，並在弘文學院江南班中，第一個剪掉了辮子，立下了「我以我血薦軒轅」的誓言。太炎當時囚於西牢中所寫的〈獄中贈鄒容〉、〈獄中聞沈禹希見殺〉等四首詩，都傳到日本，「最為魯迅所愛誦」[4]，直至三十三年後，魯迅臨終前十日，扶病寫〈關於太炎先生二三事〉時，這幾首詩又湧於眼前，便全文錄於文內，並深情地說：「太炎先生獄中詩，卅年前事，如在眼前」，這幾首詩「使我感動，也至今並沒有忘記」。當時太炎另

1 郭沫若，〈魯迅與王國維〉，載《歷史人物》。
2 魯迅，〈關於太炎先生二三事〉，刊《且介亭雜文末編》。
3 魯迅，〈因太炎先生而想起的二三事〉，刊《且介亭雜文末編》。
4 許壽裳，《亡友魯迅印象記》，寫於一九四七年（人民文學出版社，一九七七）。

一篇鼓吹種族主義的文章〈張蒼水集後序〉，也是魯迅特別愛誦的詩文。雖然那時他倆未曾面識，但對魯迅來說，太炎在他心目中無疑占據了重要地位，在這種影響下，魯迅在東京參加了光復會[5]。

魯迅與太炎相見，是一九〇六年之後的事。當時太炎因「蘇報案」刑滿釋放，七月初抵達日本，他作為「革命黨之驍將」，在留學生心目中具有英雄形象，受到熱烈歡迎，七千多中國留學生在東京神田區錦輝館為他召開了歡迎大會，傾聽了他著名的革命演說。當時，魯迅剛剛從國內完婚後返日，他有沒有去參加歡迎會或聆聽太炎演講，難以確知，但王士菁在他的〈魯迅・章太炎・尊師重道〉一文中說，「魯迅作為激進愛國、胸懷與亡慼的青年留學生，很可能也參加了這個七千人的大會」。如果魯迅確曾參加了這歡迎會，那麼，這就是魯迅第一次見到了太炎。

太炎抵日本後，投入了繁忙的革命活動之中，主持《民報》筆政，並協助孫中山制訂《革命方略》等文獻，同時他未放棄講學和學術研究，自覺把革命實踐和理論鬥爭及學術研究，同國家前途民族命運人民利益相結合，被魯迅譽為「有學問的革命家」。太炎清晰認識到，要推翻清政府，一個相當重要的任務，就是要製造輿論，啟發民智，廓清莠言，解放思想，促進民族的覺醒，因此他致力輿論革命。首先他針對當時清政府中的頑固派和一些沒落文人所鼓吹的「保存國粹」，對國學進行「層層剔抉，而易之以昌明博大之學說」[6]，讓古老的國學，不再成為當局用以麻痹民眾的「國粹」，而力圖為近代中國創造一種新型的民族文化。太炎在抵達日本後二個月，即創辦了「章氏國學講習會」，又成立了「國學振起社」，出版《國學振起社講義》，他認為「國學者，國家所以成立之源泉也」[7]，革命者「不可不適其治法，不習其文辭」，如果「國學之無人興起，即將影響於國家之存滅」[8]，但他所講的國學，與封建專制當局提倡的國學，有本質之別，國學講習會所說的國學，「預科講文法、作文、歷史；本科講文史學、制度學、宋明理學、內典學」，完全不是當局提倡的經天緯地的四書五經，而是取舊學之精華，剔除糟粕，使國學在救亡圖存中起到積極作用。太炎這些言論，對當時知識分子思想解放，起了摧枯拉朽的作用，他這些言行活動，在《民報》中都有報導。

魯迅是《民報》忠實的讀者，他不僅愛讀《民報》，而且還把它收集起來，裝訂成冊，他當時雖然知道太炎創辦國學會事，但他正徬徨於「醫學救國」與「提倡新文藝來改良社會」這樣一條「治人」還是「治國」的十字路口，所以他沒有立刻成為太炎講學的第一批學生。次年，魯迅移居東京本鄉東竹町中越館，棄醫從文，與革命黨人陶成章、龔未生、陳子美、陶冶公等交往日頻，這些人「差不多隔兩天總有一個跑來，上天下地的談上半天」[9]，而「陶成章

5　魯迅參加光復會事，近年史學家已予肯定，此不贅言。

6　章太炎，〈國學講習會序〉，作於一九〇六年。

7　同注6。

8　同注6。

9　周遐壽，〈魯迅的故家〉。

和龔未生幾乎每日必至」[10]太炎寓所，「另有章行嚴、秋瑾、周作人、呂操元、陳獨秀等亦為（太炎）座上客」[11]，這期間太炎與魯迅之間有這麼多共同朋友，必然會導致相識與交往，但真正從學拜師太炎卻是一九〇八年的事。

一九〇八年初，太炎在東京牛込赤城元町清風亭開設「國學講習會」，後移往日本帝國教育會，最後改在神田地區的大成中學講堂。四月，始講解《說文解字》。當時魯迅應許壽裳之邀，移居日本作家夏目漱石的舊居，與許壽裳、朱希祖、錢家治、周作人同住，稱之「伍舍」時期。這時魯迅摯友朱希祖、錢玄同、龔未生、朱宗萊等都在大成中學聽太炎講《說文》，魯迅與許壽裳也很想去聽，但苦於與學課時間衝突，因此託太炎女婿龔未生向太炎請求，希望另設一班講授《說文》。經太炎同意，在太炎寓所——即牛込區新小川町二丁目八番地的《民報》社——設立了一個小班，時間是一九〇八年七月，參加者為魯迅及許壽裳、錢家治、周作人、朱希祖、錢玄同、朱宗萊、龔未生八人。但是太炎在大成中學所設的大班，並沒有中輟，因此錢玄同等人是既在大班上課，又在小班繼續聽課。而過去許多史書混淆了大班與小班之別。其實太炎在日本講學，受業人遠不止大成中學與民報社一些學生，他自稱受業人「百數十人」，包括黃季剛、沈兼士、汪旭初、任鴻雋、馬幼漁、杜羲、陶治公、余岩等名人，當然包括魯迅等八人，以及一些日本與印度的學者。

過去許多記載說，魯迅等人去《民報》社聽課，是每週一次，每次定於星期天上午舉行，此說幾成定論。近讀朱希祖《日記》，頗為詳盡，一九〇八年七月十一日日記道：「八時起，至太炎先生處聽講音韻之學，同學者七人，先講三十六字母及二十二部古音大略。」這就是小班講學之始，清楚無誤。可是，僅隔三日，七月十四日記道：「八時，至太炎先生寓，聆講江氏《四聲切韻表》」；又隔三日，七月十七日又記道：「上午至太炎先生寓，聆講音韻之學」；四日之後，七月二十二日記道：「午後，至餘杭（即太炎寓所）聆講音韻及《新方言・釋詞》一篇」；六天之後，七月二十八日記道：「上午至太炎寓，重上《說文》，自一部講起」。由此可見，魯迅等八人從學太炎時間為一九〇八年七月，受課每週至少二次，並非一次。

太炎為魯迅等所開的小班在《民報》社內一間陋室中上課，師生席地而坐，環一小几，太炎「逐字講解，滔滔不絕，或則闡明語流，或則推見本字，或則旁證以各處方言，以故新誼創見，層出不窮。即有時隨便談天，亦復詼諧間作，妙語鮮頤。自八時至正午，歷四小時，毫無休息，真所謂狀而識之，學而不厭，誨人不倦」[12]。魯迅十分認真地聽講，用功地作筆記，他「極少發言」[13]，總是默然聽記，僅有一次為文學定義，向太炎闡述了自己的見解。小班的教學氣氛是和諧的，師生關係是融洽的。太炎按《說文》部首「一個字一個字的講去，有的沿用

10 樊光，〈我所知道的陶成章〉，載《上海文史資料專輯——辛亥革命七十周年》，一九八一。
11 同注10。
12 許壽裳，〈紀念先師章太炎先生〉，載《制言》一九三六年第二十五期——《太炎先生紀念專號》。
13 許壽裳，《亡友魯迅印象記》（人民文學出版社，一九七七），原作寫於一九四七年。

舊說，有的發揮新義，枯燥的材料運用說來，很有趣味。太炎對於閣人要發脾氣，可是對青年學生卻是很好，隨便談笑，同家人朋友一般。夏天盤膝坐在席上，光著膀子，只穿一件背心，留著一點泥鰍鬍鬚，笑嘻嘻的講書，莊諧雜出，看去好像一尊廟裡哈喇菩薩」[14]。講學時，錢玄同先生「發問和辯論最多」[15]，又好在席間爬來爬去，魯迅先生曾風趣地給他一個綽號，叫他「爬來爬去」，至老還戲稱他為「爬翁」。聽完課，他們又經常聚在一起核對筆記，學習態度極為嚴肅。筆者曾親睹魯迅及錢玄同、朱希祖聽課筆記[16]，從筆記來看，魯迅記得最簡卻最為嚴整恭正，錢玄同記得最全，朱希祖正如許壽裳所說「記得最勤」[17]。這一段學習生活，是令魯迅終身難忘的，甚至在二十八年後，他回憶起這段聽講情景，仍有一種甜蜜感，說：「直到現在，先生的音容笑貌，還在目前」[18]，難以忘懷。

講學「大約繼續了有一年多的光景」，講完《說文》後，「似乎還講過《莊子》」[19]。但從錢玄同的記錄，以及朱希祖日記，可以證實，魯迅不僅聽過《說文》，還聽過《莊子》、《漢書》、《文心雕龍》等。這一年多師生生活，對魯迅影響是深遠的，魯迅也十分珍視這段師生因緣，可以說這是魯迅與太炎一生交往中最美好的時期。

這期間，魯迅與太炎除了教學關係外還有不少美好交往。魯迅兄弟倆當時翻譯《域外小說》時，曾得到過太炎大力幫助。魯迅兄弟翻譯俄國斯諦普基克的〈一文錢〉，亦曾請太炎看過，改定了好些地方，後刊登在一九〇八年六月的《民報》上。一九〇八年十月，《民報》遭日本政府禁封，並處以罰款一百五十元，日本法院宣布「限定時日，倘不如數交納，則將編輯人兼發行人章太炎，罰做苦役以抵償」，以服勞役一天抵作一元。而當時太炎生活異常艱苦，「寓廬至數月不舉火，日以百錢市麥餅以自度，衣被三年不浣」[20]，還要領導輿論革命與講學，根本無力交納罰金。一九〇九年三月七日，日本政府以無力支付罰金將太炎拘捕，準備處以勞役。魯迅等聞訊，即與許壽裳急商，於是將他們翻譯《支那經濟全書》的部分印刷費，替太炎繳納了罰金，終於使太炎在關押一天之後即得釋放。一九〇九年春夏之際，太炎請了印度梵師密史邏講授梵文，特約魯迅兄弟同去學習，並熱情地為他們墊出「半月學費」，但魯迅因回國在即，未能往聽，只有周作人一人去聽了幾次。一九〇九年七月，魯迅結束了在日本七年的留學生活回國，但他與太炎關係並未因此告終，他們親密的關係至少保持到「五四」運動的前夜，而魯迅對太炎的敬仰則終生未變，魯迅「每逢提起（太炎），總嚴肅地稱他太炎先

14 周作人，《知堂回想錄．民報社聽講》（香港：三育圖書有限公司，一九八〇）。
15 同注13。
16 筆者親睹魯迅筆記分別收藏於北京圖書館和紹興魯迅紀念館，今由楊克平出資印出，名為《說文札記》。朱希祖筆記今由北京魯迅紀念館收藏，錢玄同筆記由其長子錢秉雄收藏。
17 同注13。
18 魯迅，〈關於太炎先生二三事〉。
19 周作人，《知堂回想錄．民報社聽講》。
20 黃季剛，〈太炎先生行事記〉，《神州叢報》（一二二）一九一三年八月。

生」[21]，或呼為「章師」、「章先生」。

魯迅回到家鄉紹興後，一九一一年初，他與同門許壽裳、朱希祖等章氏子弟，集資為太炎出版了他在東京講學基礎上所撰成的一部文字學的重要著作——《小學答問》。

一九一一年秋，辛亥革命爆發，魯迅極為興奮地迎接這偉大的變革。他積極配合革命軍光復紹興，組織學生上街遊行、演講，宣傳革命，並擔任了新政權下的師範學堂監督，創辦了《越鐸日報》，力圖協助革命軍政府厲精圖治建設一個新中國。但這希望很快落空了，他「到街上去走了一遍，滿眼是白旗，然面貌雖如此，內骨子是依舊的，因為還是幾個舊鄉紳所組織的軍政府」[22]。殺害秋瑾的主犯——章介眉被釋了，而辛亥革命的功臣、光復會的首領、魯迅的老友陶成章卻遭革命黨內部人的殺害。這種失望幾乎使光復會會員都沉默了。加之辦校經費不足等原因，魯迅辭去了校長職務，應許壽裳邀請去南京臨時政府的教育部工作，不久，袁世凱上臺，他又隨教育部遷往北京。袁世凱政權下的教育部，完全是一個官僚機構，無公事可辦，「枯坐終日，極無聊賴」，魯迅不得不「整天看書」來打發歲月。袁世凱自上臺，日復暴虐，暗殺宋教仁、建立孔教會、倡尊孔讀經，最後復辟稱帝，這一切倒行逆施，使魯迅不勝迷惘和苦悶，而最使魯迅困惑和痛心的是：他尊敬的老師太炎，也被民國大總統袁世凱囚禁了起來。

辛亥革命爆發，太炎聞訊即趕回祖國，但在民初紛雜幡亂的政局中，他變得無所適從了。開始他忙於光復金陵，組織北伐，創辦《大共和報》，組建中華民國聯合會，建立統一黨，臨時大總統孫中山聘他為高等樞密顧問，袁世凱也聘他為高等顧問和東三省籌邊使，他在民初各種矛盾漩渦中努力捍衛辛亥革命成果。但是陶成章遭暗殺，擴大了他與孫中山等的隔閡。宋教仁遭暗殺，促使他對袁世凱的覺醒。於是他孤軍作戰，獨往獨來，以他的是非標準，批評時政，因此各種政治勢力既害怕他，又想拉攏他，利用他，甚至不惜抵毀中傷他。各種褒貶文字時現於報章，魯迅看在眼裡，十分同情和擔心他老師的處境。魯迅本人雖然沒有參加多少社會活動，也沒有加入什麼黨派，但在這紛爭的政局中，他顯然是站在他老師的一邊，他曾以很形象而含蓄的筆調，說過這樣一段話：「民國元年，章太炎先生在北京，好發議論，而且毫無顧忌地褒貶。常常被貶的一群人於是給他起了一個綽號，曰：『章瘋子』。其人既是瘋子，議論當然是瘋話，沒有價值的人。但每有言論，也仍在他們的報章上登出來，不過題目特別，道『章瘋子大發其瘋』。有一回，他可是罵到他們的反對黨頭上去了，那怎麼辦呢？第二天報上登出來的時候，那題目是：『章瘋子居然不瘋！』」[23]

中國資產階級的軟弱，使辛亥革命成果落入袁世凱手中，現實教育了革命黨人，於是發起了「二次革命」，但革命很快失敗了，孫中山等再度流亡海外，太炎也被袁世凱羈禁於北京三年。幽禁中太炎以各種形式抗爭，毫不屈服，魯迅曾作過高度評價，說：「以大勳章作扇墜，

21　許廣平，〈民元前的魯迅先生〉。
22　魯迅，《朝花夕拾·范愛農》。
23　魯迅，《華蓋集·補白》。

臨總統府之門，大詬袁世凱的包藏禍心者，並世無第二人。」[24]魯迅不顧個人安危，多次去看望囚禁中的老師，還勸絕食中的老師進食。在魯迅的日記中，即留下了七次探望紀錄，而且每次去都是「晚歸」、「夜歸」、「旁晚歸」，大年初一還去給太炎師拜年，給囚禁中的老師帶去許多溫暖。身處囹圄的太炎很感激魯迅，曾親書莊子一段話贈給魯迅，魯迅一直隨身珍藏著這幅字，直至去世。

在袁世凱統治期間，魯迅雖然沒有像太炎那樣站出來與當局面對面鬥爭，但他以沉默來進行了抗議。當袁世凱「就任大總統」之日，他「臥居家中，拒不參加『慶典』」；袁世凱通令全國「祀孔」之日，他拒絕參加，並在《日記》中寫道，「全日無事」，予以蔑視；袁世凱頒布《著教育部擬提倡忠孝節義施行辦法》時，他憤而辭去「通俗教育研究會小說股主任」的職務，這一切可說是與太炎的精神相通的。

一九一六年，袁世凱政權的教育部在北京召開讀音統一會，研究漢字的標準讀音。會上有人主張用國際音標，有人主張用清末簡字，各持己見，爭論不休。魯迅等在會上提出了太炎早年創導的一套標音符號，力稱這是符合國情而可通行的注音符號。但有些人出於偏見在會上加以反對，於是魯迅在會上發言，堅持主張，闡明理由，終於使會議通過了以太炎的注音符號作為全國通用注音符號的決定。這套注音符號一直沿用到今，這中間也凝集著魯迅的努力。

一九一六年六月，太炎因袁死而復得自由，隻身南返，從此與魯迅分居南北，很少相見了。而且他們思想隨著時代的發展，也大不相同了。「五四」之後，魯迅成為中國思想文化界的急先鋒，與太炎對文化的態度顯然有別，政治情趣也不盡同，親密程度再也沒有超過《民報》社聽講及袁世凱幽禁這期間的融洽程度。至於他倆後期交往以及相互影響，本人將另外行文。

二、章太炎對魯迅早年的影響

魯迅一生中的老師為數不少，但對他影響最大，最受他尊敬的，恐怕要算藤野和太炎。日本著名學者島田虔次教授說過：「在魯迅的一生中，能使他對其懷有深深的敬意和愛情的『師』是極少的，而太炎就是這極少的『師』中的一人，恐怕除了藤野嚴丸郎先生外，太炎是唯一的一位了。」[25]魯迅從師太炎，自有前提，他並不是單純地崇拜太炎的小學，僅僅為了跟太炎學習《說文解字》，也不是單純地羨慕太炎精深博大的學問，而是尊敬仰慕太炎的民族氣節和革命道德。魯迅曾說：「清末，治樸學的不止太炎先生一個人，而他的名聲，遠在孫詒讓之上者」[26]，是因為他是革命先驅，「排滿的驍將」，前去聽講，也並非只因太炎是學者，卻因為他是「有學問的革命家」。所以魯迅乙太炎為師，首先是向太炎學「為人」，將太炎作為思

24　魯迅，〈關於太炎先生二三事〉。
25　島田虔次，〈章太炎的事業及其與魯迅的關係〉，拙編《章太炎生平與思想研究文選》（浙江人民出版社，一九八六）。
26　魯迅，〈因太炎先生而想起的二三事〉。

想上的師，其次才是學「為學」，將太炎作為學術上的師。因此，太炎對魯迅的影響，也是多方面多層次的。首先可以說是政治思想方面的，其次是學術文化方面的，乃至為人個性、愛好諸方面，影響可謂深遠。本文於此欲深入作些窺探，為便於剖析，求教諸公，將分而論之。

（一）章太炎對魯迅政治思想方面的影響

辛亥革命前的中國思想界對知識分子影響最大的要算太炎先生了，島田虔次教授曾正確地說：「在宣揚革命大義、掀起革命風潮這一點上，蜂起的孫文、黃興，也不及太炎的言論。孫文在廣州以及其他地區的起義，以及〈興中會宣言〉（夏威夷、香港）在當時也只不過是在邊境或是在外國的局部地區的事件，還沒有力量動搖中國一般知識分子的心靈，真正的去喚醒中國內地的知識分子的民族革命意識，而且使其對立於改良派的，無論怎麼說，也應該是太炎的『蘇報案事件』。而且作為革命前夜的最左翼的宣傳報導機關的《民報》的主筆，也是十分健鬥的。」[27]魯迅即是當時深受太炎影響的知識分子之一。

太炎成為革命派代言人，他的思想演變也是走過了一條曲折的道路，與當時廣大知識分子經歷相似，所以他的覺醒與反戈，對當時廣大知識分子影響尤大。太炎曾驚羨過西方的「奇技淫巧」，讚賞過西方的「堅甲利器」，崇拜過西方的「科學文明」，推崇過達爾文的「進化論」，把「進化論」當作野蠻漸進文明的天理法則，因此欣賞過嚴復的《天演論》，擁護過康有為的「維新變法」。這種經歷，這種思想，在當時很有代表性。魯迅在近代西方挑戰面前，也曾冀望過振興科學，實行變法，愛誦讀背嚴復《天演論》及林紓的著述，崇拜達爾文的進化論和科學思想，企圖以科學進步來拯救在水深火熱中的祖國，他選擇學醫，也正是他擁護變法維新的表現，他說：「我確知道了新的醫學對於日本的維新有很大的助力」，他學醫正是希望「促進國人對於維新的信仰」[28]。魯迅在日本接受的影響是很廣泛與多元的，但是，促使他思想變化，從維新到革命，從「科學救國」到「政治救國」到「文學救國」，無疑是受到太炎的影響。

二十世紀初葉，一批先進的中國人如康有為、嚴復等將西方不少先進學說傳入中國，使人看到進化論帶來了科技進步與物質文明，遂使人們認為西方文明是人類共同文明，因此只要把西方一切現代化的東西搬進來，中國也就會現代化了。太炎則是第一個批判康有為、嚴復學說的人。太炎雖欣賞過嚴復的理論，但他很快認識到進化論僅僅是自然規律，並非社會原理，因此批評嚴復沒有從中國的風俗形勢出發，僅僅將西方的觀點簡單化地和絕對化地運用到中國，錯誤地認為民族主義不足強吾種。太炎強調，社會進化不同於自然進化的社會意識和人道規則，靠的是社會心理和社會意識，即講歷史和講道德。他提倡「國粹」就是要人愛惜漢種的歷史，國粹維繫國性，國性亡，國也亡；他又提倡「用宗教發起信心，增進國民的道德」，強調

27　島田虔次，〈章太炎的事業及其與魯迅的關係〉。

28　魯迅，《吶喊・自序》。

精神與道德的作用，用佛入地獄的道德精神、殉難氣概和眾生平等的道德理想，來排斥以富貴利祿為中心的孔子儒教，以抵禦西方文明取代東方文明。他批評嚴復「裨販西學」，無視中國的國情、民族心理和文化個性，他強調文明，特別是文化，是由特殊的文化背景所產生，不是放諸四海皆準的真理或公式，應有別於自然科學界的定理。他撰寫的〈俱分進化論〉，即是指出進化論並非客觀公理，善進化時惡也在進化，西方物質文明發展同時，資本主義醜惡也在進化；他撰寫〈《社會通詮》商兌〉，即是對嚴復反對排滿與革命的批駁。太炎的首先覺醒與他對「西方文明」的超前認識，對同時代的人是巨大啟蒙，特別對魯迅尤甚。魯迅與當時許多熱血青年正是在太炎這種影響下，由對嚴復奉為聖明到與之相訣，由對進化論的過崇到對精神意識的重視，由擁護改良到贊成革命。

在現實鬥爭中，太炎又認識到變法維新不足以救國，指出清廷已墮落為帝國主義走狗，不去滿清不足以救中華，而以康有為為代表的「保皇黨」——「新黨」，其致命弱點是「競名死利」，他們只會依靠皇帝去搞改革，「用儒家之道德，故艱苦卓厲者絕無」，也絕不願意用自己的頭顱去拚鬥，他們的改良主張與理論，只能是「政府之桀奴」。而革命者則是願以自己的頭顱去搏擊、去流血、去撞開冰冷的舊世界的厚牆，用自己的身軀去建築新的理想。太炎這些言行在當時是驚世駭俗的，震撼了一代知識分子心扉。魯迅非常欣賞太炎這些言行，稱為「令人神旺」，促使魯迅等青年學子分清了革命與保皇的本質之別，從而紛紛摒棄保皇，投入了革命行列。

太炎從「蘇報案」坐牢獲釋到達日本主編《民報》，這期間輿論革命的焦點正集中在三個問題上：一、要不要實行推翻清政府的暴力革命。二、要不要建立資產階級共和國。三、要不要進行以解決土地問題為核心的社會革命。這也是革命派與改良派大論戰的焦點，也是舉國關注和牽動一代知識分子心靈的大革命。魯迅當時正在日本留學，他當時也有三個關心的問題：一、怎樣才是最理想的人性；二、中國國民性中最缺乏的是什麼；三、它的病據在何處。這些問題與康德終身探尋的倫理理論的核心，如「人是什麼」、「我應做什麼」、「我可期望什麼」等，有某些相通之處。而當時思想革命的大論戰，恰恰給魯迅解答他最關心的問題，帶來了答案。

太炎在這場大論戰中，以他的博學、激進、雄健的思想與文筆，成為這場論戰的公認旗手。他批判嚴復的「進化論」，揭露了康梁「新黨」的「競名死利」，創「用宗教發起信心，增進國民的道德」，「用國粹激動種性，增進愛國熱腸」說，提出「俱分進化論」和「國家學說」，說：「若以道德言，則善亦進化，惡亦進化；若以生計言，則樂亦進化，苦亦進化。雙方並進，如影之隨形。」[29]他竭力鼓吹民主革命，謳歌實行資產階級共和制，但又對資本主義現代化國家出現的黑暗與醜惡現象感到憂心忡忡。他尤其注意對吳稚暉的無政府主義言論及立憲派種種主張，進行抨擊。他說：「無政府主義者，與中國情況不相應，……為中國應急之

29　章太炎，〈俱分進化論〉，載《民報》第七號，一九〇六年九月五日。

方，言無政府主義，不如言民族主義。」[30]他針對無政府主義者認為，排滿是「反背科學，有乖公理」，不合進化，違反自然，撰〈四惑論〉，對他們提出的「公理」、「進化」、「惟物」、「自然」進行了批判，指出不能機械地套用西方某些固定的模式，要警惕西方資本主義社會崇拜物質文明的思想傾向在中國抬頭。他抨擊吳稚暉之流無政府主義者，「陽託無政府，而陰羨西方琛麗」，這是民族虛無主義作祟，指出應根據中國自身的實際情況來解決革命問題。太炎在抨擊立憲派時，指出憲政「徒令豪民有志，苞苴橫流，朝有黨援，吏依門戶，士習囂竟，民苦騷煩」[31]。他極力宣揚「平民革命」，反對依賴「督撫的權力」來革命，指出革命者最最重要的品質是要依靠自我犧牲的力量去創造新的世界。太炎先生特別強調增進國民道德和提高革命黨人的素質，他說：「優於私德者亦優於公德，薄於私德者亦薄於公德，而無道德者之不能革命」[32]，革命者必須做到「知恥、重厚、耿介、必信」，甚至說：「道德墮廢者，革命不成之原。」他不僅這樣創導與鼓吹，並且身體力行，成為他提倡的道德規範的模範執行者，受到廣泛崇敬。他一面鼓吹民主革命，讚頌資本主義，同時對西方代議制又表示了強烈的憂慮，指出若在中國實行議院制，必為豪右大駔所主宰，將有阻於三民主義的實施。在土地問題上，他提倡「耕者有其田」，主張「抑官吏、抑富強、伸齊民」，對小生產者和自耕農，表示了極大的關注與同情。總之，這場大論戰，不僅僅是革命與保皇之爭，也是涉及哲學、文學、史學、倫理學、政治學等的一場大論戰，從而吸引了一代知識分子的目光，其性質可與西方文藝復興相論。如果說中國近代資產階級大革命，也經歷了一場與西方資產階級大革命前夜的文藝復興相似階段，為資產階級登上政治鋪平思想道路的話，那麼，中國辛亥革命前的這一場涉及思想、文化、政治的大論戰，也是一場「文藝復興運動」，只是它的經歷的時間極其短促，而太炎作為這場運動的革命派的代言人，是深受人們的注目。正如恩格斯所說：「經濟上落後的國家在哲學上仍然能夠演奏第一小提琴」，恩格斯在分析十八世紀末的德國文化狀況時，他說：「這個時代在政治和社會方面是可恥的，但是在德國文學方面卻是偉大的。……這個時代的每一部傑作都滲透了反抗當時德國社會的叛逆的精神」[33]，正是這個時代，出現了歌德、席勒、康德、費希特及黑格爾、貝多芬等。辛亥革命前中國，與當時德國，有極其相似之處，在太炎等影響下，也誕生了魯迅等新文化的旗手。一個人的思想形成，絕不是一個師長可以左右的，還有社會、家庭諸多因素，而一個導師的思想言行，如果恰恰反映了諸多社會因素，那麼他的作用與影響，就會超過尋常的師了。太炎對魯迅的影響，恐正如此。

魯迅本來與太炎有著許多相似的家庭背景及文化背景，他們都是浙江人，深受浙江傳統文化的影響，他們都出身破落的地主家庭，又都是書香門庭之後，他們都親睹了廣大農民和小生

30　章太炎，〈排滿平議〉，載《民報》第二十一號，一九〇八年六月十日。
31　章太炎，〈政聞社員大會破壞狀〉，載《民報》第十七號，一九〇七年十月二十五日。
32　章太炎，〈革命之道德〉，載《民報》第八號，一九〇六年十月八日。
33　《馬克思恩格斯全集》第二卷，頁六三四。

產者日益悲慘的遭遇，深諳中下層人民的痛苦與需要，關心自耕農和小生產者的利益與命運，他們都熟悉舊學，尤其受浙東學派影響較深，地方主義對他們影響也較大，因此他們思想上共性的東西原就較多，易得共同語言，易生共鳴。加上「蘇報案」事件，太炎名字幾乎家喻戶曉，成為浙江人之驕傲，出獄東渡後，更被留學生視為民族英雄，其言行成為一切關心祖國命運人們的偶像，特別他的〈革命之道德〉學說，「把（日本）學界全體激動起來，有多少頑固老先生見了這種議論，也都動魄驚心，暗暗地贊成了種族主義」[34]。何況對於魯迅這樣從黑暗尋找光明的熱血青年，那時的太炎簡直是他們思想上的明燈，其影響之大，是今人難以想像的。

在當時太炎的言行，尤為魯迅讚賞，思想上簡直達到合拍地步。早期的魯迅基本上是站在「農人」的樸實道德與風習一邊，反對盲目崇拜西方資本主義的物質文化，他認為要建立一個強國，必須要有好的國民素質，所以十分重視改造國民性的工作。他深刻地認識到中國人傳統的心態之病，在於孱弱、麻木、委靡、狹隘、墨守成規，缺乏「誠和愛」，長期封建傳統造成了人的殘忍心理，又產生了虛偽人格，因此必須改造中國人的靈魂，使民族靈魂昇華，要做到這點，單純靠科學技術是不行的，「洋務運動」之失敗即證明於此。靠梁啟超等改良派也不可能，因為改良派缺乏從根本上衝破封建思想樊籠的勇氣。而太炎的主張則與他十分相契合拍。在這階段，他幾乎完全站到了太炎一邊。因此，當許多留學生赴日從事學習理工、軍事、政法等等，企圖獲取西方科學進步的秘訣，回國後辦工業興實業，以「黃金黑鐵」來拯救祖國時，魯迅卻以學醫轉為學文，去從事罕有人為的思想啟蒙工作。他覺悟到「醫學並非一件緊要事，凡是愚弱的國民，即使體格如何健全，如何茁壯，也只能做毫無意義的示眾的材料和看客，病死多少是不必以為不幸的，所以我們的第一著，是在改變他們精神」[35]。魯迅棄醫從文，急於去從事改變廣大民眾（主要是農民）的落後、愚昧、麻木、被動，從精神上去改變他們，即救國必先救人，救人必先啟蒙。他最欣賞太炎革命之道德說，讚賞太炎先生對舊道德的批判，他也致力對舊道德的無情揭露，力求解決倫理深層的核心問題——人的精神自由，獲得人的精神解放。這就是要首先向封建制度和封建精神枷鎖宣戰，去改造人的精神和改變國民的劣根性，而這一切不是靠「黃金黑鐵」（改造封建經濟）的物質力量可以奏效的。魯迅這些思想，非常近乎太炎主張，幾乎同出一轍，都過分重視和強調了精神與道德的作用。

一九〇八年八月至十二月，魯迅發表了〈文化偏至論〉和〈破惡聲論〉，這是他早年兩篇思想代表作，如果將這兩篇論著，與太炎的〈俱分進化論〉、〈四惑論〉等著作，以及當時發表於《民報》上一系列文字相對照，會發現有驚人的相似之處，觀點如同一轍，簡直是太炎先生著作的翻版。由此可見他當時多麼全面接受了太炎在《民報》上的主張。

魯迅在〈文化偏至論〉一文中提出：「掊物質而張靈明，任個人而排眾數。」因為在資本主義物質文明之盛的後面，「靈明日以虧蝕，旨趣流於平庸，人惟客觀之物質世界是趨，而主

---

34 景定成，《罪惡》。
35 魯迅，《吶喊·自序》。

觀之內面精神，乃舍置不之一省」，於是，「社會憔悴，進步以停，於是一切詐偽罪惡，蔑弗乘之而萌」，因此魯迅先生認為，應「非物質」，「重個人」，「取今復古，別立新宗」，使「國人之自覺至，個性張，沙聚之邦，由是轉為人國，人國既建，乃始雄萬無前，屹然獨見於天下」。魯迅這些想法，不正是太炎主張之翻版嗎！他在〈破惡聲論〉一文中，除闡述了同樣思想外，進而批判了「掣維新之衣，用蔽其自私之體」，「假改革之名，而陰以遂其私欲」的保皇黨與立憲派的面目，從而提倡「蘇古掇新，精神闓徹」，即太炎所宣導的國粹主義精神。值得我們注意的是，魯迅發表這兩篇代表作之時，正是他在《民報》社聽太炎講《說文》期間，正是他從師太炎，交往最密期間。可見，他不單單是去聽太炎講古老的漢學，而是如他自己所述「我的知道中國有太炎先生，並非因為他的經學和小學」，去《民報》社聽講，也「並非因為他是學者，卻為了他是有學問的革命家」。所以魯迅從太炎那裡所接受的主要影響，也是太炎先生的革命精神與革命思想，從而影響了一生的選擇，使他走上了革命道路，選擇了以文學為武器，成為新文化運動的旗手和反封建的主將。他以文學為武器，源自太炎先生「用國粹激動種性」，他一生致力國民性的改造，源於太炎先生「增進國民的道德」說。只是，在以後的革命實踐中，他漸感單純依靠宗教、國粹，是增進不了國民的道德和愛國熱腸的，這止不過是「高妙的幻想」，於是他們分道揚鑣了。魯迅從太炎那裡繼承和發揚了剛正不阿和絲毫無媚的革命精神，以及敢怒、敢罵、敢說真話、敢蔑視傳統、皇權、權威的風骨正氣。他「直面慘澹的人生」，「正視淋漓的鮮血」，而「沒有絲毫的奴顏和媚骨」，百折不撓，永遠進擊，成為終身為中國的自由、民主、進步而戰的鬥士與旗手。魯迅這種精神，被譽為中國近代最少媚骨的人，可以說是太炎嫉惡如仇精神在他身上的再現。由於魯迅先生堅持進擊，他終於找到了他老師尚未認識和接受的真理，跟上了時代步伐，終於從舊民主主義革命者轉化為新民主主義革命者，超越了他的老師，最終成為一名共產主義戰士，成為公認的「最正確、最勇敢、最堅決、最忠實、最熱忱的空前的民族英雄」[36]。

魯迅在政治思想方面接受太炎的影響，可以說是多元的多方面的。例辛亥前對尼采的崇敬，五四前後對反孔的態度，都與太炎影響有關。太炎曾稱：「尼采所謂超人庶幾相近，排除生死，若無旁人，布衣麻鞋，徑行獨往。上無政黨猥行之操，下無農夫奄矜之氣，以此揭櫫，庶於中國前途有望」[37]。魯迅正是在思想鼓舞下，撰〈摩羅詩力說〉等，來讚頌英雄主義和浪漫主義，批判屈原的「怨而不怒」。「五四」前後，魯迅成為反孔的闖將，發表了〈狂人日記〉、〈阿Q正傳〉、〈孔乙己〉到〈現代中國的孔夫子〉等作品，成為反封建禮教的新文化運動的旗手。而「五四」的反孔則是辛亥革命前夜反孔的繼續，其思想源自辛亥前太炎的批孔。辛亥前，太炎為了使人們從封建禮教的枷鎖中解脫出來，曾非常激烈地帶頭批判孔子的儒教，以後在批判保皇黨時，也抓住了他們忠君保國「競名死利」的儒家思想致命弱點，在與袁世凱

---

36 毛澤東，〈魯迅逝世一周年紀念大會上的演說〉。

37 章太炎，〈答鐵錚〉，載《民報》第十四號，一九〇七年五月。

鬥爭時，也抓住了袁世凱建立孔教藉助孔子亡靈自救，予以狠擊，他指出：「書中自有千鍾粟，此儒家必至之弊，貫於征辟、科舉、學校之世，而無乎不遍者也。」因此，要救中國，必先要破孔子儒教。這些言論有極大醒世啟蒙作用。但因辛亥革命的不徹底，批判孔子儒教也沒有取得相應成功，而導致「五四」新文化運動再起。魯迅則接過太炎尚未完成的反孔使命，可見師生一脈相傳。當然，時代不同了，魯迅已賦予了反孔的新內涵。

在對待國民黨政權及蔣介石的態度上，魯迅顯然也受到了太炎的影響。誠如眾所周知，太炎與魯迅終身對蔣介石和他領導的國民黨不抱好感，從無一字恭維，反而時予激烈抨擊。其近因固有蔣氏政權所作所為令人不齒，更有私人情感原因而致。太炎作為光復會創始人，魯迅作為光復會的最早成員，都對光復會的實際領導人陶成章懷有深厚感情，辛亥革命的成功，光復會起了極其重要作用。然而就在亟需鞏固武昌起義成果，進而實行北伐，徹底推翻帝制的關鍵時刻，陳其美指使蔣介石暗殺了陶成章。光復會一批軍事領袖也先後遇害，使光復會徒存幾個文人，而名存實亡。極大削弱了革命黨的力量，給清廷政權得以喘息，使袁世凱勢力得以膨脹，導致和加速了辛亥革命的驟敗。這使太炎、魯迅終身懷恨，不可寬恕陳其美、蔣介石這一幫「同盟會」人，以及他們後來創造的「國民黨」。在辛亥前「同盟會」內部鬥爭中，魯迅正處太炎身邊，親眼目睹事實真相，親見有些人是如何搬弄是非，不擇手段地中傷同志而大鬧宗派主義，親見太炎等如何在極其艱苦條件下堅持革命，自知是非曲折，所以他沒有參加同盟會，從來沒有自詡過參加光復會的經歷，也從來沒有指責過太炎「鬧分裂」、「搞宗派」、是什麼「反孫（中山）逆流」，顯然他是站在袒護太炎和陶成章一邊的，甚至在他一生難以數計的文字中，少有對孫中山先生的贊詞，不能不說受到感情的支配。魯迅曾對辛亥革命後的國民黨北伐等，予以支持與聲援，但當蔣介石竊權後藉助國共合作之力，依靠工農支持，取得政權後，轉而屠殺友黨，鎮壓工農，甚至將辛亥革命史寫成國民黨一黨的黨史，將光復會摒斥於正史之外，實行一黨獨裁專政，魯迅則由寒心到憤懣，太炎則由憤恨到痛罵。國民黨竟向太炎發出二次通緝令，這是太炎繼清政府、袁政權一系列追捕後的又一次追捕，而被迫匿藏起來，長達兩年之久，迫與時代隔絕。蔣介石這一切所作所為，太炎與陶成章這一切遭遇，使魯迅憤怒，但他不再以太炎的簡單形式去進行鬥爭。但在他的筆下，流出了多少揭露當局的憤怒文字，以及為太炎鳴不平的文章。他，不能原諒蔣介石背信無義，更不能原諒國民黨將殺害陶成章等異己說成是維護國家利益。魯迅先生這些憤恨，顯然受著太炎的影響。

（二）章太炎對魯迅文化學術方面的影響

太炎對魯迅文化學術方面的影響，是極其廣泛和深遠的，也是多元多層次的，本文擬從以下五方面來加以論述。

（1）《說文解字》與魯迅

魯迅從太炎學習《說文》，前文已及，本文將進一步談談《說文》對魯迅先生的文化學術產生的影響。

魯迅晚年曾說：「（太炎）先生的音容笑貌，還在目前，而所講的《說文解字》卻一句也記不得了。」[38]這番話是不是可以證明太炎所教授的《說文》並沒有對魯迅產生過什麼影響呢？我認為不能這麼表面地看。魯迅說這個話，有幾個因素。第一，他說這番話，適在太炎逝世不久，國民黨當局糾集了一些反動無聊的文人紛紛撰文，極力抹煞和貶低太炎革命貢獻和歷史功績，把太炎的功績僅僅說成「著作等身」的「一代鴻儒」，一個「國學大師」而已，魯迅先生則深知當局的詭計，站出來特別強調太炎的業績「留在革命史上的，實在比學術史上還要大」，「戰鬥的文章，乃是先生一生最大最久的業績」[39]，故而有意避學術而不談。第二，魯迅先生講這番話，實是自謙之詞。因為他沒有像錢玄同、朱希祖、黃季剛、馬幼漁等其他同門去繼承太炎的小學，成為文字學家，故而他很自謙，說自己「一句也記不得了」。

魯迅當年不僅僅自己前去聽太炎講授《說文》，還邀二弟周作人同去聽講，還寫信給三弟周建人，說：「《說文》是不能不學的。」並要求周建人去買一冊《說文》自學。可見，魯迅是十分重視《說文》這門學問的。今從魯迅的《說文解字札記》存本，得睹他細緻認真的札記，足見他當時重視《說文》的程度。而太炎講授《說文》，又並非單純地說經解經，他強調中國的語言文字學、典章制度、人物事蹟，構成了中國的歷史，如文字亡，那麼國家就萬劫不復，所以他提倡愛自己的國家，就要愛自己祖國的歷史和文字。太炎的文字學觀點就是建立在革命需要和學術進步的基礎上的，以灼熱的愛國之心和淵博的學術灼見來講授《說文》的，固對魯迅產生的影響是深遠的。

魯迅文學創作的魅力，遣字造句的新穎獨特，對俗字俗語的精通稔熟，無不顯示出他文字學的修養。而這一切，可以說，都根植於《說文》的基礎。從他的文章、書信、論著裡，處處可見他對於《說文》的嫻熟，這蓋益於《說文》之教。如魯迅在〈忽然想到（八）〉一文中說，「釗」字與「淦」字，大概只在人名裡還有留遺，他在手頭沒有《說文解字》的情況下，卻還記得《說文》中「淦」字是「船底漏水的意思」。一九二七年，魯迅在廣州中山大學任教時，所寫的〈在鐘樓上〉一文中說：「記得（太炎）先生在日本給我們講文字學時，曾說《山海經》上『其州在尾』的『州』，是女性的生殖器。這古語至今還留存在廣東，讀若Tiu，故Tiunei二字，當寫作『州戲』，名詞在前，動詞在後的。我不記得（太炎先生）他後來可曾將此說記在《新方言》裡，但由今觀之，則『州』乃動詞，非名詞也。」魯迅在〈名人和名言〉一文中說：「太炎先生是革命的先覺，小學的大師」，講《說文》娓娓可聽，而江亢虎「今年忘其所以，談到小學，說『德』字古字為『悳』，從『直』從『心』，『直』即直覺之意。真不知悖到那裡去了，他竟連那上半並不是曲直的直字這一點都不明白」。魯迅用自己的《說文》學識，寥寥幾筆，把冒充斯文，「通人」不通的狠狽相頃刻勾畫了出來，麒麟皮下的馬腳頓時暴露無

38 魯迅，〈關於太炎先生二三事〉。

39 同注38。

遺。可見，魯迅對於《說文》並非一句也記不得了，相反，其嫻熟是達到了順手拈來程度。

周作人說過：「太炎先生講授的中國文學的知識，給予我不少的益處，是我所十分感謝的。那時太炎的學生，一部分到了杭州，在沈衡山領導下做兩級師範的教員，隨後又做來教育司（後改稱教育廳）的司員（魯迅即是其中之一），一部分在北京當教員，後來匯合起來，成為各大學的中國文學教學的源泉，至今很有勢力。此外，國語注音字母的建立，也是與太炎有很大的關係的。所以我以為章太炎先生對於中國的貢獻，還是以文字音韻學的成績為最大。」[40]許壽裳說：「太炎師據段玉裁的《說文注》，引證淵博，新誼甚富，間雜詼諧，令人無倦，亙四小時而無休息，我們聽講雖不得一年，而受益則甚大。」[41]周谷城在紀念太炎先生誕辰一百二十周年大會上說：「我是從老師錢玄同先生處間接受益於太炎先生的，錢玄同先生在教我們《說文》時說：『仁』字的解釋多極了，但不外乎儒家經典的詮釋，唯太炎先生解釋有別，他說『仁』是兩個『人』字組成的，為什麼取兩個人組成『仁』字，即是要人與人相親相敬、互愛互助，只有相互尊重，才有仁字可講，這是要我們講人權呀。太炎先生就是這樣以西方的先進思想與學說，給古老的中國舊學賦以新的生命，這使我終身受益難忘。」從周作人、許壽裳、周谷城對太炎講授《說文》的評價，推斷魯迅，則同樣是「受益則甚大」的，當無疑議。

在太炎講授《說文》啟迪下，魯迅在廈門大學任教時，曾擬開「聲音文字訓詁」一課，並曾計畫寫一部《中國字體變遷史》。一九二九年，魯迅在給許廣平夫人信，及一九三三年在給曹聚仁信中，都談到過這一著書計畫，他對許廣平說：「我想，應該一聲不響，來編《中國字體變遷史》。」[42]又對曹聚仁說：「數年前，曾擬編中國字體變遷史及文學史稿各一部。」一九三四年，他在〈門外文談〉一文中，即粗略地談到過漢語漢字的起源與發展等問題，他以深入淺出的手法，闡述了「字是什麼人造的」、「字是怎麼來的」，以及文字學六書中的象形與會意的關係等等問題，他舉例說：「一顆心放在屋子和飯碗之間是『寍』，有吃有住，安寍了。但要寫『寧可』的寧，卻又得在碗下面放一條線，表明這不過是用了『寍』的聲音的意思。」魯迅又舉例說：「『菜，從草，采聲』，畫一棵草，一個爪，一株樹：三樣；『海，從水，奇聲』，畫一條河，一個戴帽（？）的太太，也三樣。」這些例子，都是魯迅從《說文》中引申出來，作為編寫中國字體變遷史的芻形。後來因工作繁多，手邊資料不足，魯迅沒有完成撰寫《中國字體變遷史》的宏願，這不能不說是一件憾事。

（2）莊子與魯迅

周作人在他回憶錄中說：太炎在講完《說文》以後，「似乎還講過《莊子》」。而我們從其他人回憶錄和日記裡，則可確證魯迅確還聽過太炎先生講《莊子》。太炎講《莊子》時間不長，但他的莊子學說的影響對魯迅則是深長悠久的。

40　周作人，《知堂回想錄》。
41　許壽裳，〈致林辰信〉，一九四四年二月四日。
42　魯迅，〈一九二九年致許廣平信〉。

太炎的思想哲學體系，來自「佛學、諸子學和西方哲學」[43]，在諸子學中，莊子學說又占有十分重要的地位，太炎是非常欣賞和重視莊子的，他的二部重要著作《齊物論釋》和《莊子解詁》，即是他在日本東京講授《莊子》時的講稿，整理成專著。他對《齊物論釋》一著，自視甚高，自稱「一字千金」，曠世未有之作，可見自重程度。在《齊物論釋》一著中，他借疏解莊子哲學而展開本人哲學思想，以佛學解釋老莊，又納入康德的「批判哲學」，以闡述自己對哲學中諸重大問題的看法。例如他在論及中國文化的特性時，太炎強調每個國家每個民族都有自己獨立自主的文化，所以中西文化應相互尊重，不應讓近代西方文明去征服各個不同的文化，否則就有違齊物、平等之義，所謂「齊物」，即「一往平等之談」，只有不求強齊，才能存異，只有存異，才有平等，因此就人格而言，應尊重個性獨立，就文化而言，應尊重各國文化相異。魯迅極其欣賞太炎這些「渺義」，十分重視太炎這部著作。一九一二年，當《齊物論釋》正式出版時，魯迅立即購買了一部，並鄭重地記入這年的《書帳》；一九一五年六月十七日，他在《日記》中又鄭重記下了龔未生（太炎女婿）送來新刻本《齊物論釋》一冊的事，可見重視此書。

老莊學說，在中國長達數千年的封建社會中，始終是歷代統治階級封殺排斥的異說，其原因是，孔子學說，「本出於老，以儒、道之形式有異，不欲崇奉以為本師，而懼老子發其覆也」[44]，故逼老子「西出函谷」，儒家與法家，本也出於道家，儒、法二家是老子之學的亞流，而莊子發展了老子的學說，兼融了老、孔、釋之長，成為老莊學說。但是，自從儒家經典被封建統治階級尊奉為法定學說、孔子被吹捧為大智大聖、萬世作師、至明至神的聖人，老莊學說則被儒家視為異端，長期加以排斥與壓制。太炎則站在摧毀封建殿堂的立場，致力揭穿儒家經典的真面目，力圖還孔子原來面目，他繼承發揚章學誠的「六經皆史」說，指出儒家只是周秦九流之中一流而已，他竭力肯定儒學中荀子的地位，藉以非孔，又竭力為法家、道家正名，從而讚揚莊子學說，對莊子的憤世及對平等自由追求的精神，尤加宣導，說老子是儒家的先導，「孔子問禮老聃，卒以刪定六藝」，儒、佛、莊三家，才是中國傳統學術的精華，從而把至明至神的孔子從法定的萬世作師的寶座上拉下來，也就是把束縛了數千年人們思想的儒家經學從經天緯地的玉屋寶典上拉了下來，放回到春秋戰國時代諸子百家中去，放回到古代史料的地位上去，指出孔子的儒學不過是當時九流中的一流而已，不過是古史資料而已，而且跟老莊學說相比，還遠為遜色。太炎這些言論，真是對封建正統史觀的大不敬，是對封建統治思想基石的一大反動，真是驚世駭俗，對清末思想的大解放，具有驚石破浪的作用，對當時新舊兩代知識分子的覺醒，具有重大影響。

魯迅就是深受太炎這種影響的一個知識分子。太炎先生不僅給予了魯迅莊子學的知識，還給予了老莊學說的精神影響。魯迅正是在這種影響下，透過儒家吃人的禮教，去認識社會，認

43　姜義華，《章太炎思想研究》（上海人民出版社，一九八五）。

44　章太炎，〈諸子學略說〉，載《國粹學報》丙午年第八、第九號，一九〇六年七月二十日、八月二十日。

識國民性上的積弊，去接受儒家的異端——老莊思想，去欣賞老莊「反」字的事物變化的自然通則，尊敬有反抗精神與性格的作家嵇康、阮籍、李白等人，傾心魏晉文風，因為這些人及這樣的文風，都帶有老莊的批判精神、反逆性格及對自由的追求，在沉悶的封建長夜，通過太炎傳授的莊子學說，魯迅與有莊子精神的這些前人，取得了契合。正如胡適所說，太炎使我們明白古人用這個「儒」字，有廣義狹義區別的三種，即達名、類名、私名之儒；又如曹聚仁所說，太炎先生啟迪我們的不是信古，而是疑古，因此使我們「從科舉腐儒圈子跳了出來，又從傳統道德圈子跳了出來」[45]，使我們認識到「老、莊、韓非，無論那一點，都比孔孟高明一點，儒家只有荀子，還夠得上和老莊抗衡」[46]。魯迅先生同樣是在太炎先生這種影響下，接受莊子，並將莊子學說與思想，滲透到他的行為裡與著作中。

郭沫若曾撰〈莊子和魯迅〉一文，專述了魯迅作品中引用了許多《莊子》的詞彙與語句，說明魯迅曾深受《莊子》的影響。魯迅在《故事新編》的〈出關〉與〈起死〉兩篇文章中，說：「老子的西出函谷，為了孔子的幾句話，並非我的發見或創造，是三十年前在東京從太炎先生口頭聽來的，後來他寫在《諸子學略說》中。」由此可見，魯迅本人也不否認受到過太炎關於莊子學說的影響。我認為，這種影響不僅表現在魯迅的作品裡，也影響到他的思想行為裡，尤其是他的早年思想。魯迅對此也不加否認，他在〈寫在〈墳〉後面〉一文中說：早年曾「中些莊周……時而很隨便」的「毒」。的確，用莊子學說來非孔，在當時是有一定積極意義的，但莊子學說畢竟也有它的消極方面，特別它在宣傳「無動而不變，無時而不移」時，忽視了事物的穩定性一面，在宣揚「天地與我並生，萬物與我為一」時，又墮入相對主義怪圈之中，因而易「時而很隨便」，魯迅甚至幻想用莊子、佛學加西方尼采學說，匯合成一支「戟」，藉以對抗庸眾，刺向黑暗的社會，不能不說是不很高明的，並會產生消極的一面，因此魯迅先生的晚年則很反對向青年人宣揚老莊學說（這將在後文進一步闡述）。總之，老莊學說中反儒教的積極方面，作為對儒家思想一統天下的叛逆精神，對魯迅的思想形成有著積極的一面，《莊子》中豐富的想像與生動的寓言及浪漫主義的藝術風格，對魯迅的文藝創作，也有著積極的一面。

一九一五年，太炎在袁世凱羈禁的生死未卜的歲月裡，為了寬慰時刻關心著他的學生魯迅，太炎特寫了一幅條幅贈給魯迅先生，條幅內容正是取《莊子·天運篇》上的一段話，即「變化齊一，不主故常；在谷滿谷，在阬滿阬；塗郤守神，以物為量。」上款為「書贈豫材」，下款為「章炳麟」。魯迅和許廣平夫人非常珍愛這條幅，一直夾於行篋之中，終身隨伴未離。魯迅愛這條幅，不僅是老師所贈的愛物，亦是欣賞太炎先生在囹圄中，藉莊子那種自由馳騁的思想，以恬淡的心情來自尋安慰，尋求樂趣。表面上看起來似乎有超然世外之感，但實際上也是反映出他不甘寂寞，胸中並不平靜的心境。（太炎）「他知道，世界上的一切都是不停地變

45 曹聚仁，《中國學術思想史隨筆》（三聯書店，一九八六）。
46 同注45。

化著，守故執常是不行的，時光在流逝，社會也在前進，向前看才有希望。章太炎大概是用這種思想來教育和寬慰他的學生的吧」[47]。太炎、魯迅在袁世凱虐政下，藉用他倆共同欣賞的莊子語言來溝通思想，是很有趣的。

（3）魏晉文風與魯迅

太炎被舉世公譽為「樸學大師」，即漢學大師，在漢學中他特別擅長魏晉之學。宋恕曾稱「枚叔（即太炎）文章，天下第一」，他的文章，被稱為泣鬼神，驚天地，令清政府聞風喪膽，故有「蘇報案」和「民報禁封」二事案發。太炎文筆古奧，索解為難，功底深厚，犀利勁建，令人耐讀，文章具有魏晉名理之長，懷有建安風骨之氣，有曹孟德之慷慨沉雄，有劉越石之激越悲壯，情調悲涼激憤，表現出清末革命派慷慨悲壯、蒼涼激越的心聲與追求，因此牽動了一代憂國憂民的知識分子的心。使文筆老辣的康有為及筆風清朗的梁啟超師生，也終於敗北在他的筆下，被魯迅先生稱為「所向披靡，令人神旺」。太炎的文筆與文風，對近代新文化運動為代表人物，如魯迅兄弟、錢玄同、馬幼漁、許壽裳、沈兼士、陳獨秀、胡適、吳虞、李大釗等，都產生過很大影響，這是舉世公認的，尤其對於魯迅的文風，產生的影響尤大。

魯迅早年愛誦太炎的文章，尤愛讀《民報》上太炎的文章，竟不知不覺染上了愛用古字和生僻字的嗜好，因為太炎作為「樸學大師」，文追秦漢，作文造句，多秦漢古字。魯迅也承認，自己早年曾受嚴復影響，「以後又受了章太炎的影響，古了起來」，「這是受了當時《民報》的影響」。許廣平夫人對此作了進一步解釋，她說：「凡是跟著章先生研究《說文解字》

或研究他的著作的，都知道他好用古體字，因此魯迅譯《域外小說集》的時候，也不知不覺地採用了。」[48]由此一斑可見，魯迅在文風上受太炎影響之深了。

太炎文風，總的來講，崇尚質樸，講究形式與內容的統一，主張文學為政治服務，形式為內容服務，反對重形式、輕內容、刻意類比，或無病呻吟，反對雕琢、浮華、頹敗、陳腐的舊文風，他說：「文不論駢散，要以文骨為主」，他認為文風可見國勢的盛衰和民氣的剛柔，反之，國勢與民氣又需要文風的改革，在眾多文學流派中，他特別讚揚和推崇魏晉文風，稱之「可以為百世師矣」[49]。他認為魏晉文學，長於辨名析理，汲取了先秦諸子辯長，特別是吸收了老莊學說的義理，在思想上具有反儒家禮教經學的進步性，在文筆上「儀容穆若，氣自卷舒，未有辭不逮意」，「守己有度，伐人有序，和理在中，孚尹旁達」，這種文體，太炎認為正是清末革命文學所需要的文體。因此他著《五朝學》，贊魏晉作品無嬌柔之氣，無靡麗之詞，唐、宋之文與之相較，都遠為遜色和不足為法。太炎說：「效唐宋之持論者，利其齒牙。效漢之持論者，多其記誦，斯已給矣。較魏晉之持論者，上不徒守文，下不可御人以口，必先豫之

47 岳首，〈章太炎書贈魯迅的條幅〉，載《魯迅研究資料》第十三輯，一九八四年七月。
48 許廣平，〈民元前的魯迅先生〉。
49 章太炎，《國學論衡》上卷，一九〇六。

以學」[50]，而唐宋「歐、曹、王、蘇之作，氣骨已劣於韓、柳」[51]，「唐末迄於五代，文之衰弊已極」，詩詞更是越來越墮入文字遊戲，小說更是纏綿之作，至於桐城文體，華而不實，更無論了，都不適於清末革命文學的要求。太炎反對文章只注重形式，不重視內容，「若夫前有虛冒，後有結尾，起伏照顧，惟恐不固，此自蘇軾、呂祖謙輩教人已法，以此謂之體制，吾未見其為體制也」，他本人的文章，就從不講究形式，而是陡然而來，戛然而止，沒有什麼首尾呼應等等形式與落套。在詩歌方面，太炎效法魏晉，獨步五言，很少寫七律，提倡「文學復古」，這所謂「復古」，即提倡魏晉文藝的復興，藉以抵禦清末文壇諸多靡麗文體，以適應革命的需要。

太炎所處的時代，風雨如晦，雞鳴不已，黑暗太濃重，反動的勢力太強大，一批先驅者「痛同胞之醉夢猶昏，悲祖國之陸沉誰挽」，決心去搏擊，去流血，而有吳樾之死，陳天華之投江，他們為爭生存，不惜去犧牲，為了爭光明，不惜將自己燃燒，一批文化戰士，以文學傾吐悽楚悲憤，如魯迅所說：「唯有勇士能有大哀痛」，這種哀痛的憂患意識，「是我們民族文化的精魂」。魯迅目睹太炎先生於辛亥前的追捕坐牢流亡，過著極艱苦的生活，國家之痛與身世之憤，一發於文章，充滿悽惻之情，像受了傷痛的獅子，發出悲壯的怒號；辛亥後又受袁世凱囚禁，太炎愛女——魯迅先生摯友龔未生的夫人——憤世而自盡，刺激更深，發文更加沉痛，好像有一種不可抗拒的力量逼人而來，廉悍勁利，充滿大哀痛。魯迅說：「怒吼的文學一出現，反抗就快到了」，「與革命爆發時代接近的文學每每帶有憤怒之音」[52]。太炎的詩文，可以說正是這種「帶有憤怒之音」的怒吼文學。這對魯迅的影響是極為巨大的，魯迅的創作風格與文學研究，特別是他的雜文——匕首文學，可以說是太炎哀的戰鬥文章的發展，形成了一個時代二個時期的文學典範。

魯迅早年的文學風格，曾受到過嚴復和林紓影響，他自己也承認早年文章裡，「受著嚴又陵的影響」[53]，在翻譯小說《匈奴奇士錄》時，「還多用林琴南筆調」[54]，以後在太炎影響下，他終於擺脫了嚴、林影響，接受了章氏文風。太炎曾批評嚴、林文風，說：「下流所仰，乃在嚴復、林紓之徒。復辭氣雖飭，氣體比於制舉，若將所謂曳行作姿者也。紓視復又彌下，辭無涓選，精采雜汙，而更浸潤唐人小說之風。夫欲物其體勢，視若蔽塵，笑若齲齒，行若曲肩，自以為妍，而只益其醜也。」[55]這種批評是非常尖銳苛刻的，但他是具有這樣批評的資格。吳文祺先生稱太炎文章「析理綿密，無盈辭，無剩義，用文精確，一篇文章中無一句浮泛的話，一句話中沒有一個浮泛的字」，嚴、林文章與章氏相較，高低渭然，魯迅自然接受太炎而摒棄

50 章太炎，〈文學略說〉，載《國家論衡》，一九〇六。
51 同注50。
52 魯迅，〈革命時代的文學〉。
53 魯迅，〈《集外集》序言〉。
54 周作人，〈關於魯迅之二〉，載《魯迅先生紀念集》（上海書店，一九七九，複印本）。
55 章太炎，《太炎文錄・卷二・與人論文書》。

嚴、林之影響。周作人說：「魯迅早年接觸西方的思想與文學，大半是通過嚴、林的介紹，因而最初在寫作上都曾受到他們的影響。自從從太炎問學後，於是對林氏的筆調有點不滿，而對嚴文也嫌他有八股氣了。以後寫文喜用本字古義，《域外小說集》中也大都如此。」[56]到了五四時代，魯迅對桐城派的衛道士林紓，則毫不客氣地斥為「桐城謬種」、「選學妖孽」，給予批駁，完全決裂了。魯迅正是繼承了太炎文風，尚崇魏晉文風，不尚空言，長於辨理，精於用詞，文風峻利，用詞典雅，嬉怒哀罵，皆成文章，師生可謂一脈相傳。但是，太炎的文偏於政論與史論，較學術化，而魯迅先生的文偏於國民性的改造，「魯迅比前人的貢獻，在於他在中國近代首先把文學和提高民族靈魂境界的使命直接聯繫在一起，把改造國民性的問題具體化了」[57]，雖然中國自古有文史不分之說，但魯迅文的內容比之太炎畢竟更廣泛和平民化，顯然，魯迅是繼承發展了從魏晉到龔自珍、太炎的思想與文風。

文學評論家王元化說：「章太炎繼清代錢大昕、朱彝尊的餘緒，破千年來的傳統偏見，著《五朝學》，對魏晉時代文學作了再估價，恢復了它在學術史上的應有地位。在這一點上，魯迅也很可能受到他的影響。」[58]魯迅「喜愛阮籍、嵇康等人的文章，一掃前人奉儒家為正宗，對玄學家和清談家所採取的不屑一顧的成見，而肯定阮嵇等人非湯武薄周孔的反禮教的積極一面。他把魏晉時代稱為文學的自覺時代。這一說法不僅中肯，而且具有卓識」[59]。一九二七年魯迅在廣州所作的〈魏晉風度及文章與藥及酒之關係〉演講，即是對魏晉文學在中國文學史上的地位再評價，顯示了他對魏晉文學史的修養與造詣。但是，魯迅沒有簡單地對魏晉文學進行照搬與重複，這一點上，他大大優越於他的老師。太炎由於太追求魏晉風骨，文必追古（即魏晉），字必用「本字古義」，顯示高雅，眾所周知，秦漢魏晉的本字古義，今已成古字僻詞，誠有幾者卒讀，因而太炎先生文章幾成「天下第一難讀」，裡面文字古澀難懂，大大影響了他的文章的影響與普及，正如吳親齋批評所說：「太炎先生的思想是平民的，但他的文字是貴族的。」而魯迅在精研魏晉文學基礎上，又創導了白話文，大大適合了時代需要，從而超越了他的老師。

魯迅好友劉半農曾為魯迅撰聯一副，稱他「托尼學說，魏晉文章」，即是說魯迅思想上曾刻意汲取西方尼采學說，崇尚革命浪漫主義與英雄主義，文章上曾汲取魏晉文體之長，尚崇反抗精神和伐人有序，兼融中西之長，形成了自己的風格。魯迅對劉半農的對聯，對他思想文章的評價，沒有任何反對，因為這確實是知者之言。魯迅的另一位同門好友曹聚仁曾說：「章師（太炎先生）推崇魏晉文章，低視唐宋古文。（黃）季剛自以為得章師的真傳。我對魯迅說：『季剛的駢散文，只能算是形似魏晉文；你們兄弟倆的散文，才算得魏晉的神理。』他（魯迅）

56 周作人，〈關於魯迅之二〉。
57 程麻，《溝通與更新》（中國社會科學出版社，一九九〇）。
58 王元化，《文學沉思錄．關於魯迅研究的若干設想》。
59 同注58。

笑著說：『我知道你並非故意捧我們的場的。』後來，這段話傳到蘇州去，太炎師聽到了，也頗為贊許。」[60]魯迅逝世後，他在東京時另一位同門好友馬幼漁寫了一副輓聯，稱魯迅「熱烈情緒，冷酷文章，直筆遙師菿漢閣（「菿漢」是太炎先生號）；清任高風，均平理想，同心深契樂亭君」。將魯迅的為人與文風，與太炎並論，也可謂是知者之言。從劉半農、曹聚仁、馬幼漁的評價，都可證明魯迅繼承和發揚了從魏晉到太炎的文風與精神。

將魯迅的文風與太炎的文風相提比較，並加以比較研究的，要首推吳文祺了，他遠在一九三六年七月，即太炎逝世後一月，在〈論章太炎的文章〉一文中，說：太炎弟子中，「只有一個人的作風和章氏有些相像，那就是魯迅，有些人論魯迅的文章，『如鐵筆畫在岩壁上，生硬以外，還夾著絲絲尖利的聲音，使人牙根發酸，或頭頂發火』，用這幾句來形容章氏的文章，也是很適切的，其他如詼諧的風趣，凝練的字句，深刻的嘲諷，凡是見於章氏文章中者，也可在魯迅的文章中發現」。這篇評論，寫於魯迅在世之時，發表於上海《立報》，未知魯迅先生當時是否見讀，是否肯同，但在今人讀來尚感確切不移。的確，如果再作些細緻比較，我們可以找出大量太炎、魯迅兩人酷似一人的文字與句子，連罵人句式也一模一樣，一個罵得詼諧、刻薄，一個罵得幽默、尖刻，文風如一。如太炎在〈駁康有為論革命書〉一文中，稱「公理之未明，即以革命明之，舊俗之俱在，即以革命去之。革命非天雄大黃之猛劑，而實補瀉兼備之良藥矣」，這番話真是大氣磅礴，有黃河之水天上來之勢。魯迅在〈忽然想到．六〉一文中，說：「我們目下的當務之急，是一要生存，二要溫飽，三要發展。苟有阻礙這前途者，無論是古是今，是人是鬼，是三墳五典，百宋千元，天球河圖，金人玉佛，祖傳丸散，秘製膏丹，全都踏倒地。」二文氣勢與用詞，如同一轍。太炎在批斥吳稚暉時，譏吳稚暉「善箝而口，勿令舐癰，善補而袴，勿令後穿」，真是竭盡罵人之能事了。魯迅文章中痛斥敵人時的語詞，極為相似，如〈戰士與蒼蠅〉一文中，他說：「有缺點的戰士終究是戰士，完美的蒼蠅，也終究不過是蒼蠅」，這樣的話，簡煉透徹而挖苦到頂了。這些類似文句可以找出許許多多，可見文風如一，受之影響深刻。

（4）佛學與魯迅。

太炎一九〇六年第三次流亡日本時，在七千多留學生歡迎會上的演講中，提出了他在西牢中沉思三年的革命行動設想，他說：當務「有兩件事是最最要緊的：第一是用宗教發起信心，增進國民的道德；第二是用國粹激動種性，增進愛國的熱腸」。用什麼樣的宗教來發起信心呢？他認為，傳統的孔教，徒叫人利祿於心，斷不可用；西方的基督教，叫人崇拜上帝，實際上是崇拜西帝，也不可用；唯有佛教中的華嚴與法相二宗，在道德上與人最為有益，可用於革命。太炎說：「華嚴宗所說，要在普度眾生，頭目腦髓，都可以施捨與人」，「法相宗所說，就是萬法唯心，一切有形的色相，無形的法塵，總是幻見幻想，並非實在其有」，「要有這種信仰，才得勇猛無畏，眾志成城，方可幹得事來」。他又說：「佛教最恨君權，大乘戒律所說：

60　曹聚仁，《我與我的世界》（三聯書店，一九八二）。

『國王暴虐，菩薩有權，應當廢黜。』又說：『殺了一人，能救眾人，這就是菩薩行。』」「佛教最重平等，所以妨礙平等的東西要除去。滿洲政府待我漢人種種不平，豈不應該攘逐？」因此「照佛教說，逐滿復漢，正是分內的事」[61]。由此可見，太炎提倡的宗教——佛教，為的是革命者有不畏犧牲的精神，同時可以消除富貴利祿的觀念，提高革命者的道德品質，使革命黨人排除生死，旁若無人，布衣麻鞋，徑行獨往，上無政黨猥賤之操，下作懦夫奮矜之氣」[62]，有利於民族主義和民生主義的實行。太炎看重的是佛教的哲理與內核，並不是那些形式與內容，所以與封建迷信的佛教內容和形式，毫無共同之處。他把資產階級的平等、自由、民主、博愛等思想內容，反封建帝制的民主革命運動，注入佛身，使佛的形象適應於近代革命的需要。從太炎的思想體系和哲學體系來講，也是源自佛學、諸子學和西方哲學這三個層次，其實，他所說的佛學，已不是真正的佛學，無非是從佛學汗牛充棟的經論中，藉若干現成的思想資料與語言，來構築自己的體系罷了，這個佛是已資產階級革命化了的佛，這個宗教不過是利用它的外殼與號召力的宗教。太炎慣於將古今中外許多有影響的重要哲學流派，不分國度，糅合到自己的思辨哲學體系中去，可謂博採眾長，為我所用。為了融合古今中外許多有影響的哲學流派，太炎曾對印度古代哲學發生了興趣，他不僅閱讀與研究了佛學各宗派的許多經論教義，而且注意研究包括數論、勝論、吠檀多等各派在內的婆羅門學說。當時他在日本購得對佛教有重大影響的古印度吠檀多精神哲學典籍《奧義書》十種，但都是英、德、日的譯本，為了直接閱讀梵文原著，了解《奧義書》的內涵，他特邀請了印度梵文教師密史羅到日本講授梵文，自己親自去學習，這時的太炎，已經四十二歲了。

當時，魯迅兄弟正在東京從太炎學習，故太炎特邀他們一起去學習梵文，寫了一封詞懇意切的信，信云：「豫才、啟明兄鑒：數日未晤。梵師密史邏已來，擇於十六日上午十時開課，此間人數無多，二君望臨期來祉。此半月學費弟已墊出，無庸急急也。手肅。即頌撰祉，麟頓首。十四」。在此之前，太炎曾請周作人翻譯日文版《奧義書》，但憂轉譯易有訛誤而作罷，故有邀梵師來講梵文一事，有請魯迅昆仲同學梵文一事。但這時魯迅正忙於結束留學日本準備返回之際，沒有前去聽講。

魯迅先生雖然沒有從太炎先生一起學習梵文，也沒有發現他從太炎研究佛學的其他記載，但是，太炎對於佛學的態度與興趣，同樣感染和影響了他，對他產生了深刻而遠久的影響，這是毋用懷疑的。尤其辛亥革命失敗後，魯迅在北京教育部任職期間，他目睹現狀，無限憂鬱悵惘，他無力解釋他熱望的革命僅僅是剪掉了一條辮子，推翻了一個皇帝，但驟然又出了幾個皇帝，而民眾苦難依舊，他迷茫了，痛苦與徬徨使他只能以沉默來對待現實。人在失望之際，往往容易倒退到他熟悉的舊的生活中去。他在這時期用很多的時間與精力去從事從太炎那裡感染到的對佛學的興趣上去。在一九一四年內，魯迅就購買《選佛譜》、《三教平心論》、《法句

61 上述引文，均錄自章太炎，〈一九〇六年日本東京留學生歡迎會演說辭〉，載《民報》第六號。

62 章太炎，〈答鐵錚〉。

經》、《釋迦如來應化事蹟》、《閱藏知律》、《華嚴經合論》、《決疑論》、《維摩詰所說經注》、《寶藏論》等等佛學經典，以後又購買了許多佛學書籍，他不但自己讀，還與許壽裳、周作人等交換看。一次，他感慨地對許壽裳說：「釋迦牟尼真是大哲，我平常對人生有許多難以解決的問題，而他居然大部分早已明白啟示了，真是大哲。」[63]「魯迅開始看佛經，用功很猛，別人趕不上」[64]，後來他對佛學研究的熱情漸漸地淡然，不再是從佛學中去找解脫了，而是把佛學當作人類思想發展的史料來看了。的確，佛學與信佛，宗教與迷信，不是一回事，佛教文化是中國古代文化的重要組成部分，它對我國文學、哲學、倫理、道德、繪畫、音樂、建築、雕刻、印刷等等的發展，都有著重大的影響，儒、道、佛構成了中國傳統文化，是不容忽略的學說。魯迅從太炎身上感染於此，甚至他們都於困阨中研讀佛書。太炎因「蘇報案」牢繫三載，以讀佛經自解，在袁世凱幽禁中，也大量閱讀佛書，以排泄胸中煩悶，又窺探佛教文化對現實的作用，魯迅亦然。佛學要人出世，儒學要人入世，魯迅並沒有因讀佛書而出世，他讀了一個時期佛書後，忽有所悟，許壽裳回憶說：「（魯迅曾說）『佛教和孔教一樣，都已經死亡，永遠不會復活了。』所以他對於佛經只當作人類思想發展的史料看，藉以研究其人生觀罷了。別人讀佛經，容易趨於消極，而他獨不然，始終是積極的。他的信仰是在科學，不是在宗教。」[65]這點期望與太炎極為相似。由於魯迅從這樣的角度去研究佛學，所以對他以後從事文化工作，產生了很大補益，發生了非常深遠而巨大的影響。他收集了許多佛教藝術的拓片，就是很好的例證，近年這些拓片有關部門正加以集印，這也是一份很好的文化遺產。而很長很長的時期，在魯迅研究中，似乎迴避涉及魯迅與佛學這一問題，好像魯迅這樣偉大人物身上不應該有佛學影響的這一面。對他的思想與作品中，受到佛教文化影響的成分，也沒有深入去剝離，似乎唯物主義者不應該與唯心主義有瓜葛，這恰恰忘記了先進的東西正是胎自落後的東西。許廣平夫人說，一九二八年，她與魯迅去杭州遊西湖，「客僧向魯迅大談佛學，而反被魯迅說倒，藉故離去的有趣情況，就可見魯迅於此了解的深透了」[66]，魯迅研究佛學了解佛學的事實是不容否認的。他在指導徐梵澄研究佛學時，說：「讀《大乘起信論》這部偽書，不如看《百法明門論》；研究諸教之鬥爭，當先看《弘明集》和《廣弘明集》。又認為中國文化受佛教的影響，實在太深了，由此總結改革，應當大量吸收西方文化，加強文化交流」[67]，這不可不謂灼者之見。

魯迅在佛學上受太炎影響是明顯的，但他在現實與辨思之後，發現「用宗教發起信心」說，「僅止於高妙的幻想」，並沒有去步之後塵，去加以宣揚，只是作為一門文化去加以鑽研，他用韌的戰鬥，去宣導「大眾文學」，去摧毀舊世界的堡壘，顯示出他「能入乎於佛，亦能出乎於佛」。

63 許壽裳，〈亡友魯迅印象記〉。
64 同注63。
65 同注63。
66 許廣平，《魯迅回憶錄》（作家出版社，一九六一）。
67 姚錫佩，〈章太炎．魯迅．徐梵澄〉，《魯迅研究動態》，一九八六年第十期。

（5）國學與魯迅。

國學，是中國古代傳統經、史、子、集的總稱，有人稱之為國粹，太炎稱它為國故學。太炎是清末民初舉國公認的「國學大師」，他曾致力於中國古代文化遺產的整理與發掘，力圖創造適應新時代要求的近代新型民族文化，他的「用國粹激動種性，增進愛國的熱腸」觀點，在二十世紀初，尤其在推翻清政府封建專制統治鬥爭中，曾產生過積極的進步的作用，影響過許多知識分子，魯迅即是其中一員，尤其魯迅還親從太炎先生傳授國學，影響更甚於他人。

太炎為什麼要提倡國粹呢？他曾說過：「提倡國粹，不是要人尊信孔教，只是要人們愛惜我們漢種的歷史。這個歷史，是就廣義說的，其中可以分為三項：一是語言文字學，二是典章制度，三是人物事蹟」[68]，國人若知道中國自身的長處，知道了自己民族的歷史，「就是全無心肝的人，那愛國愛種的心，必定風發泉湧，不可遏抑的」[69]。太炎：「古事古跡，都可以動人愛國的心思，當初顧亭林要想排滿，卻無兵力，就到處去訪那古碑古碣，傳示後人，也是此意。」[70]在中國的文化遺產中，也沉積了許多糟粕，因此，太炎一生又致力於各種歷史垃圾的清理，力圖摧毀封建經學對思想學術界的禁錮，整理了許多古代典籍與文獻，考證了許多史實真偽，撰寫了很多專著論文，通過這些來傳播愛國主義思想和宣導人性的解放。

魯迅不僅追隨太炎研讀國學，學了《說文》、《莊子》、《漢書》等，也從事過古籍的輯佚校勘工作。一九〇九年六月，魯迅辭別太炎返回故里，在辛亥革命爆發的前夜，他在家鄉一邊教書一邊「薈集古逸書」，輯錄了有關家鄉會稽的古代先賢史傳及地理方面逸書，後編成《會稽郡故書雜集》，他在這本書的〈序言〉中說：「書中賢俊之名，言行之跡，風土之美……用遺邦人，庶幾供其景行，不忘其故」，這旨意不正與顧亭林及太炎的「到處去訪古碑古碣，傳示後人」，以古事古跡「動人愛國的心思」的宗旨如一嗎？當時，魯迅還輯錄了周至隋的散佚小說，後編為《古小說鉤沉》，輯錄了周至隋的古代小說三十六種，成為他以後編著《中國小說史略》的雛形。《中國小說史略》這部著作，被郭沫若稱為可與王國維《宋元戲曲史》合為「中國文藝史研究上的雙璧」，為民族文化的近代化，起了開山作用。這部著作，顯然受到太炎諸多影響，除國學整理觀念外，還有關於小說家的歷史地位觀念影響。早在一九〇六年，太炎在《諸子系統說》一著中說：「小說家者流，蓋出於稗官，街談巷語，道聽塗說者之所造也。孔子曰，雖小道，必有可觀者焉。致遠恐泥，是以君子弗為也，然亦弗滅也。閭裡小知者之所及，亦使輟而不忘如或一言可采。」充分肯定了小說家的歷史地位。以後，太炎在《諸子學略說》一著中，又進一步肯定了小說家在諸子九流十家中的地位，將儒家與小說家並提，賦予了小說家應有的歷史地位，對周、秦、兩漢的小說，如《周考》、《青史子》、《伊尹說》、《鬻子說》、《宋子》、《虞初周說》等，給予了新的評價，他說：「宋銒的禁攻寢兵為外，以情

68　章太炎，〈一九〇六年日本七千留學生歡迎會上的演講辭〉。
69　同注68。
70　同注68。

欲寡淺為內，周行天下，上說下教，故近於小說。」這些言論，在清末嚴重輕視小說的歷史環境下，起了思想解放的作用，因此胡適說：太炎「於校勘訓詁的諸子學外，別有一種有條理系統的諸子學」，是「更為空前」的。這，顯然對魯迅編著《中國小說史略》起了一定作用。

魯迅早年，薈集輯錄的古籍很多，辛亥革命前曾手錄了《沈下賢集》和《唐宋傳奇集》中的〈湘中怨辭〉、〈異夢錄〉、〈秦夢記〉；辛亥革命後，他痛心革命失敗之餘，更用心於古籍整理，抄錄整理了《謝氏後漢書補逸》、《謝承後漢書》、《石屏集》、《雲谷雜記》、《虞預晉書》、《易林》、《石屏詩集》、《嵇康集》、《沈下賢文集》、《出三藏記集》、《法顯集》等等。由他校勘的《嵇康集》，參照諸本，反覆校勘十多遍，不厭精詳，成為古籍校勘中最精善之本。魯迅又經常去尋訪購買各種古籍，並加以補繪補抄，而且一一加以裝訂。一九一四年後，他又致力搜集和研究漢魏六朝以及唐宋畫像、石刻及拓本，共得七百多種，一千七百多頁，其中有中國最原始的龍的拓片，以及漢至隋唐的造像、墓誌，並潛心研究了金石，在這基礎上編了《六朝墓誌目錄》、《六朝造像目錄》、《俟堂專文雜集》等，為這些工作，他常常「校錄至於半夜，有時或至一二點鐘才睡」，對我國古籍整理做出了很大貢獻，樹立了一塊豐碑，也增進了學識，奠定了深厚國學功底，為今後文學創作積累了豐富學涵。這種嚴謹的治學態度，正是繼承了太炎在內的樸學家治學的家法。

魯迅雖一度致力於古籍整理工作，但他又沒有埋入故紙堆而不能自拔，正如許廣平夫人所言：「這是（魯迅先生）應付當時環境的一種方法，是一種無言的憤怒」[71]，魯迅通過對國學的研究與整理，「一方面可以研究中國文體史，另方面，可以作為寫中國文學史的風俗習慣的正確了解」[72]。的確，魯迅古籍上的努力，大大豐富了他的國學根底，為他今後的文學道路，增添了學識與功底。魯迅曾與許壽裳討論過漢魏六朝石刻的圖案，他說：「漢畫像的圖案，美妙無倫，為日本藝術家所採取，即使是一鱗一爪，已被西洋名家交口贊許，說日本的圖案如何了不得了不得，而不知其淵源固出於我國的漢畫呢！」[73]魯迅這種對待中外文化的態度，和太炎十分近似，太炎也一貫尊重民族文化的價值，曾說：「近來有一種歐化主義的人，總說中國人比西洋人所差甚遠，所以自暴自棄，說中國必定滅亡，黃種必定剿滅，因為他不曉得中國的長處，見得別無可愛，就把愛國愛種的心，一日衰薄一日」，因此他要宣揚「用國粹激動種性」，來「增進愛國熱腸」罷。太炎、魯迅此識與共，都極力用「國故」來啟迪和引導人們愛自己的國家，愛自己的歷史，拋掉民族虛無主義和自卑感，增進愛國的熱腸，這種歷史的使命感，這種對傳統與現實的態度，迄今光彩照人。

魯迅從師太炎，在國學的研究與整理方面取得了相當成就和造詣，受益終身，可是他並沒有成為「國學大師」第二，沒有被永遠埋在古紙堆裡，而是在「五四」運動到來之際，投入了

71　許廣平，《魯迅回憶錄》。
72　許廣平，〈一九五一年十一月六日致胡冰信〉。
73　許壽裳，《亡友魯迅印象記》。

反封建反舊文化的新文化運動行列，成為一名戰士與旗手，終究沒有去當注經釋經的學究。魯迅曾精研古籍，但他始終反對青年人讀古書，鑽入古紙堆裡，尤其痛恨道學家們提倡的「國粹」，大概他太了解什麼是「國故」了，這正如他寫文章用的是土紙與毛筆，但他不希望青年人用毛筆來寫文章一樣。

綜觀太炎對魯迅學術文化方面的影響，實在是多元多層次的，遠不止上述五個方面，當然，也有許多方面是太炎先生影響所不能及的，特別是日本近代的浪漫主義思潮及大量文學作品與翻譯作品，以及西方的民主革命思想與哲學、自然科學的影響，都對魯迅先生產生過影響，本文只是偏重剖析太炎先生對魯迅先生的影響。姑先拋磚引玉，可能偏於一隅，過於張大，未必盡妥。拙作不殫筆墨，展示他倆的時代、經歷、思想、感情、觀點，因為也只有了解於此，才會了解魯迅臨終的兩篇絕筆為什麼是〈關於太炎先生二三事〉和〈因太炎先生而想起的二三事〉，才會了解他們在學術上文化上的諸眾影響的原由。至於太炎與魯迅後期交往，以及相互的影響，筆者將另撰一文，或許就以〈論章太炎與魯迅的後期交往及相關影響〉，將本文沒有展開與涉及的問題作一深度闡述。

章太炎與魯迅（下）*

* 本文發表於《上海魯迅研究》，二〇一〇年春季，頁二一。

曩日，我在上海社科院歷史所工作，曾撰〈論章太炎與魯迅的早年交往〉（發表於一九九二年的《中華文史論叢》），長達四萬多字，詳論了他倆的早期交往（一九〇八—一九一六），從政治思想與學術文化兩方面論說了太炎先生對魯迅先生的早年影響，本擬進一步撰文論述他倆後期交往，但因工作變動，轉事兩岸關係研究，晨夕無暇，一晃竟近二十載，現在是到了償還心債時候了。雖然許多人都寫過〈魯迅與章太炎〉這類文章，但真正了解和理解他倆後期交往的是很少的。所謂「後期」是指一九一六至一九三六年，這不僅是他倆的晚年，而且也是他倆再也沒有謀面的歲月，但魯迅先生對太炎先生的尊敬如舊，可以說沒一個人對魯迅先生的影響會比太炎先生更大，也沒有一個人比魯迅對太炎先生評價會這麼深刻全面，但長期以來人們把魯迅先生對太炎先生評價作了許多扭曲，我很有責任撰文加以澄清。

一

一九一六年六月，袁世凱去世，這讓被囚禁三年的困頓絕望的太炎先生意外重獲自由。七月初，他急急匆匆趕返上海，不及與魯迅先生等作別，即去看望他新婚不滿三月而久別三年的妻子，從此竟再也沒有與魯迅先生見面。

太炎先生回家後並沒有居家太久，即去南方尋找岑春煊等實力人物支持，未幾，又赴香港和南洋群島，再次從華僑中尋求支持者，去完成他傾注過巨大心血的未竟革命事業，至「歲晚始歸」。一九一七年七月，帝孽張勳率「辮子兵」入京，擁戴末代皇帝溥儀復辟。段祺瑞乘機起兵「入京討伐」，與馮國璋組成馮段政府，並欲取消辛亥革命的最後象徵——《臨時約法》，建立軍閥獨裁的北洋政府。孫中山與太炎先生等老革命黨人感到革命尚未成功，帝孽猶存，於是在南方廣州成立「護法軍政府」，宣布實行「護法革命」。太炎先生出任護法軍政府秘書長，代孫中山赴兩廣雲貴川各地聯絡軍閥參加「討伐」，奔走於各地軍閥之間，任他口枯舌焦，南方諸軍閥陽擁「護法」，陰護地盤，終使「滬法革命」夭折。太炎先生於一九一八年十月疲憊沮喪地回到上海，憤怒得「閉門杜客」。一九一九年四月，他在上海成立「護法後援會」，企圖去救活奄奄一息的護法軍政府，但終無起色，讓他絕望地認識到「南北軍閥為一丘之貉」，都不可依，但中國革命究竟該靠誰，讓他陷入深深苦悶之中。

長年的奔波，一連串的失敗，讓他精疲力盡，終於病倒了。一九二〇年他因黃疸「臥床三月」，未幾，又「熱病大作，幾死」[1]。病中，他聽到湖南首行「自治」，鬧獨立，虛架北洋政府。他又興奮起來了，竟跑到湖南支持「省治運動」，他認為由「省治」到「聯省自治」不失為一個救中國政治方案，他又賣力地到處宣傳「聯省自治」，陷入新的政治漩渦之中。然而他的主張並不受到民眾歡迎，民眾感到辛亥革命的主將竟整天與軍閥為伍，而軍閥也利用太炎先生的「省治」主張「劃省自保」。儘管太炎先生還在努力，依然是腿壯臂粗，但並不代表時代

1 章太炎，〈自定年譜〉。

的主流了。當時時代已發生了很大變化，俄國十月革命爆發，無產階級登上了政治舞臺，第一次世界大戰的結束，「五四」新文化運動爆發，中國共產黨誕生……，儘管他是中共「一大」代表聚集的「博文女校」校董，但他對這一切歷史性轉變麻木了，再沒有當年的政治敏感，更不要說帶領民眾前進了，而漸漸失去了群眾領袖的地位。

太炎先生的落伍，源自他對辛亥革命認識的局限，這場革命可以說革命前準備不足，革命後準備更不足，資產階級革命派的軟弱、天真與個人主義讓他們錯誤連連。太炎先生在袁世凱將他囚禁的三年中，多了一份冷靜，開始思考許多問題，他把革命的挫敗歸納為四點——第一，清政府和袁世凱的勢力，「盤踞京師，其數之眾」，遠比原來估計得要強大得多；第二，革命勝利後，革命派不該放棄武裝，「留守府取消，南方軍隊遂無所附麗」；第三，革命勝利後，政黨林立，「初為在野諸人組織，自官僚羼入，漸為其把持盤踞，於是國人多詬病矣」；第四，革命黨人在勝利後，「萌攘奪權利，相互妒視」，致使革命失敗[2]。這樣的總結不能不說是公允的，但過於就事論事，沒有從更深更廣的社會、文化、政治諸角度去加以總結，沒有認識到這場革命的局限性，這就決定了他去彌補這場革命的手段與方法也是非常表面與局限，只能從「護法」的角度去捍衛中華民國的法統，只能利用軍閥去「護法」，只能用「省治」和「聯省自治」去對抗北洋政局，他不知道怎麼動員廣大的「工農」，也沒法提出感動大眾的新的口號，他作為辛亥革命的一員主將，於是只能讓位於新時代新的一代主將如陳獨秀、錢玄同、魯迅……這一輩了。

魯迅先生從一九一〇年返國之後，到一九一九年，可以說是他一生中最低迷最沉潛最緘默的時期，他當過教員、教育部僉事，他買書讀書、收集碑帖、整理古籍、研讀佛籍……，這些愛好顯然是受到太炎先生的影響。魯迅先生曾是辛亥革命的支持者與參與者，光復會的成員，但辛亥革命後他目睹袁世凱篡權，革命黨內訌，光復會領袖陶成章等遭暗殺，他的老師太炎先生也遭同志排斥，又被袁世凱羈禁，太炎先生女兒被迫自殺，魯迅先生的戰友不少人或被殺或隱退……，這一切讓他心寒。一九一六年底，他從北京回紹興省親，在車途中遇摯友——太炎先生女婿龔未生先生，他從龔處獲悉，「章師在外，頗困頓」，又聞《章氏叢書》刻印遭當局非難。他在給許壽裳先生信中說：「浙圖書館原擬以六千金雇匠人刻《章氏叢書》，字皆仿宋，物美而價廉。此來兩遭議會質問，相問書何以當刻，事遂不能進行。國人識見如此，相向三歎。」[3]這時袁世凱雖死，地方政權依舊如此。魯迅先生則始終惦念著他的老師，當太炎先生的《齊物論釋》再版時，他獲龔未生寄贈，他特鄭重地記於日記[4]，並連同太炎先生贈他的立軸，都送老家珍藏。

正當魯迅先生極其苦悶之際，《新青年》等雜誌開始流行，他開始關注《新青年》，愛讀

2　章太炎，〈在浙江省國會歡迎會上演說〉，一九一六年七月三十日。

3　魯迅，〈致許壽裳信〉，一九一六年十二月九日。

4　《魯迅日記》，一九一六年十月十二日。

不斷，就像當年他愛讀《民報》一樣。他在同門錢玄同先生縱容下，開始拿筆參與了新文化運動，第一次用魯迅這筆名寫文章，他要把多年來沉積在心底的鬱悶徬徨用筆寫出來。他認為辛亥革命沒有打碎舊的國家機器，沒有完成反帝反封建任務，趕走了一個皇帝，但國家機構仍掌握在舊官僚手中，孫中山天真的讓權，袁世凱狡猾的竊權，儘管滿眼革命的白旗代替了龍旗，「貌雖如此，內骨子是依舊的，幾個舊鄉紳所組織的軍政府，什麼鐵路路東是行政司長，錢店掌櫃是軍械司長……」[5]，而革命黨人太斯文，對敵人太仁慈，王金髮「終於將那（殺害秋瑾的）主謀釋放了，據說是因為已經成了民國，大家不應該再修舊怨」[6]，於是「中國又一天一天沉入黑暗裡。」這場革命也沒有廣泛動員民眾參與，也沒有從經濟、文化、思想、政治、社會等領域進行深入革命，因此也沒法從根本上能去動搖舊政權。魯迅先生認為，這樣的革命，「革命者為群眾奮鬥而犧牲了，但尚未覺悟的群眾卻不知道這犧牲為的是誰」[7]。「許多烈士的血都被人們踏滅了，然而又不是故意的」[8]。由於沒有喚起民眾，廣大農村也沒有一個大變動，愚昧依舊，所有人仍「擠在無窗的鐵屋裡昏睡」，所以魯迅先生認為——「我覺得什麼都要重新做過」，而不是去修修補補，他不認為「護法」與「省治」有什麼用處，他期待更廣更深更大的「暴風雨」的降臨。當他通過《新青年》聞到暴風雨的氣息，也用他的筆投入了戰鬥，發表了《狂人日記》，又寫出了一系列戰鬥的文章，如〈我之節烈觀〉、〈孔乙己〉、〈藥〉等驚世名作，他敏銳地抓住了時代的脈搏，找到了自己的戰壕，成了新文化運動的旗手，超越他的老師太炎先生，成了新時代的一名主將。

俗言：道不同不相為謀也。「五四」以後，這倆師徒因道不同而漸疏遠，後來雖共居上海，但沒有如囚禁北京錢糧胡同時的時時探望了。魯迅先生說：「太炎先生曾教我小學，後來因為我主張白話，不敢再去見他了。」[9]「但當局國民黨要沒收他的幾間破屋，我實在不能向當局作媚笑。以後相見，仍當執禮甚恭。」[10]魯迅先生對太炎先生始終是恭敬的，稱道太炎總是稱「太炎先生」或「太炎師」，從無直呼過師名。「五四」後的魯迅先生成反孔反封建旗手，其實這與他的老師當年反孔反封建是一脈相承的，只是他們是兩個時代的代表人物，但他倆師生之誼師生之情並沒有斷絕。後輩勝前輩，這是必然規律，沒有永遠不變的先進，不必將這現象演繹成老了必然落伍的定義。其實，魯迅先生與太炎先生後期交往，共同點仍多於不同點。長期以來，尤其「四人幫」出於政治需要，製造出「半截子革命家」理論，來打擊老幹部，塑造了一個先進的魯迅和落伍的太炎，這既不合史實，也不該成必然規律。

5 魯迅，〈范愛農〉。
6 魯迅，〈墳．論「費厄潑賴」應該緩行〉。
7 孫伏園，〈追悼魯迅師〉。
8 魯迅，《隨感錄》（四十）。
9 魯迅，〈致曹聚仁信〉，一九三三年六月十八日。
10 同注9。

二

「五四」後的太炎先生政治上是更加不得意的，他跟不上潮流，甚至反潮流。當時文化上是新文化運動以及「白話文」，政治上是「北伐」以及「聯俄聯共」。太炎先生不僅不支持「白話文」運動，甚至提出「非深通小學就難做白話」，受到魯迅先生批評。魯迅先生說：「太炎先生是革命的先覺，小學的大師，倘談文獻，講《說文》，當然娓娓可聽，但一到攻擊現在的白話，便牛頭不對馬嘴」了[11]。

更有甚者，即是他強烈反對「聯俄聯共」，反對共產，反對社會主義。一九一九年十二月，向警予等一批赴歐勤工儉學學生赴歐前夕在上海候船，請名人講學，太炎先生為他們作了〈求學之道〉演講，竟大反社會主義，顯示他對新學說的陌生，不能像當年反維新反保皇這樣領導青年了，開始失去青年的崇敬。一九二一年四月，廣州國會重開，孫中山任非常大總統，電請太炎先生「急願賢哲南來，匡我未逮」，但這時太炎先生已志在「聯省自治」而沒有應召。一九二二年孫中山再次「北伐」，但黎元洪以「恢復」法統以抵制，太炎先生對「北伐」還是給予了支持，但沒有投入陣營。一九二三年孫中山先生再度就任廣州大元帥，第三次「北伐」，開始改組國民黨，確定了「聯俄、聯共、扶助農工」三大政策，一九二四年開始國民革命。太炎先生對此則不能理解與支持了，提出「反對借俄人勢力來壓迫中華民族的共產黨」，竟被國民黨的右派挾持著去領銜發表〈護黨護國宣言〉，並成立「辛亥同志俱樂部」以抗衡。

一個從來沒有參加過國民黨的章太炎竟被推出來「護黨」，真很可笑，但他對北洋政府卻依然拒絕合作。太炎先生兩次經歷洋人迫害，前被英帝囚於上海，後被日帝囚於日本，親受西方列強迫害，因而對西方的排斥特別強烈。一九二四年十一月，北洋政府召開所謂「善後會議」，太炎先生堅決拒絕參加，他認為「盧永祥、吳光新等部糾合奉軍，中多俄匪，藉外寇蹂躪中國」，他又指責馮玉祥請蘇聯派員訓練他軍隊，「形式與吳三桂小異，其為招致外患則同」。而孫中山先生扶病北上參加「善後會議」，竟去世於北京。其時他又攻擊中國共產黨，稱「現在的共產黨並非共產黨，我們應當直接稱他『俄黨』，借俄人之勢，壓迫我們民族」，他又公然指責蔣介石，稱「蔣中正得權，尊師赤俄，奉鮑羅廷為統監……內摧粵軍，外擾湘境」……，完全與時代唱反調。

一九二七年三月，北伐軍在上海工人武裝配合下攻占上海，南方大部分地區都被攻占，勝利後的國民黨蔣介石竟立即實行「清黨」，四月十二日鎮壓上海工人武裝三百餘人，逮捕五百餘人，失蹤五千餘人，又公然通緝「共產黨首要」一百九十餘人，向共產黨開刀。四月十八日，蔣介石宣布南京國民政府成立。太炎先生的反蔣反共卻真正反出了蔣介石的反共，而且還反到了太炎先生自己頭上。五月四日，國民黨上海特別黨部公決「通緝反動學閥」六十六人，太炎先生即是第一名通緝者，國民黨浙江黨部也迅速沒收了「反革命章太炎產業」。白色恐怖

11　魯迅，〈名人和名言〉。

一下子籠罩了全國。太炎先生的一群老冤家：以投機起家殺害光復會領袖陶成章的蔣介石，成了國民革命軍總司令；以出賣同志投機革命的吳稚暉，成了國民黨中央監委五常委之一，兼任總司令部政治部主任；以破壞湖南省治的譚延闓成了國民政府主席……，他們都成了「新貴」，太炎先生的「晦氣」當然難免了。從一九二七年國民黨的第一次通緝，到一九二八年統一全國後，十二月對太炎先生發出了第二次通緝，讓太炎先生被迫消失在政治舞臺，被迫「用自己的手和別人的手築起的牆與時代隔絕了」，如果說前一時期與時代的隔絕是他自己造成的話，這一次的與時代隔絕則是完全由國民黨當局造成的。

從「五四」至國民黨建都南京，這期間是魯迅先生學術生命最旺盛時期，雖兼任了北京眾大學教學工作，但他的大量作品均誕生於此。他高舉反帝反封建大旗成了青年人的一盞明燈。在「五四」後的學生運動中，他始終站在進步的學生一邊。一九二四年楊蔭榆出任女師大校長，因壓制學運而引發學潮。一九二五年孫中山逝世，楊蔭榆竟不准學生參加追悼會，又引發學運，當時北洋政府教育總長章士釗以「整頓學風」之名支持楊蔭榆，開除許廣平及劉和珍六名學生，魯迅先生憤起反抗，當局則予以鎮壓，最終停辦女師大。章士釗罷免了魯迅先生教育部僉事的職務，魯迅先生被迫與章士釗、楊蔭榆、陳西瀅之流筆戰。在北洋政府統治之下，學生不斷地反抗，一九二六年三月，發生了「三．一八」慘案，當局射殺學生四十七人，傷一百五十餘人，魯迅先生稱這是「民國以來最黑暗的一天」，他用筆不斷聲援學生。段祺瑞政府下令通緝革命黨人李大釗等人，魯迅先生也在他們進一步通緝之中。魯迅先生被迫避居西城莽原社，後又避至山本醫院，最後轉移到德國醫院，旋又避地法國醫院。但魯迅先生聲討北洋政府的文章仍源源寫出，從〈紀念李和珍君〉到〈可慘與可笑〉、〈如此「討赤」〉、〈淡淡的血痕中〉……作不屈鬥爭。當局則以殘酷鎮壓應對，聲稱「宣傳赤化主張共產者，不分首從，一律處死刑」，《京報》總編邵飄萍、《社會日報》主筆林白水即被殺。當時的北京處在濃濃的白色恐怖之中。

一九二六年八月，魯迅先生離開北京赴廈門大學任教，他希望去感受南方革命的氣息，而廈大沉悶的宗派學閥鬥爭讓他感到失望。一九二七年初赴南方革命發源地廣州，在中山大學任教，然「四．一二」政變後，蔣介石在廣州也公開捕殺共產黨人，四月十五日一日，捕殺革命者三千多人，大批愛國學生遭殺害，中山大學校園也出現攻擊魯迅先生標語，魯迅先生憤而辭去中山大學職務，廣州也陷入一片白色恐怖之中，「昨日還高喊共產主義萬歲，今日就到處去搜索共產主義系統的工人了。」[12]這年十月，魯迅先生失望地離開廣州赴上海。他幾乎是逃離廣州的，他被廣州的血嚇得「目瞪口呆」，他覺得他的文章總在「喚醒青年」，而這些被喚醒的熱血青年被喚醒後投入革命，結果又眼睜睜地看著這些青年被「革命」殘殺，這讓魯迅先生深深地感到痛苦！

魯迅先生離開了令人壓抑的北京，來到「誕生」革命的南方，但同樣感到迷茫與失望，他

---

12 唐弢，〈談魯迅〉。

描寫自己的心情：夜寂靜濃到如酒，望後窗外骨立的亂山中許多白點，是叢塚，前面海天微茫，黑絮一般的夜色簡直似乎要撲到心坎裡，靠了石欄遠望，能聽得自己的心音，四遠還彷彿有無量悲哀，苦悶，零落，死滅，都雜入這寂靜中，我將開口，同時感到空虛，我想接近它，它卻愈渺茫，幾乎僅只我獨自倚著石欄……。這種戰士的心懷，難以描繪的心情，讓他感到寂寞與孤獨，他的一生中總是「荷戰獨徬徨」。他說：「我抱著夢幻而來，一遇實際，便被從夢境放逐了，不過剩下些索漠。」[13]他離廈門去了廣州，他以為廣州是革命的，後發現「廣東比起舊的社會，沒有什麼特別的情形，我只感覺著廣東是舊的。」[14]在那裡「革命的被殺於反革命的，反革命的被殺於革命的。不革命的或當作革命的而被殺於反革命的，或者當作反革命的而被殺於革命的，或並不當作什麼而被殺於革命的或反革命的。」[15]當時整個中國就是如此，「革命」兩字從辛亥前後成了時代最響亮的名詞，但到底誰代表真正的革命呢？魯迅先生陷於深深的徬徨之中，這種心境與他的老師太炎先生是一樣的，苦悶而找不到出路。

到上海後的魯迅先生，先後參加了「自由運動大同盟」、「左翼作家聯盟」、「民權保障同盟會」，這是魯迅先生最後的十年，上海的狀態同樣令他痛心，蔣介石建立了龐大的特務組織來監督輿論和迫害進步人士，魯迅先生的青年朋友柔石等被秘捕處死，連《申報》老闆史量才和社會活動家楊杏佛等都遭暗殺，魯迅先生也遭浙江省黨部通緝。「城頭變幻大王旗」，對軍閥混戰的焦慮，「忍看朋輩成新鬼」，對好友被殺害的痛心，這種悲忿是一般人難以體會的，而只有他與他的老師的遭遇與心境則是完全一致的。雖然一九一六年後，他倆再無見面，但他們都成了「國民政府」的「敵人」，都遭到了多次通緝，都不得不東躲西藏，儘管他們代表了兩個時代的先進思想與先進文化，但同樣的遭遇讓他們有同樣感受，讓他們的心則是始終保持相通，正如詞云「但願人長久，豈在朝朝暮暮」。

魯迅先生到上海後，投入了文化戰線的「圍剿」與反「圍剿」鬥爭，勇敢地向黑暗勢力猛烈鬥爭，遭到當局迫害，被迫三次遷居，四次避難，過著很不安定的生活。一九三〇年春，當局發出對他的密令通緝，回家時發覺被人跟蹤，他被迫匿居一月。一九三二年又先後兩次避居花園莊旅館和內山書店，一九三四年又避居千愛里三號內山先生的家中，過著極不安定的生活。這期間太炎先生也生活在上海，但他們師生並沒有見面，因為太炎先生也遭兩次公開通緝，被迫匿藏，從一九二七年七月至一九三一年初，太炎先生的名字與行蹤幾乎從報刊雜誌中消失殆盡，各種研究太炎先生的著作對他這幾年行蹤都沒有記載，他似乎從人間蒸發了。其實太炎先生也三次搬家多次匿藏。首先藏於日本友人宮崎滔天友人吉住慶次郎所開的一個醫院內，「被迫做起寧靜的學者」，一年後當局限他「閉門思過」，回到了家中，過著半囚生活。一九二八年十二月再次遭通緝，被迫躲到夫人妹妹湯國夙家。一九三〇年夏他才回到又一次搬家

13《魯迅全集》第四卷，頁四四。
14 同注13。
15《魯迅全集》第三卷，頁四〇三。

後的新居。如果沒有抗日戰爭，他也許一輩子只能默默消沉下去。（對這段歷史我寫過一本專著《滬上春秋——章太炎與上海》加以詳述，此簡。）

魯迅先生與太炎先生北京一別，雖有不同的追求，但卻有同樣的經歷——反對當局和遭當局通緝，被迫東躲西藏，這一段異乎尋常的同樣的遭遇，讓他倆的心始終相通，雖然沒有見面，魯迅先生的文章中與日記裡，還常常有對太炎先生的記載。

三

沒有抗戰的爆發，不是國家陷於亡國之危，太炎先生可能永遠被迫地沉寂下去了，他對國民黨與蔣介石的成見是根深柢固的，可謂有舊怨新仇，與國民政府許多新貴可謂積怨甚深，他不承認青天白日的新政權，他以「中華民國遺民」自居，自然在民國政府舞臺沒有他的立足之地了。但「九．一八」之後，東北淪亡，「一二．八」淞滬戰役，讓他再也沒法沉默，他毅然投入抗戰救亡，他如一頭醒獅發出怒吼，與廣大民主人士不斷發出聲明、宣言、通電，譴責當局的不抵抗政策，譴責日寇暴行，籌建了「中華民國國難救濟會」，撰寫了〈書十九路軍禦日本事〉，創辦第十九傷兵醫院，組織將十九路軍陣亡將士遺體遷葬黃花岡烈士墓地，親撰〈墓誌〉，並冒著炮火北上見張學良呼籲抗日，並在北京、青島、蘇州、上海公開講學，宣傳抗日，他公開批評政府「勇於私鬥，怯於公戰」，呼籲「對日本之侵略，唯有一戰，中國目前只有此一條路可走」，提倡「行己有恥」，對抗戰捷報他總公電祝賀，對鎮壓學生運動他總公電責備，稱「學生請願，事出公誠，縱有加入共黨者，但問今日主張如何，何論其平素」，對學生請願，他派夫人與學生送食慰問……。可以說他的晚年完全與抗日救亡渾為一體，恢復了他早年的輝煌，受到人民的尊敬。蔣介石不得不致信給他，請教抗戰之策，他覆信謂：要蔣介石將察哈爾「交付共黨」，因為共產黨「對於日本，必不肯俯首馴伏明甚」，並建議將紅軍「視為民軍」……。太炎先生在他最後歲月，積極講學，成立「章氏國學講習會」，要「保國學於一線」，搶救傳統文化不致流失，盡到了他最後的責任。

一九三二年太炎先生拖著老軀再次來到北京，促張學良抗日，並在北京為弟子們講學，在歡迎老師的宴席中，他環顧四周的弟子，不見魯迅先生，便問「豫才現在如何？」大家回答：「現在上海，頗被一般人疑為左傾分子」，太炎先生聽後沉思了好一會才喃喃自語道：「他一向研究俄國文學，這誤會一定從俄國文學而起。」[16]從中可見太炎先生也沒有忘記魯迅先生。

一九三六年六月十四日，太炎先生溘然長逝，去世前十天他還覆了蔣介石的信，還在給學生講課。死後國民政府下達了「國葬命」，稱「宿儒章炳麟，學問淹通，研精經術，抉奧鈎玄，究其詣極，有逾往哲，巋然儒宗，士林推重」云云，把他僅僅作為一個「大儒」而加以追悼，把他打扮成一位純正的先賢和宿儒，一個經學大師而已，完全否定了他的革命功績和革命

16 林辰，《魯迅事蹟考》。

精神。眾多官方媒體均按官方論調加以宣傳，一些小報也連篇累牘地發表所謂的「紀念」文章。這些文章或謬託知己，沽名釣譽；或貌似公正以代言人露面，中傷貶低，抬高自己；或抓住缺點加以奚落；或乘機誹謗加以陷害；或公然翻案，企圖掩飾歷史……。七月十八日，上海舉行對太炎的公祭，四點三刻開始公祭，四點一刻一個可容千餘人的大禮堂，僅僅來了五十多人，最終也只到了一百多人，但是「輓聯、輓對，掛得琳琅滿目，不啻是一個書法展覽會，而各機關、各學校、各團體、各個人都送了花圈、輓聯，預備在大型報上出出風頭，儘管有平時罵章的，也捧起場來，橫豎是在捧死人。」[17]在會上，當局稱：「青年們對本國的學者竟不如對於外國的高爾基熱誠。」他們企圖「七手八腳，專門把他拖進自己喜歡的油或泥裡去做金字招牌」，這讓魯迅先生忍無可忍，決心要出來為老師講話，他說：「我願以憤火照出他的戰績，免使一群陷沙鬼將他先前的光榮和死屍一同拖入爛泥的深淵。」

九月二十五日，魯迅先生給許壽裳寫了一封信，稱「卅年前事，如在眼前」，「太炎先生獄中詩，及『速死』等，實為貴重文獻，似應乘收藏者多在北平之便，匯印成冊，以示天下，以遺將來」，「與革命歷史有關之文字，……書簡文稿冊頁，亦可收入」。這是魯迅先生去世前二十四天寫下的最後幾封信之一，寫畢他開始發燒，體溫達三十七．六℃，但他還惦念著整理太炎師文墨，希望「匯印成冊，以遺將來」。

十月九日，他寫出了膾炙人口的〈關於太炎先生二三事〉，全面中肯地評價了太炎先生一生，對他的功過是非作了科學總結。魯迅先生開門見山地指出：「我以為先生的業績，留在革命史上的，實在比在學術史上還要大」，直截了當地駁斥了當局論調。他說：「我的知道中國有太炎先生，並非因為他的經學和小學，是為了他駁斥康有為和作鄒容的《革命軍》序，竟被監禁於上海的西牢」，「先生獄中所作詩使我感動，也至今並沒有忘記」，「一九〇六年六月出獄，即日東渡，到了東京，不久就主持《民報》，我愛看這《民報》……，真是所向披靡，令人神旺。」我去前往讀書聽講，「並非是因為他是學者，卻為了他是有學問的革命家」，「考其生平，以大勳章作扇墜，臨總統府之門，大詬袁世凱的包藏禍心者，並世無第二人；七被追捕，三入牢獄，而革命之志，終不屈撓者，並世亦無第二人，這才是先哲的精神，後生的楷範」，「戰鬥的文章，乃是先生一生中最大，最久的業績。」魯迅先生充分肯定了太炎先生革命的業績，揭穿了當局僅僅把太炎先生當作一個「大儒」，抹殺了太炎先生和他領導的光復會革命功績，企圖把辛亥革命功勞歸於國民黨一黨，甚至歸於一人，排斥其他革命者的貢獻，企圖將歷史寫成一黨一人之歷史，達到專政專國目的。魯迅先生寫這篇雄文時已「發熱不斷」，「開始咳嗽咯痰」，寫完這篇文章，他又「發熱幾三十八℃」。這時離他去世僅僅十天，他還在想著太炎先生事。

魯迅先生在〈關於太炎先生二三事〉一文中，稱「近有文儈，勾結小報，竟也作文奚落先生以自鳴得意」，「有人慨歎，以為青年們對於本國的學者不如對於外國的高爾基的熱誠，這

17〈章太炎追悼會內參加的寥寥無幾〉，《社會日報》，一九三六年七月二十二日。

慨歎其實是不得當的」，「高爾基先前的理想，後來都成為事實，他的一身，就是大眾的一體，喜怒哀樂，無所不通，而先生則排滿之志雖伸」，但太炎先生的理想「卻僅止於高妙的幻想」，「不久而袁世凱又攘奪國柄，以遂病圖，就更使先生失卻實地，僅垂空文」，後來他「既離民眾，漸入頹唐」，「退居於寧靜的學者，用自己的手造的和別人所幫造的牆和時代隔絕了」，「但這也不過白圭之玷，並非晚節不終」。魯迅先生曾言：「有缺點的戰士終竟是戰士，完美的蒼蠅也終竟不過是蒼蠅。」而一切奚落他而自鳴得意者，「真是可謂『小人不欲成人之美』，而且，『蚍蜉撼大樹，可笑不自量了』」。魯迅先生抱病作戰，為先生辯誣，字字如匕首，扔向了敵人胸膛，反擊了小報對太炎先生的誣陷。

十月十七日，魯迅先生病已很重了，「竟又發熱」，他冒著淋漓的冷汗，扶病續寫〈因太炎先生而想起的二三事〉，他感到他還有很多話要講，儘管他「連拿一張紙的力氣也沒有了」，但他要為太炎先生講話，他進一步肯定了太炎先生的戰鬥業績，同時也指出：「先生力排清虜，而服膺於幾個清儒，殆將希蹤古賢，故不欲以此等文字自穢其著述——但由我看來，其實是吃虧，上當的，此種醇風，正使物能遁形，貽患千古。」他說：「革命之後，先生亦漸為昭示後世計，自藏其鋒鋩。」在出版《章氏叢書》時，「先前見於期刊的鬥爭的文章，竟多被刊落」，《章氏叢書續編》「所收不多，而更純謹，且不取舊作，當然也無鬥爭之作，先生遂身衣學術的華袞」，這樣做是太忠厚老實了。魯迅先生寫到此，劇烈的咳嗽，再也握不動筆了，終於放下筆來，此文成了他的絕筆——一篇沒有完成的文章。四十三小時後，他逝世了。

一個人在生命最後時刻能把自己最後的光與熱獻給一個人，這個人對他來講是何等重要。魯迅先生在生命的最後歲月，幾乎把自己最後的生命之光獻給了自己的老師，可見太炎先生在他心目中的崇高地位。魯迅先生與其說在緬懷老師，也不如說在闡述自己的生死觀，在借題發揮。魯迅先生曾說：「文人的遭殃，不在生前的被攻擊和被冷落，一瞑之後，言行兩亡，於是無聊之徒，謬託知己，是非蜂起，既以自衒，又以賣錢，連死屍也成了他們的沽名獲利之具，這倒是值得悲哀的」[18]，太炎先生死後，出現了正如魯迅先生所說的「謬託知己」，這是對死者最大的不恭，所以他不能不予駁斥，他要還一個清白給太炎先生。

魯迅先生晚年，一要憂天下之憂，要抗日救亡；二要應對四面八方的殺機，要為人民說公道話，因此會遭到當局的鷹犬的攻擊，他還要防備頂著「作家」名義的地痞無賴的糾纏，他的周圍可謂殺機四伏，他在反擊與自衛中，會無意中「觸著了別人的傷疤」，於是鬼魅紛紛殺上門來。魯迅先生與冤家可謂與太炎先生一樣的眾多，魯迅先生的反擊與他的老師太炎先生一樣是尖刻無情的，得罪了很多人，但他採取的是「一個都不寬恕」。深悉文壇紛爭的魯迅先生總結了許多血的教訓，而得出了「忠厚即是無用的別名」。他認為他的老師太忠厚了，竟「自藏其鋒鋩」，「大約以為駁難攻訐，至於忿詈，有違古之儒風，足以貽譏多士的罷，先前的見於期刊的鬥爭的文章，竟多被刊落」，這實在太老實了。太炎先生寬恕了吳稚暉，但吳稚暉寬恕

18 魯迅，《且介亭雜文．憶韋素園君》。

太炎先生沒有？事實證明，應該「讓他們都怨恨去，我也一個不寬恕」。這樣評價他的老師，也是表達了他「一個都不寬恕的生死觀」。

魯迅先生在生命最後一刻，用最後的生命之火去為老師辯誣，他強調太炎先生「留在革命史上的，實在比在學術史上還要大」，「戰鬥的文章，乃是先生一生中最大最久的業績」，從而去戳穿當局詭計。當局想千方百計將辛亥革命先輩中太炎先生等人革命功績統統抹殺，把一部廣大民眾的革命史寫成一個黨的黨史，最後將一個黨的黨史寫成一個人的光榮史，為他們的獨裁專政服務。魯迅先生比誰都清楚辛亥革命的歷史，他也是參與者，也曾是光復會成員，目睹光復會眾同志卓絕鬥爭，而國民黨與蔣介石是慣於掠奪別人勝利成果而成為獨裁者，前靠暗殺光復會陶成章等人起家，後靠屠殺國共合作的共產黨人發跡，他欲抗議當局故意將太炎先生打扮成純正的國學大師，因為他太了解蔣介石伎倆了，他有太多的話要講，因此在他一生中從無一字讚頌國民黨，從無一言歌頌蔣介石，連對孫中山也惜加讚揚，這實在是事出有因的知者之言。然而到今天，很多地方與很多人還僅僅把太炎先生當作一個落拓的迂腐的宿儒看待，樂此不疲地將他作為「國學大師」而供奉，真是可悲。

「戰鬥的文章乃是先生一生中最大最久的業績」，這樣評價也是魯迅先生自我心情的寫照，他以英雄許人，也以英雄許己。這兩師徒先後成為前後兩個時代的主將，以推翻一個舊中國、改造國民性、傳播傳統文化、與形形式式的封建勢力殖民勢力反動勢力鬥爭為他們的己任，儘管太炎先生不擅玩弄政治，但他極為關心政治，政治與學術，對他來說，他熱中的是前者，因為這個時代最大的政治是救亡，如果我們脫離了這個時代的主題，就不知道魯迅師生為什麼這麼看重戰鬥的經歷與戰鬥的文章。儘管太炎先生在政治上思想上有這樣那樣的不足與失誤，有跟不上時代的地方，但他在忠於祖國、民族大節、自奉廉潔、人格品行這些大問題上，至死都是無可厚非的，可謂並世無第二人，「不過白圭之玷，並非晚節不終」，魯迅先生這樣評價，可謂實事求是的「懸諸日月而不刊」的確論。

魯迅先生自知歲月無多，卻把最後一點光與熱去謳歌太炎先生，這是不是僅僅他聽過太炎先生的講《說文》，或看到老師受小報的奚落而感不平？他最後的歲月究竟想起了什麼？他的〈因太炎先生而想起的二三事〉究竟想到了什麼事？我們不得而知，但他不謳歌清末治樸學的孫詒讓、俞樾、王國維，不謳歌搞政治的康有為、梁啟超、孫中山，因為他認為太炎先生是有「學問的革命家」，早年捨生忘死地從事種族革命，「中華民國發源於先生的〈中華民國解〉」，晚年為抗日奔波吶喊，正如中共在香港與法國辦的《生活日報》與《救國時報》發表的社論指出的：太炎先生抗日的主張「正是我們今日抗日救國的正當主張，老成謀國，我可以想見他是如何以國家利益為前提」，「但恨他不能在當前救亡運動中再給我們以助力，希望太炎先生遍天下的門弟子，實踐先生最近之言論」。魯迅先生正是認為太炎先生與「書齋裡的學者」孫、俞、王根本不同即在於此，即便他後來跟不上潮流，與時代隔絕，這種悲劇與當局人為製造的「牆」有關，可是在事關國家命運與民族生存的大節上，始終是旗幟鮮明，毫不含糊，始終「把自己的學術研究和理論鬥爭，自覺地同國家前途、民族命運、人民利益密切聯繫起來，同自己所獻身的政治理想緊緊地結合在一起」[19]。魯迅先生欣賞老師的這樣立場與作為，深深敬重自己的老師，以老師為傲，視老師為同道。他自己何嘗不是以這樣的標準行事。他希望後人將他戰鬥的文章作為他最大業績來對待，將他為祖國和人民的吶喊看成的生命的象徵，將他不倦的鬥爭視為他的光榮。

了解了這些，對了解太炎先生與魯迅先生的後期交往，了解與理解魯迅先生對太炎先生全面的評價，許多問題就一目了然了，許多疑慮也就迎刃而解了！

二〇〇九年十一月十一日

19 史莽，〈論魯迅對章太炎的評價〉。

歷史大講堂

我所知道的祖父章太炎

2016年2月初版　定價：新臺幣450元
2016年4月初版第二刷
有著作權・翻印必究
Printed in Taiwan.

著者	章念馳
總編輯	胡金倫
總經理	羅國俊
發行人	林載爵

出版者	聯經出版事業股份有限公司
地址	台北市基隆路一段180號4樓
編輯部地址	台北市基隆路一段180號4樓
叢書主編電話	(02)87876242轉212
台北聯經書房	台北市新生南路三段94號
電話	(02)23620308
台中分公司	台中市北區崇德路一段198號
暨門市電話	(04)22312023
郵政劃撥帳戶第0100559-3號	
郵撥電話	(02)23620308
印刷者	世和印製企業有限公司
總經銷	聯合發行股份有限公司
發行所	新北市新店區寶橋路235巷6弄6號2F
電話	(02)29178022

叢書主編	沙淑芬
校對	吳美滿
封面設計	沈佳德

行政院新聞局出版事業登記證局版臺業字第0130號

本書如有缺頁，破損，倒裝請寄回台北聯經書房更換。　ISBN 978-957-08-4687-4 (平裝)
聯經網址 http://www.linkingbooks.com.tw
電子信箱 e-mail:linking@udngroup.com

國家圖書館出版品預行編目資料

我所知道的祖父章太炎/章念馳著．
初版．臺北市．聯經．2016年2月(民105年)．
336面．14.8×21公分(歷史大講堂)
ISBN 978-957-08-4687-4(平裝)
[2016年4月初版第二刷]

1.章炳麟 2.現代哲學 3.傳記

128.3 105001313